Messer, Quirl und Hummerzange

Christine McFadden

Fotos von Mark Williams

Messer, Quirl und Hummerzange

Küchenutensilien von A–Z

Vorwort von Anne Willan

nicolai

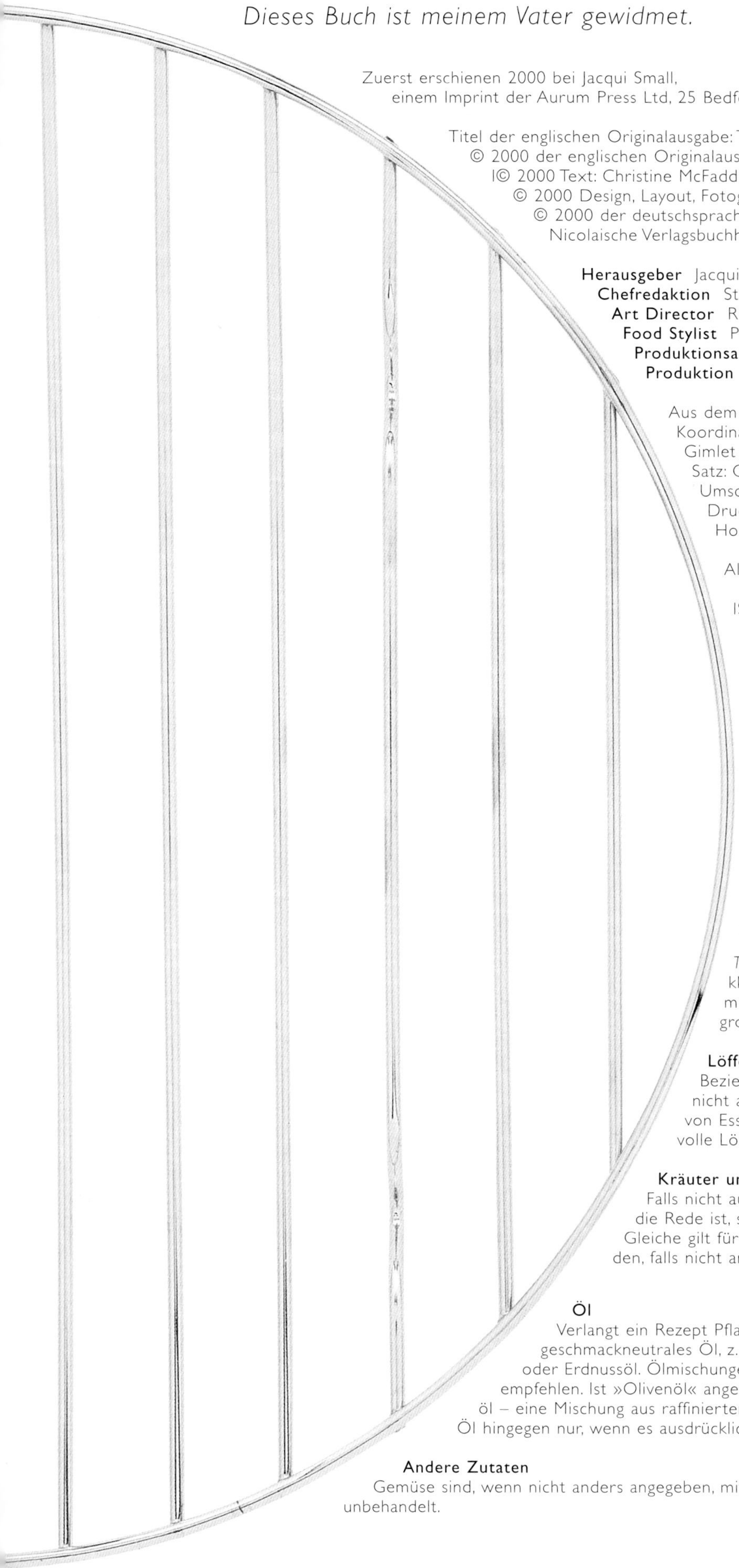

Dieses Buch ist meinem Vater gewidmet.

Zuerst erschienen 2000 bei Jacqui Small,
einem Imprint der Aurum Press Ltd, 25 Bedford Avenue, London WC1B 3AT

Titel der englischen Originalausgabe: Tools for Cooks

Herausgeber Jacqui Small
Chefredaktion Stuart Cooper
Art Director Robin Rout
Food Stylist Pippin Britz
Produktionsassistenz Fotos Josie Frater
Produktion Geoff Barlow

Aus dem Englischen von Petra Trinkaus
Koordination und Lektorat:
Gimlet & Partner, Köln
Satz: Greiner & Reichel, Köln
Umschlaggestaltung: Dorèn + Köster, Berlin
Druck und Bindung:
Hong Kong Graphics & Printing Ltd., China

ISBN 3-87584-826-8

Topfgrößen
Benutzen Sie möglichst Töpfe und Pfannen der im Rezept angegebenen Größe und Form; andernfalls können Kochzeit oder Flüssigkeitsmenge abweichen. Die in der Geräteliste aufgeführten Angaben »klein«, »mittel« und »groß« beziehen sich auf folgende Größen:

Pfannen
klein 18–20cm Durchmesser
mittel 22–26cm Durchmesser
groß 28–30cm Durchmesser

Töpfe
klein 1,3–1,8 Liter
mittel 2–3 Liter
groß 4–5 Liter

Löffelmaße
Beziehen sich auf standardisierte Messlöffel, nicht auf die unterschiedlich ausfallenden Teile von Essbesteck. Die Maße gelten für gestrichen volle Löffel.

Kräuter und Gewürze
Falls nicht ausdrücklich von getrockneten Kräutern die Rede ist, sind immer frische Kräuter gemeint; das Gleiche gilt für Chilischoten. Gewürze und Körner werden, falls nicht anders angegeben, im Ganzen verwendet.

Öl
Verlangt ein Rezept Pflanzenöl, verwendet man ein leichtes, geschmackneutrales Öl, z. B. Sonnenblumen-, Traubenkern-, Distel- oder Erdnussöl. Ölmischungen und Maiskeimöl sind nicht zu empfehlen. Ist »Olivenöl« angegeben, verwenden Sie normales Olivenöl – eine Mischung aus raffiniertem und kaltgepresstem Öl; »extra natives« Öl hingegen nur, wenn es ausdrücklich angegeben ist.

Andere Zutaten
Gemüse sind, wenn nicht anders angegeben, mittelgroß, Eier groß und Zitrusfrüchte unbehandelt.

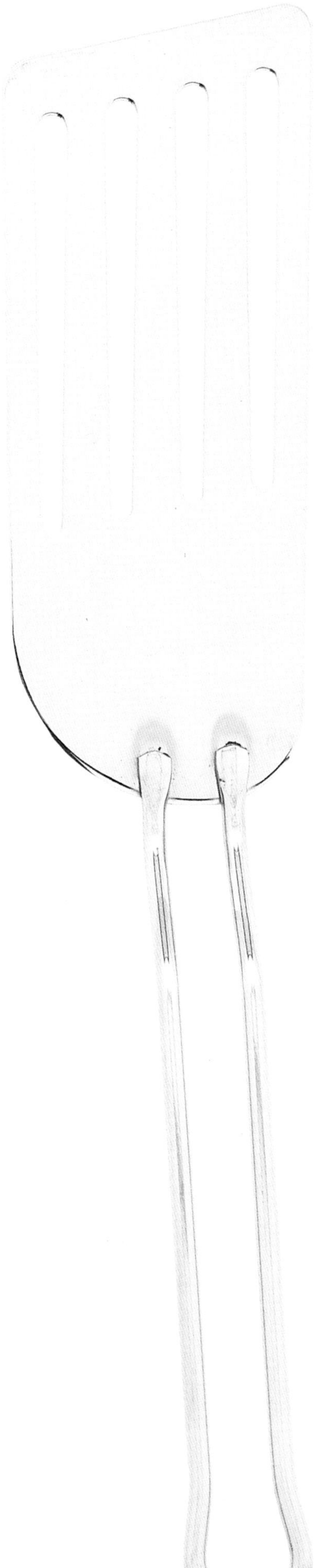

Inhalt

Vorwort

Ein gutes Gerät ist ein Juwel. Es liegt gut in der Hand, ausbalanciert, tatendurstig. Mit dem richtigen Werkzeug ist Eiweißschlagen Augenblickssache, Olivensteine springen leicht heraus. Orangenschalen ringeln sich beim Schälen und kitzeln die Nase mit verführerischem Zitrusaroma. Was wäre eine Madeleine ohne entsprechende Backform oder eine feine Sauce ohne Spitzsieb? In der klassischen schwarzen Pfanne gelingen Omelettes perfekt und gleiten dank der sorgfältigen Verarbeitung von Stiel und abgeschrägtem Rand fast von selbst auf den Teller. Mein persönlicher Liebling ist der Gemüsehobel »Mandoline« – schon der Name ist Inspiration –, der Kartoffeln und andere Gemüse ganz mühelos in perfekte Scheiben, streichholzdünne Streifen oder Waffelmuster schneidet und bei richtiger Handhabung sogar würfelt.

Verstehen Sie mich nicht falsch. Ich spreche nicht von Küchenspielzeug. Wie jeder ernsthafte Koch hasse ich die billigen Schneidegeräte und den Plastikschnickschnack. Sie verstopfen die Küchenschublade und gehen oft bei der ersten Benutzung kaputt. Nein, ich denke an robuste, zeitlose Geräte, die dem Koch das Leben erleichtern und für die Ewigkeit gearbeitet sind – schwere Kupfertöpfe, stabile Rollhölzer. Meine Küchenwaage zum Beispiel ist mindestens 100 Jahre alt und muss früher in einem Laden gestanden haben. Sie wiegt 5 Kilo oder mehr bis auf 5 Gramm genau ab – welches elektronische Wunderteil kann das schon?

Juwelen sind nicht immer billig; eins meiner nützlichsten Geräte ist allerdings ein simpler Fleischspieß aus Metall, den ich als primitives Bratenthermometer benutze. Vor allem denke ich an Messer, das Basiswerkzeug jedes Kochs. Ein gutes Messer kennt seinen Besitzer – der Griff ist von seiner Hand glattgerieben. Die Klinge gehorcht der Führung ihres Meisters. In harmonischer Zusammenarbeit vollbringen beide Wunderwerke an Präzision und Geschwindigkeit.

All diese und viele andere Instrumente präsentiert dieses informative, akkurate und wohldurchdachte Buch. *Messer, Quirl und Hummerzange* zeigt, dass es kaum etwas Erfreulicheres im Leben gibt als ein gutes Werkzeug, ob in der Küche oder anderswo.

Anne Willan

Einleitung

Es ist noch gar nicht so lange her, da mussten Hobbyköche ihre Küchenutensilien in muffigen Haushaltswarenläden erstehen oder sich mit der begrenzten Auswahl in Kaufhäusern begnügen. Mutige wagten sich in die beeindruckenden, aber unpersönlichen Geschäfte für Großküchen- und Restaurantbedarf. Heutzutage ist die Auswahl an Küchenutensilien und Kochgeräten in kaum vorstellbarem Maße gewachsen. Es gibt nicht nur Kochbücher und TV-Kochshows, sondern auch Unmengen von Küchenläden, Spezial-Versandhäuser und Internetseiten, die eine erstaunliche Bandbreite an Küchenzubehör anbieten. Mit der Quantität hat sich auch die Qualität verbessert. Messer und Töpfe präsentieren sich in edlem Design und modernen Materialien.

Das Angebot ist überreichlich; was fehlt, sind gut verständliche Informationen für die richtige Auswahl. Wie findet man zum Beispiel heraus, welcher Messertyp sich für eine bestimmte Arbeit eignet? Soll die Klinge gerade oder gebogen, starr oder biegsam, lang oder kurz sein? Warum gibt es zu manchen Bratpfannen Deckel? Warum haben einige Töpfe Stiele, andere dagegen Griffe? Ist Edelstahl besser als Gusseisen?

Dieses Buch beantwortet all diese und viele andere Fragen. Es liefert wichtige Informationen zur Beurteilung und Auswahl neuer Geräte und Kochutensilien – vom schlichten Kartoffelschäler bis zum teuren elektrischen Mixer. Sie finden Informationen zur Funktionsweise und zum optimalen Einsatz von Geräten. Behandelt werden auch die Vor- und Nachteile der verschiedenen Materialien sowie ihre Pflege. So werden Sie beim Gerätekauf die richtige Wahl treffen und mit mehr Selbstvertrauen und Effizienz kochen.

Neben detaillierten Informationen zu Utensilien und Geräten enthält das Buch appetitanregende Rezepte, bei denen diese Instrumente zum Einsatz kommen – einige von bekannten Köchen und Kochbuchautoren, andere von mir.

Nicht jedes Küchenutensil oder Gerät ist hier vorgestellt, und nicht jedes abgebildete Teil ist unbedingt notwendig. Aufnahmekriterien waren zunächst die effiziente und bequeme Handhabung, die Haltbarkeit im Verhältnis zum Preis und zuletzt das Aussehen. Ein Gerät mag noch so designbewusst daherkommen, für mich geht Funktion grundsätzlich vor Stil – wenn der Zweck die Form eines Gegenstandes bestimmt, erscheint er mir plausibler als einer, der sich Modediktaten beugt. Trotzdem habe ich einige »Designer«-Stücke aufgenommen, einfach, weil sie mir gefallen. Aus demselben Grund finden Sie auch einige hässliche Entlein.

Was sich in Ihrer Küche findet, ist vor allem eine Frage der persönlichen Entscheidung und

hängt davon ab, wie Sie leben und was Sie gerne kochen. Bauen Sie Ihre »batterie de cuisine« langsam aus; sie sollte sich parallel zu Ihren Kochkünsten entwickeln. Ich benutze gern jahrelang dieselben zuverlässigen alten Utensilien, Töpfe und Pfannen, verändert sich aber etwas in meiner Küche – vielleicht nach Auslandsreisen, anregender Lektüre oder neu entdeckten Zutaten –, dann gönne ich mir ein neues Utensil, und das ist jedes Mal eine Lust. Es ist immer ein Vergnügen, wenn man ein Werkzeug findet, das die Arbeit erleichtert, oder einen Topf, mit dem sich besser kochen lässt oder der einfach so viel Freude macht, dass man ihn gar nicht mehr wegräumen möchte.

Ob Neuling oder erfahrener Koch – ich hoffe, dieses Buch inspiriert und informiert Sie und eröffnet Ihnen Wege zu neuen, aufregenden kulinarischen Erfahrungen.

Materialkunde

ALUMINIUM

Verwendung Töpfe, Pfannen, Backformen, Grillpfannen.
Vorteile Preiswert, leicht, bei ausreichend schwerer Wandung gute, gleichmäßige Wärmeleitung.
Nachteile Zeigt chemische Reaktionen auf Nahrungsbestandteile. Metall selbst neigt zu Korrosion. Dünnes Aluminium verzieht sich leicht, leitet Wärme ungleichmäßig.
Pflege Mit heißem Seifenwasser abwaschen, bei Bedarf mit Scheuerschwamm. Flecken durch Aufkochen mit schwacher Essig- oder Weinsteinlösung entfernen.

ALUMINIUM, ionisiertes

Verwendung Wie Aluminium.
Vorteile Ionisieren ist ein elektrochemischer Prozess, durch den Aluminium einen harten, korrosionsresistenten Oxidüberzug erhält. Ionisierung ist mehr als eine Beschichtung – es verändert die Molekularstruktur des Aluminiums und macht es härter als Stahl.
Nachteile Farbiges ionisiertes Aluminium bleicht in der Spülmaschine aus.
Pflege Mit heißem Seifenwasser abwaschen. Keinen Scheuerschwamm benutzen.

EDELSTAHL

Verwendung Töpfe, Pfannen, Grillpfannen und -roste, Schüsseln, Kessel, Messer, Küchenutensilien.
Vorteile Haltbar und hygienisch. Durch Chromgehalt rostfrei, keine chemischen Reaktionen. Töpfe und Pfannen aus rostfreiem Edelstahl enthalten Nickel. Der Zusatz 18/10 bedeutet, dass der Chrom- bzw. Nickelanteil 18 bzw. 10% beträgt. Edelstahl rostfrei ist korrosionsfrei und formstabil. Der für die meisten Küchenmesser verwendete rostfreie Edelstahl hat einen niedrigeren Chromgehalt – mindestens 12% – und enthält 0,15–0,8% Kohlenstoff. Deswegen ist er rostempfindlicher, aber dank des Kohlenstoffs schärfer.
Nachteile Schlechte, ungleichmäßige Wärmeleitung. Hersteller versehen die Töpfe deshalb mit drei- oder fünfschichtigen Sandwichböden aus hochleitenden Materialien wie Aluminium oder Kupfer. Bei guten Edelstahltöpfen besteht der Boden aus mindestens 5 mm Aluminium oder 3 mm Kupfer. Bei den besten Töpfen wird der Sandwichboden bis in den Rand hochgezogen. Edelstahl verfärbt sich oder wird fleckig, wenn er mit hartem oder Salzwasser, Zitrone oder Essig oder mit manchen Spülmitteln in Berührung kommt; deshalb nach dem Abwaschen sorgfältig nachspülen und abtrocknen.
Pflege Mit heißem Seifenwasser reinigen, bei Bedarf mit Nylonschwamm scheuern. Scheuerpulver meiden.

GEHÄRTETES GLAS

Feuerfestes (Pyroflam) und ofenfestes Glas (Duralex, Pyrex)
Verwendung Feuerfest: Töpfe, Schmortöpfe, Backformen. Ofenfest: Schmortöpfe, Backformen, Schüsseln, Messbecher.
Vorteile Beide halten die Wärme gut, zeigen keine chemischen Reaktionen und sind ideal für die Mikrowelle. Feuerfestes Glas kann man auf dem Herd und im Backofen benutzen und direkt vom Gefrierschrank in den Backofen stellen.
Nachteile Feuerfestes Glas ist teuer. Ungleichmäßige Wärmeleitung; bei Verwendung auf dem Herd können Hitzeherde entstehen und Speisen anbrennen. Ofenfestes Glas kann bei extremen Temperaturwechseln springen. Auf dem Herd muss man ein Schutzgitter benutzen.
Pflege Angebrannte Reste durch Einweichen in heißem Seifenwasser entfernen. Metall-Scheuerschwämme und scharfes Scheuerpulver meiden.

GLASEMAIL

Verwendung Töpfe, Pfannen, Schmortöpfe, Pie-Formen, Schüsseln, Grillpfannen.
Vorteile Beschichtung für Gusseisen, Aluminium oder Stahl. Ergibt einen pflegeleichten, nicht porösen Überzug, unempfindlich gegen Flecken und Kratzer.
Nachteile Scharfkantige Metallteil verursachen Sprünge.
Pflege Mit heißem Seifenwasser abwaschen.

GUSSEISEN

Verwendung Töpfe, Pfannen, Grillroste, Grillpfannen, Schmortöpfe, Backformen.
Vorteile Haltbar, formbeständig, gleichmäßige Wärmeverteilung. Großartig zum langen Garen auf kleiner Flamme.
Nachteile Sehr schwer, daher am besten für Töpfe, die beim Kochen kaum bewegt werden – z. B. Schmortöpfe. Erwärmt sich langsam. Beim Herunterfallen auf harte Böden können Risse entstehen. Rohes Gusseisen muss eingeölt werden, um Rosten zu verhindern.
Pflege Rohes Gusseisen nicht abwaschen; mit Küchenpapier auswischen. Angehängte Reste durch leichtes Scheuern unter fließend warmen Wasser entfernen, gründlich abtrocknen und einölen. Boden vor jeder Benutzung einölen, dann abwischen und Bratfett zugeben. Beschichtetes Gusseisen mit heißem Seifenwasser abwaschen, aber nicht scheuern.

KUPFER

Verwendung Töpfe, Pfannen, Gratinformen, Grillpfannen, Pudding- und andere Formen.
Vorteile Traditionelles Material der Profiköche: unschlagbar schnelle und gleichmäßige Wärmeleitung. Unverwüstlich.
Nachteile Teuer und pflegeintensiv. Unbeschichtet chemische Reaktionen mit den meisten Lebensmitteln, es können Verfärbungen und bei längerem Kontakt leichte Vergiftungen auftreten. Unbehandeltes Kupfer hält die Wärme nicht gut. Die traditionelle Verzinnung wirft bei Überhitzung Blasen oder schmilzt. Silberbeschichtung läuft bei Kontakt mit Luft und schwefligen Nahrungsbestandteilen schwarz an. Muss regelmäßig neu beschichtet werden.
Pflege Mit heißem Seifenwasser abwaschen, nicht scheuern. Reste durch Einweichen entfernen. Mit weichem Tuch abtrocknen und polieren. Außenseite mit Spezialreiniger behandeln oder mit Salz und Essig bzw. Zitronensaft einreiben.

POLYTETRAFLUOROÄTHYLEN (Antihaftbeschichtung)

Handelsnamen u. a. Probon, Silverstone, Tefal, Teflon, Xylan.
Verwendung Töpfe, Pfannen, Grillpfannen, Grillroste, Schmortöpfe, Backformen, Küchenutensilien.
Vorteile Moderne Antihaftbeschichtungen sind robust, ohne chemischen Reaktionen, und sie sind pflegeleicht, ein wahrer Segen bei leicht anbrennenden Lebensmitteln wie Milch und unentbehrlich in der fettarmen Küche.
Nachteile Die Beschichtung nutzt sich ab. Deshalb Küchenutensilien aus weicheren Materialien benutzen (d. h. Holz, Gummi oder Kunststoff). Selten spülmaschinengeeignet.
Pflege Nach Gebrauchsanweisung. Scheuern möglichst meiden. Angehängte Reste durch Einweichen entfernen.

PORZELLAN

Verwendung Soufflé-, Auflauf-, Gratin- und Tarteformen.
Vorteile Wirkt zerbrechlich, ist aber hitzeresistent. Gleichmäßige Wärmeleitung. Darf kurzzeitig unter den Grill.
Nachteile Springt bei extremen Temperaturwechseln. Auf dem Herd nur mit Schutzgitter. Bisweilen schwer zu reinigen.
Pflege In heißem Seifenwasser abwaschen. Reste einweichen. Bei Bedarf mit Kunststoffschwamm scheuern.

STEINGUT

Verwendung Schmortöpfe, Vorratsbehälter, Schüsseln.
Vorteile Stabiler als Ton, da bei höherer Temperatur gebrannt. Nicht porös, benötigt daher keine Glasur. Ideal für Gerichte, die lange bei niedriger Temperatur garen.
Nachteile Nimmt radikale Temperaturwechsel übel.
Pflege Wie glasierter Ton.

TITAN

Verwendung Töpfe, Sauteusen, Brat- und Grillpfannen.
Vorteile Ein steinhartes, leichtes Metall, an dem nichts anhängt, korrosionsresistent. Ausgezeichnet für die fettarme Küche – die Speisen braten ohne Öl.
Nachteile Teuer. Darf nicht auf Induktionsherden verwendet werden.
Pflege Mit warmem Seifenwasser abwaschen; nicht scheuern.

TON

Verwendung Schmortöpfe, Rührschüsseln, Gratinformen, Römertöpfe.
Vorteile Keine chemische Reaktion, billig, hält Wärme und, da porös, Feuchtigkeit. Ausgezeichnet für langsames Garen mit Flüssigkeit im Backofen; für die Mikrowelle.
Nachteile Mag keine plötzlichen starken Temperaturwechsel. Nicht feuerfest, gute Tongefäße kann man aber mit Schutzgitter auf kleiner Flamme benutzen. Rechteckige oder ovale Backofenformen sind anfälliger für Hitzeschäden als runde.
Pflege Glasierte oder teilglasierte Töpfe mit heißem Seifenwasser abwaschen, nicht scheuern. Völlig unglasierte Töpfe wie Römer- oder Kartoffeltopf mit Salzwasser schrubben. Kein Spülmittel verwenden, es verunreinigt das Kochgut.

Schneiden, Schälen und Spießen

Klassische Klingen

Nach den Händen ist das Messer wohl das wichtigste aller Küchenutensilien. Wenn Sie gute Messer kaufen, sie mit Sorgfalt und Respekt behandeln und sie gut pflegen, können sie ein ganzes Kochleben lang halten.

Alle Messerklingen werden aus Stahl gefertigt, deshalb wurden sie traditionell in Zentren der Metallindustrie wie im deutschen Solingen oder im englischen Sheffield hergestellt. Die Zusammensetzung des Stahls ist unterschiedlich; der Kohlenstoffgehalt bestimmt, ob die Schneide lange scharf bleibt. Traditionelle Kohlenstoffklingen sind schärfer, das Metall ist aber nicht rostfrei, daher müssen andere Bestandteile zugesetzt werden. Rostfreier Edelstahl enthält Chrom, ist aber nicht so hoch härtbar. Heute bestehen gute Messer aus Kohlenstoffstahl, der nicht völlig rostfrei ist. Trotz des Kohlenstoffanteils rosten oder korrodieren diese Messer kaum.

Es gibt geschmiedete und gestanzte Klingen, der Qualitätsunterschied liegt auf der Hand. Geschmiedete Klingen sind gleichmäßig ausbalanciert und laufen an der Schneide wunderbar dünn aus, das macht sie biegsamer. Ein gestanztes Messer ist dünn und platt, und der Griff liegt schwer in der Hand. Zum Ausgleich müssen Sie fester zupacken und mit mehr Druck arbeiten.

1 Brotmesser Die lange Klinge mit Wellenschliff schneidet Brot und andere Lebensmittel mit harter Kruste oder Haut. Fleisch oder festfleischige Früchte oder Gemüse nicht mit Wellenschliff-Messer schneiden – das gäbe einen unappetitlichen Matsch.

2 Kochmesser Das Kochmesser ist unbestritten das Arbeitspferd der Küche. Typisch sind die breite Klinge und die über die ganze Länge elegant geschwungene Schneide – wie gemacht für ständigen Kontakt mit dem Schneidebrett. Ideal zum Zerteilen und Würfeln, vom dicken Fleischklumpen bis zu feinsten Kräutern. Kochmesser gibt es in den verschiedensten Längen; für den Hausgebrauch ist eine Klinge von 20–25cm am praktischsten.

3 Officemesser Ein vielseitiges Messer für die verschiedensten Aufgaben wie Aufschneiden, Schälen und, je nach Klingenlänge, auch Tranchieren. Zwar ist es nicht zum Hacken gedacht (die Klinge ist schmaler und weniger gebogen als beim Kochmesser), man kann damit aber kleine Mengen nicht zu harter Lebensmittel wie Pilze oder Krabben zerkleinern. Nehmen Sie ein Messer mit 13–18cm langer Klinge.

4 Tomaten/Sandwichmesser Unentbehrlich bei Arbeiten, für die ein Brotmesser zu groß ist. Der Wellenschliff macht sich bei Nahrung mit harter Haut und weicher Mitte nützlich, z. B. bei Salami.

5 Küchenmesser Im Grunde eine Miniaturausgabe des Kochmessers zum Schälen, Raffeln und Aufschneiden kleiner Früchte und Gemüse. Beim Feinhacken von Knoblauch und Ingwer vielleicht leichter zu handhaben als das Kochmesser. Die Klinge sollte kurz sein – etwa 8–10 cm.

6 Schälmesser Mit der leicht hochgebogenen Spitze und der kurzen, gebogenen Klinge genau das richtige Messer, um kleine, runde Gemüse zu schälen, Kartoffelaugen auszustechen und Zucchinikerne zu entfernen.

7 Messerblock Statt der Schlitze, stecken in diesem Block dicht an dicht Nylonfäden; sie halten die Messer fest, ohne sie zu zerkratzen.

Kaufhilfe: Messer

Suchen Sie die Messer einzeln aus – lassen Sie sich nicht verführen, einen Satz zu kaufen. Nehmen Sie das Messer in die Hand. Es sollte sich für seine Größe schwer anfühlen und dabei gleichmäßig ausbalanciert sein, weder heft- noch klingenlastig. Lassen Sie sich nicht vom Gewicht abschrecken – ein schweres Messer ist effektiver als ein leichtes.

Das Heft muss angenehm in der Hand liegen. Nieten sollten glatt und bündig im Heft sitzen. Überprüfen Sie, ob die Krone (siehe »Messersprache«, Seite 12) glatt mit dem Heft abschließt.

Jedes Messer dient einem bestimmten Zweck, überlegen Sie also gut, welche Lebensmittel Sie regelmäßig verarbeiten. Im Idealfall sollten Sie für jede Arbeit das korrekte Messer benutzen. Sind Ihre Mittel aber begrenzt, entscheiden Sie sich für die beste Qualität, und kaufen Sie weniger Messer. Man kann auch mit einem anständigen Kochmesser und einem Küchenmesser auskommen. Mit den sechs abgebildeten Messern haben Sie allerdings mehr Möglichkeiten.

Messerpflege

Bewahren Sie Ihre Messer im Messerblock auf; so sind die Klingen geschützt und die Messer immer griffbereit. Eine Alternative wäre eine an der Wand befestigte Magnetschiene, manche haben allerdings Bedenken wegen der Sicherheit (siehe »Messersicherheit«, Seite 12). Heben Sie die Messer nicht lose in der Schublade auf; die Schneiden könnten durch Aneinanderstoßen Schaden nehmen. Schaden richtet auch an, wer Messer in die Spülschüssel wirft. Einige hochwertige Messer sind zwar spülmaschinenfest, sind sie es nicht, spülen und trocknen Sie sie sofort nach Gebrauch einzeln ab. Messer darf man nicht einweichen.

Damit die Messer immer in bestem Zustand bleiben, schärft man sie vor jeder Benutzung mit dem Wetzstahl. Schnelles, aufwendiges Schärfen ist nicht erforderlich. Behandeln Sie die Klinge gut: Arbeiten Sie nur auf einem Holz- oder Polyäthylenbrett.

Wetzstahl: Methode 1 Stellen Sie den Stahl senkrecht auf eine feste Unterlage. Fassen Sie das Messer unten am Heft und halten Sie die Klinge im Winkel von 20°. Streichen Sie mit dem Messer abwärts über den Stahl; ziehen Sie es dabei zu sich heran, so dass die Spitze unten auf den Stahl trifft. Wiederholen, dabei die andere Klingenseite an die andere Seite des Stahls halten und von sich weg streichen.

Wetzstahl: Methode 2 Nehmen Sie den Wetzstahl in eine, das Messer in die andere Hand. Beide Teile dicht am Heft überkreuzen, die Klinge im Winkel von 20° zum Stahl. Ellbogen anheben und Hände auseinanderziehen, so dass die Klinge über den Stahl gleitet, bis die Messerspitze am Stahl liegt. Mit anderer Klingenseite an anderer Seite des Stahls wiederholen. Abwechselnd wiederholen, bis die Klinge scharf ist.

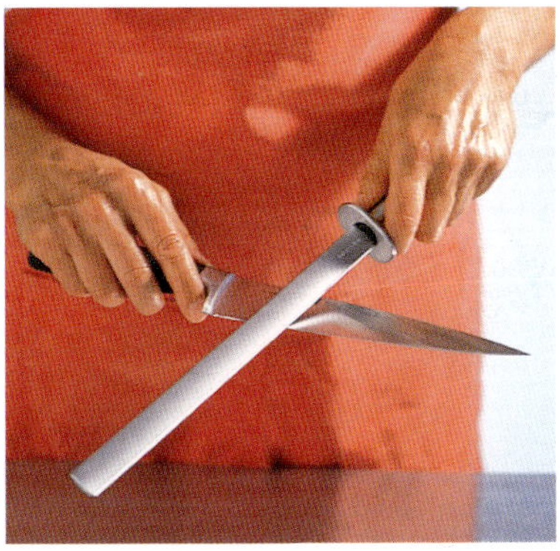

8 V-förmiger Messerschärfer Im Gehäuse verbergen sich raffiniert kreuzförmig und paarweise angeordnete Stahlstäbe auf Federn im Winkel von 20°. Zieht man das Messer über die Stäbe, wirken sie wie ein konventioneller Wetzstahl. Ein praktisches Werkzeug für Menschen, die mit einem Wetzstahl nicht zurecht kommen.

9 Keramikstab Die Stäbe sind praktisch, um kleine Kratzer oder Kerben zu glätten. Die besten haben zwei unterschiedliche Oberflächen: auf einer Seite ziemlich fein, auf der anderen grober. Die meisten dieser Stäbe sind rechteckig, der abgebildete ähnelt allerdings einem plumpen Wetzstahl. Die Schleiffläche wird vor der Benutzung mit Wasser oder Speiseöl angefeuchtet. Schneide im Winkel von 15–20° an den Stab halten und der Länge nach darüberziehen. Messer umdrehen und in Gegenrichtung wiederholen. Abwechselnd mehrmals wiederholen, bis die Schneide scharf ist.

10 Wetzstahl Kaum zu glauben: Der Stahl schärft das Messer nicht, sondern richtet die Moleküle an der Schneide wieder auf. Sie legen sich bei häufiger Benutzung immer wieder um.

Ein Wetzstahl muss aus einer Substanz bestehen, die härter als das zu schärfende Werkzeug ist. Am härtesten sind Schleifflächen mit Keramik- oder Diamantauflage. Ein traditioneller Wetzstahl ist zylindrisch mit Längsrillen, es gibt aber auch ovale oder flache. Je feiner die Oberfläche, desto glatter wird das Messer. Kaufen Sie einen Wetzstahl, dessen Schleiffläche länger ist als die Klinge Ihres längsten Messers.

Dieser hochwertige Wetzstahl hat eine Diamantauflage und eine flache Schleiffläche; die mehr Reibung als zylindrischer Stahl bietet.

8

9

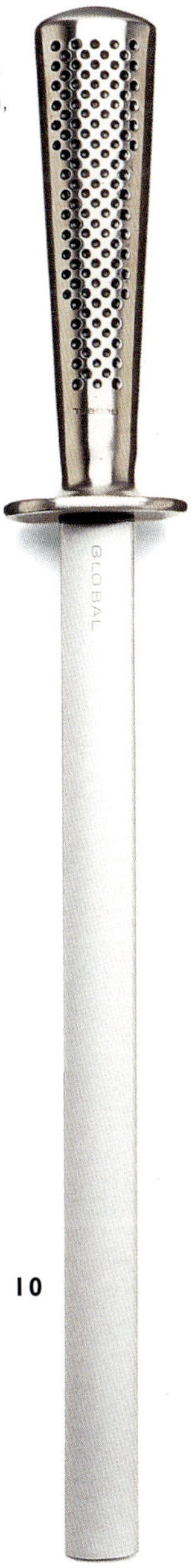

10

Mehr Messer

Mit zunehmender Erfahrung möchten Sie sicher Ihre Messersammlung ergänzen. Die hier abgebildeten Messer sind für spezielle Arbeiten oder bestimmte Nahrungsmittel bestimmt. Einige sind teuer, aber gute Messer sind eine gute Investition. Kaufen Sie Austern, essen Sie Grapefruit, oder filetieren Sie Ihren Fisch selbst ...

Messersprache

- **Angelwurzel** Das abwärts gebogene Ende des Hefts. Es schützt die Hand beim Schneiden und Hacken.
- **Heft** Der an der Angel befestigte Teil. Es sollte gut in der Hand liegen und weder zu groß noch zu klein zum festen Zupacken sein.
- **Angel** Der nicht geschliffene Teil der Schneide, der bis ins Heft reicht. Je länger die Angel, desto besser ist das Messer ausbalanciert.
- **Krone** Das gebogene Metallteil an geschmiedeten Klingen, das bündig mit dem Heft abschließt. Die Krone verstärkt die Klinge und verhindert, dass die Hand auf die Schneide abrutscht.
- **Klinge** Der flache Teil des Messers, an dem die Schneide sitzt.

Messersicherheit

Messer sind gefährliche Instrumente. Wenn man aber respektvoll, nicht leichtfertig mit ihnen umgeht, wird man weniger Unfälle erleben.

- Streichen Sie *niemals* mit dem Finger längs der Schneide, um die Schärfe zu prüfen.
- Ein scharfes Messer ist nicht so gefährlich wie ein stumpfes. Ist das Messer stumpf, muss man mit mehr Druck schneiden und könnte abrutschen.
- Wenn Sie die Messer an einer Magnetschiene aufbewahren, hängen Sie sie außer Reichweite von Kindern auf.
- Lassen Sie Messer nicht versteckt unter Seifenwasser in der Spülschüssel liegen.
- Benutzen Sie nie ein Messer mit fettigem Heft.
- Wenn Sie ein Messer auf der Arbeitsplatte liegen lassen, achten Sie darauf, dass weder Heft noch Klinge über den Rand ragen. Ein Kind könnte danach greifen, das Messer könnte auf den Boden oder, noch schlimmer, jemandem auf den Fuß fallen.

1 Schneidebretter Für die meisten Schneidearbeiten bevorzugt man Holz, für rohes Geflügel ist es jedoch nicht zu empfehlen, da es sich nicht sterilisieren lässt. Holz sieht gut aus, ist pflegeleicht und schadet Messerklingen am wenigsten. Nehmen Sie das stabilste Brett, das Sie finden können, am besten mindestens 4cm dick. Dieses ist mit Querleisten verstärkt, damit es nicht splittert oder sich verzieht.

Polyäthylenbretter sind zwar optisch weniger ansprechend, lassen sich aber im Gegensatz zu Holz mit Bleichmittel oder kochendem Wasser sterilisieren – ganz wichtig bei der Verarbeitung von rohem Geflügel. Außerdem sind sie spülmaschinenfest. Durch die rauhe Oberfläche verrutschen Brett und Nahrungsmittel weniger leicht, und eine Rille am Rand fängt Flüssigkeit auf.

1

2

2 Tranchiermesser und -gabel Ein Tranchiermesser gleitet glatt durchs Fleisch wie durch Butter, und mit der Gabel hält man das Fleisch fest, ohne hineinzustechen. Kaufen Sie ein Messer mit mindestens 20cm langer Klinge. Bei diesem läuft der Rücken in schönem Schwung zu einer schmalen Spitze aus, die Fleisch und Knochen sauber voneinander trennt. Der großzügig geschwungene Bogen an der Unterseite vergrößert die Schneide. Die Gabel hat gerade Zinken, gebogene passen sich allerdings besser der Form des Fleischstücks an. Beim Tranchieren drückt man die Zinken mit den Unterseiten fest aufs Fleisch.

3 Schinken-/Räucherlachsmesser Für dünne, längliche Scheiben. Die Klinge ist schmal und relativ biegsam und sollte mindestens 25cm lang sein. Die Klinge verjüngt sich nur leicht, die Scheiben werden beeindruckend gerade, statt dass man diagonal vom Kurs abkommt – letzteres kommt bei sich stärker verjüngenden Klingen häufig vor.

4 Tiefkühlmesser Ein Tiefkühlmesser ist nicht wirklich zu empfehlen, denn Struktur und Aussehen können leiden, wenn man gefrorene Nahrungsmittel zerkleinert – besser taut man sie vorm Zerschneiden auf. Kaufen Sie dennoch eins, ist eine kräftige Klinge mit großen Zähnen ein Muss.

5 Filiermesser Das elegante Messer hat eine dünne, sanft geschwungene Klinge, so biegsam, dass sie genau den Umrissen von Fisch oder Geflügel folgt. Die Klinge muss mindestens 18cm lang sein und sollte stets sorgfältig geschärft sein, damit sie sauber arbeitet.

6 Ausbeinmesser Ausbeinmesser haben eine schmal zulaufende 1,5–2,5cm breite Klinge mit scharfer Spitze. Eine breitere, starre Klinge eignet sich für große Fleischstücke mit glatten Knochen, eine schmale, biegsame Klinge für Geflügel oder Fisch.

7 Käsemesser Durch die Löcher in der Klinge klebt der Käse nicht an, und der Wellenschliff wird auch mit hartem Käse fertig. Mit der Gabelspitze transportiert man den Käse zum Teller.

8 Parmesanmesser Die starre, blattförmige Klinge dieses gedrungenen kleinen Messers teilt Stücke von Hartkäsen wie Parmesan ab.

9 Grapefruitmesser Die lange, dünne Klinge mit Wellenschliff und gebogener Spitze folgt den Konturen der Frucht und trennt Fruchtfleisch sauber ab.

10 Austernmesser Zwei kurze, pfeilförmige Schneiden brechen die Schale und das Vakuum auf. Der Fingerschutz am Heftende verhindert, dass das Messer zu tief in die Schale eindringt und am anderen Ende herausrutscht. Mit der dünnen Spitze löst man das Austernfleisch aus der Schale.

3

4

5

6

7

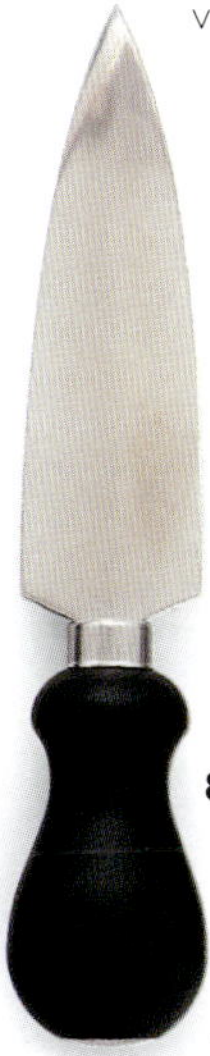

8

9

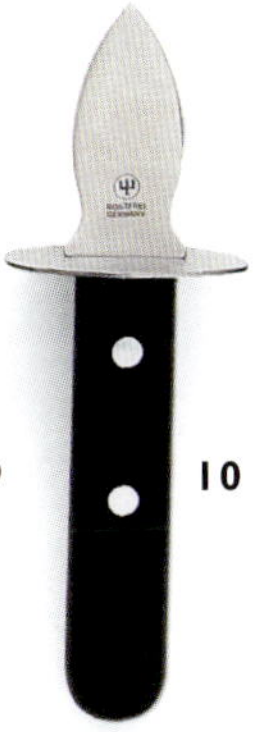

10

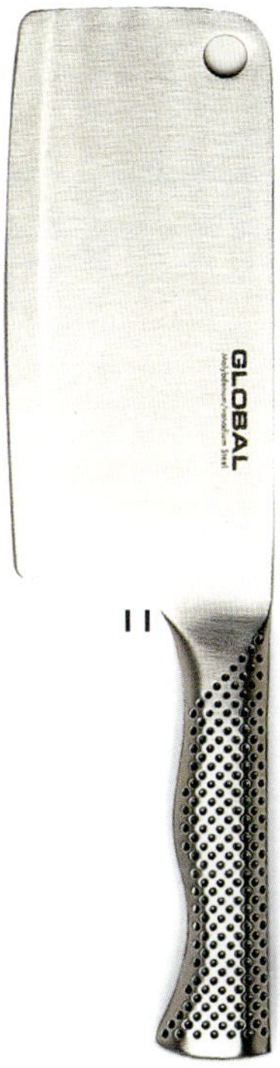

11

11 Hackmesser
Mit seiner dicken, starren Klinge, die sich jäh zur scharfen Schneide verjüngt, macht sich das Hackmesser beim Zerteilen von Knochen ebenso nützlich wie beim Wiegen von Frühlingszwiebeln. Je größer das Gewicht, desto weniger Kraft muss man aufwenden, kaufen Sie also das schwerste Hackmesser, das Sie noch bequem handhaben können. Eine 15cm lange Klinge dürfte richtig sein. Bei diesem modernen Hackmesser sind Klinge und Heft in einem Stück gearbeitet, das erleichtert die Reinigung.

12

13

Japanische Messer

12 Das lange Yanagi, auch Sashimi-Messer genannt, besitzt ebenso wie das Deba (siehe unten) eine einseitige Schneide. Die Klinge gleitet durch rohen Fisch und schneidet makellos gerade, papierdünne Scheiben für Sushi. Das Messer wird auch zum Hacken und Aufschneiden von Gemüse und für komplizierte Garnituren benutzt.

13 Das mittellange Deba mit seiner breiten Klinge dient feinen Arbeiten wie dem Entgräten und Filetieren von Fisch. Möglich wird das durch japanische Schmiedekunst, bei der die Klinge auf einer Seite über eine große Fläche schräg angeschliffen wird, die andere Seite hingegen glatt bleibt. So entsteht eine rasiermesserscharfe, stark angeschrägte Schneide, die mühelos zwischen Fleisch und Gräten gleitet.

Plattfisch filetieren

1 Fisch auf Schneidebrett legen. Mit der Spitze des Filiermessers hinter den Kiemen bis auf die Gräten, quer über den Schwanz und rund um das Fleisch schneiden. So wird die Form der Filets vorgegeben. Entlang der Mittelgräte auch bis auf die Gräten einritzen.

2 Mit fast waagerecht gehaltenem Messer von der Mittelgräte aus unter das Fleisch schneiden. Messer flach halten und erstes Filet mit leichter Sägebewegung von den Gräten lösen. Am anderen Ende der Mittelgräte zweites Filet ebenso schneiden.

3 Fisch umdrehen. Mit der Messerspitze Form des dritten und vierten Filets umreißen und bis zur Mittelgräte einritzen wie in Schritt 1. Filets vorsichtig von Gräten lösen wie in Schritt 2.

Hühnerbrust entbeinen

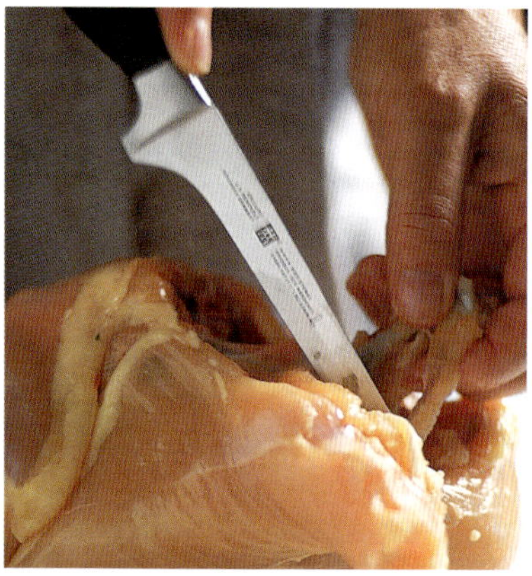

1 Mit der Haut nach unten auf das Brett legen. Brust an beiden Enden fassen und mit drehender Bewegung nach hinten Brust- und Schlüsselbeine abziehen. Mit den Fingern Schlüsselbeine (Gabelknochen) ertasten und mit Spitze des Ausbeinmessers entfernen.

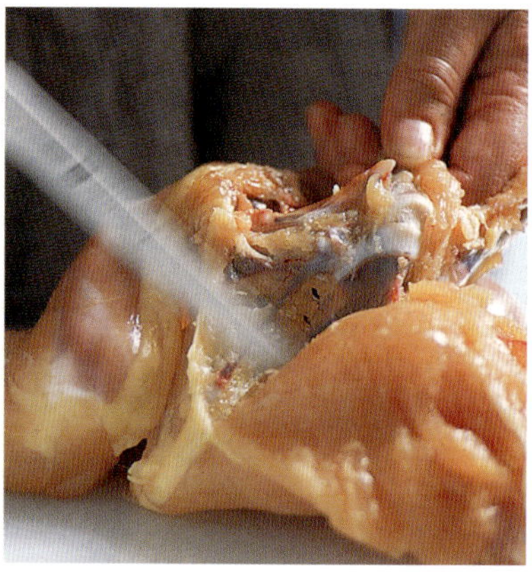

2 Hautseite nach unten legen und mit sanfter Schabebewegung der Messerspitze vorsichtig Fleisch von beiden Seiten des Brustbeins abtrennen. Nach dem Abtrennen Brustbein entfernen.

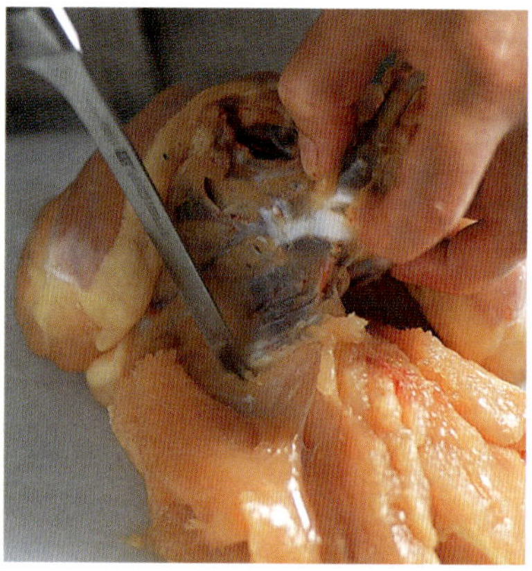

3 Fleisch von den Rippen schneiden, dabei den Konturen der Knochen folgen und so dicht wie möglich daran entlangschneiden. Rippen entfernen und restliche Knorpel wegschneiden. Bruststücke je nach Rezept sauber zurichten.

Lammkeule tranchieren

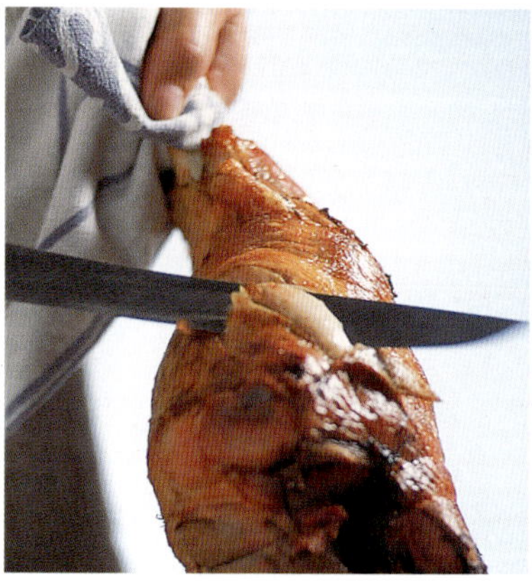

1 Fleisch mit fleischigerer Seite nach oben auf Tranchierbrett legen. Unteres Ende mit Serviette umwickeln. Dünne Scheiben vom gerundeten Teil der Keule schneiden, dabei von sich weg und fast parallel zum Knochen schneiden.

2 Keule umdrehen und etwa gleich viele Scheiben von der gegenüberliegenden Seite schneiden, längs zur Keule und fast parallel zum Knochen.

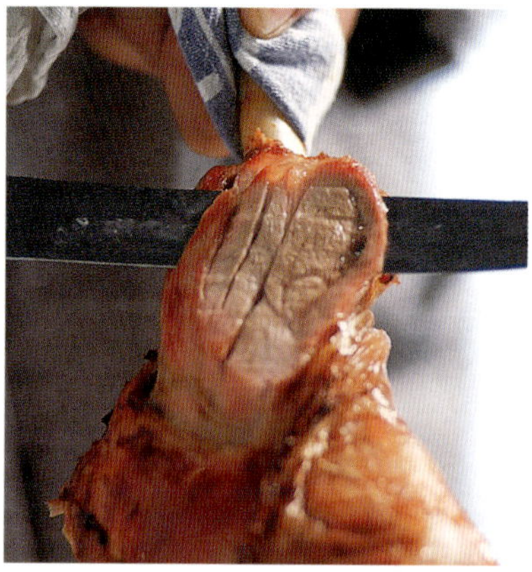

3 Tranchiermesser am unteren Keulenende ansetzen und kleine, dünne Fleischscheiben vom Knochen schneiden. Möglichst von jeder Keulenseite gleich viele Scheiben schneiden.

Broccoli und Mais
auf Hongkong-Art

Bei diesem Gericht von Ken Hom, einer Autorität der asiatischen Küche, hat das Hackmesser seinen Auftritt. In Kens Worten: »Man kann mit dem Hackmesser alle Lebensmittel bearbeiten: schneiden, filetieren, raspeln, zerdrücken.«

Für 4–6 Portionen als Beilage oder leichte Mahlzeit

Utensilien

Schüsseln
Sieb
Hackmesser
Pendelschäler
großer Topf
Wok oder große Pfanne
Woklöffel oder Holzlöffel mit langem Stiel

Zutaten

50g getrocknete schwarze chinesische Pilze
450g Broccoli
225g Maiskölbchen
1 TL Salz
1/2 TL frisch gemahlener schwarzer Pfeffer
1 TL Zucker
1 EL Reiswein oder heller trockener Sherry
1 EL helle Sojasauce
3 EL Austernsauce oder dunkle Sojasauce
1 1/2 EL Erdnussöl
2 TL dunkles Sesamöl

1 Schwarze Pilze 20 Minuten in warmem Wasser einweichen. Abgießen und Flüssigkeit ausdrücken. Stiele abschneiden und wegwerfen, Hüte in dünne Streifen schneiden. Beiseite stellen.

2 Broccoli in kleine Röschen zerteilen, dann Stiele schälen und in Scheiben schneiden. Broccolistücke und Maiskölbchen in großem Topf mit kochendem Salzwasser 3 Minuten blanchieren, dann in kaltem Wasser abschrecken. Gut abgießen.

3 In einer kleinen Schüssel Salz, Pfeffer, Zucker, Reiswein, Soja- und Austernsauce verrühren.

4 Wok oder große Pfanne auf großer Flamme erhitzen. Erdnussöl zugeben, heiß werden lassen, bis es leicht raucht, dann Broccoli, Mais und Pilze zugeben. 3 Minuten unter ständigem Rühren braten.

5 Gewürz-Saucen-Mischung zugeben und bei mittlerer bis großer Hitze 2 Minuten unter ständigem Rühren schmoren, bis die Gemüse heiß sind.

6 Sesamöl zugeben und weitere 30 Sekunden unter Rühren schmoren. Dann servieren.

Umgang mit dem Hackmesser Gemüse mit gekrümmten Fingerspitzen festhalten, so dass die Klinge an den Fingerknöcheln entlang gleitet. Messer nicht über Knöchelhöhe heben. Klinge etwa 3 mm vom Gemüserand ansetzen und nach unten führen. Die Scheibenstärke reguliert man, indem man die Finger entweder näher oder weiter entfernt von der zu schneidenden Seite hält. Für schräg geschnittene Scheiben hält man die Finger schräg und führt damit die Klinge.

Schneidewerkzeug

Diese Instrumente erleichtern knifflige oder zeitraubende Küchenarbeiten wie Aufschneiden, Hacken, Raspeln und Schälen. Das Endergebnis fällt meist sauberer aus als ohne Hilfe dieser Utensilien. Hier handelt es sich nicht um bloßes Küchenspielzeug; alle Geräte sind schon seit Jahren im Handel und haben sich bewährt.

Gemüseschäler
1 Der praktische, sparsame Pendelschäler hat in der Mitte einen Schlitz, der so breit und lang ist, dass sich die Schale darin nicht festsetzt. Da auf beiden Seiten Schneiden sitzen, eignet er sich für Rechts- und Linkshänder. Durch die beweglichen Klingen passt sich der Schäler den Formen an und ermöglicht sparsames Abschälen.
2 Typisch für diesen traditionellen britischen Schäler ist der kordelumwickelte Griff. In der V-förmigen Klinge mit dem schmalen Schlitz bleibt leicht etwas hängen.
3 Der praktische Y-förmige Schäler wurde ursprünglich für Menschen mit Handproblemen entwickelt. Er hat ein bewegliches Messer, der dicke Griff aus rutschfester Gummi-Polypropylen-Mischung und ist besonders greifsicher.

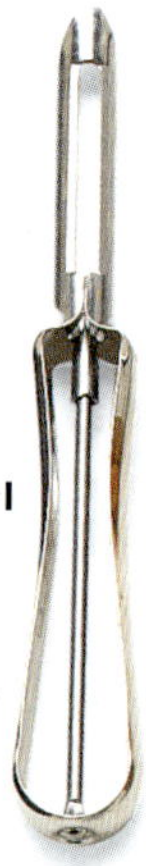
1

2

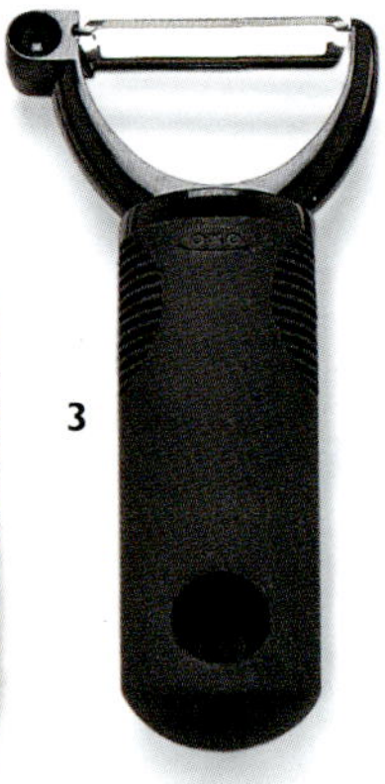
3

4 Zestenmesser Mit einem vorstehenden, V-förmigen Zahn zieht man dünne Schalenstreifen von Zitrusfrüchten ab. Mit dem Messer lassen sich auch in ungeschälte Gurken oder Pilze feine Rillen schneiden, wodurch die Gemüsescheiben dann eine Wellenkante erhalten. Das abgebildete Modell eignet sich nur für Rechtshänder, es gibt aber auch solche für Linkshänder.

4

5

5 Fadenschneider/ Juliennereißer Fünf scharfkantige Löcher sitzen in einer abgewinkelten Klinge und schneiden feine, aromatische Zitrusschalenstreifen zum Dekorieren von Kuchen und Desserts. Durch den stumpfen Winkel schneidet man nur in die äußere Schale, nicht aber in die bittere weiße Haut.

Bohnenschneider
8 Dieses kleine Kunststoffgerät vollbringt wahre Wunder bei Stangenbohnen: Es entfernt den Faden und schneidet die Bohne gleichzeitig in dünne Streifen. Einfach eine Bohne ins Loch stecken und durch die vier Klingen schieben. Sobald das Ende herausguckt, packt man zu und zieht. Die Bohnen müssen knackig sein, und das Gerät ist nur für kleine Mengen geeignet.
9 Dieses robuste Gusseisengerät ist praktisch beim Zubereiten großer Bohnenmengen. Die Bohnen laufen durch Schlitze über drei sehr scharfe, in einer Scheibe sitzende Messer, die durch die Kurbeldrehung rotieren. Sie kommen als papierdünne, schräg geschnittene Scheiben ohne eine Spur von Faden heraus.

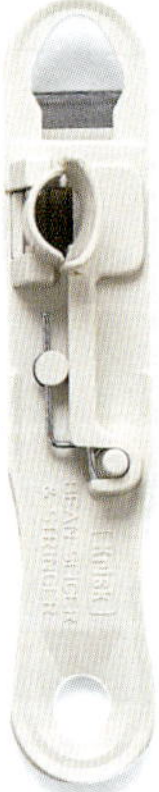
8

9

6 Pizzaschneider Beim Zerteilen von Pizza schlägt der Pizzaschneider selbst das schärfste Messer. Die starre, runde Klinge zerteilt sauber Belag und Rand und schneidet akkurate, handliche Stücke. Ein Fingerschutz verhindert, dass man auf die Klinge abrutscht.

6

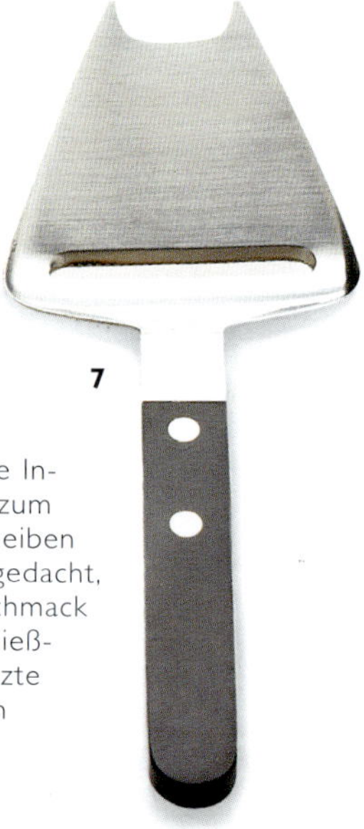
7

7 Käsehobel Das praktische Instrument war ursprünglich zum Abhobeln hauchdünner Scheiben von skandinavischem Käse gedacht, der einen so kräftigen Geschmack hatte, dass er anders ungenießbar war. Die schräg angesetzte Schneide lenkt die Scheiben durch einen Schlitz auf die spatenförmige Klinge.

10 Eierschneider Zehn straff gespannte Drähte zerteilen sauber und gleichmäßig Eigelb und Eiweiß. Da die Drähte nicht durchhängen, zerkrümelt das Eigelb nicht.

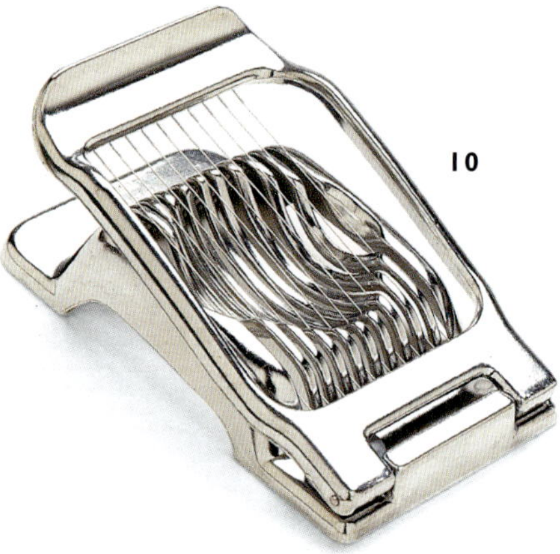
10

Gemüsehobel »Mandoline«

11 Das Modell aus Edelstahl und schwarzem Fiberglas zerteilt Gemüse mit äußerster Präzision. Je nach Form und Position der Klinge lässt sich jedes feste Gemüse zu Scheiben, Streifen, Wellen- oder Waffelmustern schneiden. Gemüse einfach festhalten und über die Klingen führen. Es gibt auswechselbare Klingen, und die Schnittstärke lässt sich einstellen. Gummifüße sorgen für festen Stand, und ein Schutzschlitten schützt Ihre Finger. Das Gerät ist allerdings teuer.

12 Sehr viel billiger, aber auch primitiver, ist ein hölzerner Gemüsehobel. Er hat zwar seine Nachteile – er verzieht sich leicht und hat keine Füße –, ist aber ein Klassiker und leistet, wenn man nicht gerade hundertprozentige Perfektion verlangt, durchaus gute Dienste.

11

12

13 Wiegemesser Das Wiegemesser wird zum Kräuterschneiden benutzt. Es funktioniert nach demselben Prinzip wie ein Kochmesser – eine gebogene Klinge wird in Wiegebewegungen über das zu zerkleinernde Material geführt. Durch die beiden Griffe kann man mit gleichmäßigem Druck arbeiten, die Klinge verlängert die Schneide. Manche Wiegemesser haben zwei oder sogar drei Klingen. So geht das Wiegen zwar schneller, man braucht aber länger, um die Klingen zu säubern.

13

14 Wiegemesser mit Mörser Die halbmondförmige Klinge und passende Schale sind ideal zum Hacken von Ingwer oder Knoblauch.

14

15 Pommes-frites-Schneider Das Gerät für Menschen, die ihre Pommes frites lieber militärisch präzise als handgeschnitten nach Hausmacherart mögen. Man drückt den Griff herunter und presst die geschälte Kartoffel durch das Schneidegitter. Durch auswechselbare Gitter lassen sich unterschiedliche Größen schneiden, von dick bis dünn.

15

16 Grätenzange Eine Zange für Menschen, die Angst beim Fischessen haben. Die 15,5cm langen Backen haben runde Spitzen mit Griffrillen auf der Innenseite. Mit dieser Grifffläche lassen sich versteckte Gräten gut greifen und herausziehen.

16

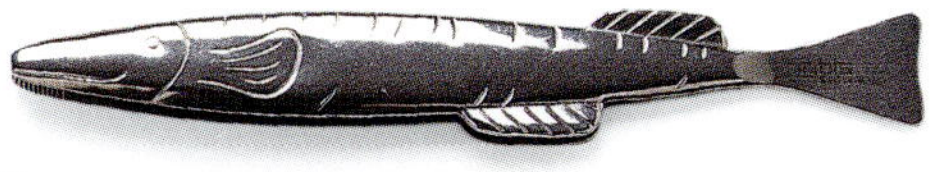

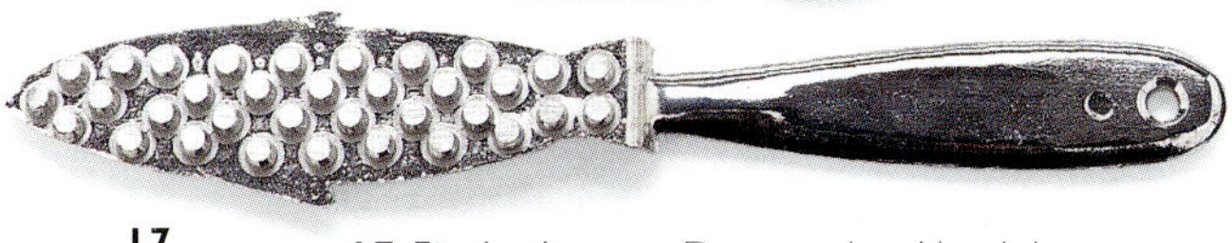

17

17 Fischschupper Das massive Aluminiuminstrument ist an der Unterseite dicht mit scharfkantigen Noppen besetzt, die sich in den Schuppen verfangen, sie anheben und ausreißen, fährt man mit dem Gerät über den Fisch. Entschuppen Sie den Fisch möglichst vorm Ausnehmen – er ist dann leichter zu handhaben.

Gemüse schneiden Haben alle Gemüsestücke die gleiche Größe und Form, garen sie gleichmäßiger, und das fertige Gericht sieht schöner aus. Bei den meisten Gemüsen bestimmt die Garmethode, wie sie geschnitten werden. Mit seiner breiten, starren Klinge und der sanft geschwungenen Schneide eignet sich das Kochmesser am besten, um Gemüse in Scheiben, Stückchen oder Würfel zu schneiden. Zum Schälen und Schneiden kleiner Gemüse und zum Ausstechen von Kartoffelaugen nimmt man besser ein Schälmesser. Benutzen Sie beim Gemüseschneiden immer ein Schneidebrett, um die Klingen zu schonen.

Zwiebeln schneiden Zwiebel schälen, Wurzel belassen, dann mit Kochmesser von oben nach unten halbieren. Hälften mit Schnittseite nach unten auf Brett legen. Der Länge nach bis kurz vor der Wurzel in dünne Scheiben schneiden, dann quer in dünne Scheiben schneiden. Das Stück mit der Wurzel wegwerfen. Bei dieser Methode fließen kaum Tränen – da man die Zwiebel beim Schneiden zusammen hält, können weniger tränentreibende Chemikalien entweichen.

Chinakohl schneiden Alle beschädigten äußeren Blätter entfernen, dann Kohl mit Kochmesser von oben nach unten halbieren oder vierteln. Mit der Schnittseite nach unten legen und vom Strunk her in diagonale Scheiben schneiden. Schräg geschnittene Scheiben sehen nicht nur gut aus, sondern schaffen auch größere Angriffsflächen für Fett oder Flüssigkeit und reduzieren so die Kochzeit.

Stangensellerie würfeln Wurzel und Blätter mit Kochmesser von den Stangen abtrennen. Bei Bedarf zähe Fäden mit Pendelschäler entfernen. Stangen auf Brett legen und der Länge nach in drei oder vier gleich breite Streifen schneiden. Dickes Stangenende nah der Wurzel in kürzere Streifen von gleicher Breite wie die anderen Stücke schneiden. Alle Streifen glatt nebeneinander legen und quer in kleine Quadrate schneiden.

Karotten in Juliennestreifen schneiden Karotten mit Schäl- oder Kochmesser putzen. Mit Schälmesser oder Sparschäler schälen. Mit Kochmesser an einer Seite dünnen Streifen abschneiden, so dass die Karotte flach aufliegt. Quer in 5cm lange Stücke schneiden. Diese der Länge nach senkrecht in streichholzdünne Scheiben schneiden. Scheiben stapeln und in Streifen schneiden.

Runde Gemüse zerteilen Je nach Gemüsegröße mit Koch- oder Schälmesser arbeiten. Tomaten mit scharfem Schälmesser oder Messer mit Wellenschliff schneiden. Gemüse von oben nach unten halbieren. Hälften mit Schnittflächen nach unten auf Brett legen und noch einmal halbieren. Viertel in Scheiben schneiden.

Blattgemüse in Streifen schneiden Damit sich die Blätter leichter rollen lassen, dicke Stiele entfernen; dazu beiderseits vom Stiel mit Kochmesser durch Blattrippen schneiden. Sehr große Blätter der Länge nach halbieren. Blätter stapeln und fest zusammenrollen. Blattrolle quer zu Streifen in gewünschter Breite schneiden.

Sommerlicher Zucchinisalat

Das Rezept für diesen farbenfrohen Sommersalat stammt von Anne Willan, Begründerin der berühmten Kochschule La Varenne im Château du Feÿ im französischen Burgund. Ihr liebstes Utensil ist ein schwarzer Matfer-Gemüsehobel, der die Zucchini im Handumdrehen in dünne Juliennestreifen zerteilt. Den Salat kann man sofort oder nach etwa einer Stunde servieren, wenn das Gemüse etwas zusammengefallen und weich, aber immer noch knackig ist.

Für 4–6 Personen als Vorspeise

Utensilien

Kochmesser
Gemüsehobel
Schüssel
Zitruspresse
kleiner Tellerbesen

Zutaten

4 kleine grüne Zucchini, zusammen ca. 450g
4 kleine gelbe Zucchini oder andere gelbe Kürbisse, zusammen ca. 450g
Saft von 2 Zitronen oder Limetten
2 Schalotten, fein gehackt
Salz und frisch gemahlener schwarzer Pfeffer
125ml Pflanzenöl, z. B. Traubenkern- oder Sonnenblumenöl
2 EL gehackter frischer Dill (oder Ihr Lieblingsküchenkraut)
frischer Dill oder andere Kräuter zum Garnieren

a

1 Zucchiniendenabschneiden und Gemüse in 5cm lange Stücke schneiden.

2 Zucchinistücke der Länge nach mit Julienneeinsatz des Gemüsehobels schneiden (a), dabei drehen, so dass die Streifen teils die farbige Außenhaut, teils das Innere zeigen. Kerne und Mittelstück wegwerfen. In Schüssel füllen.

3 Für die Vinaigrette Zitronen- oder Limettensaft mit Schalotten, Salz und Pfeffer verrühren. Dann das Öl einrühren und Kräuter zugeben.

4 Gemüsejulienne mit Dressing verrühren und abschmecken. Auf Portionsteller verteilen und mit kleinem Dill- oder Kräuterzweig nach Wahl garnieren.

Mit zwei Griffen und sanfter Wiegebewegung erzeugt das Wiegemesser einen gleichmäßigen Druck, macht aus einem Berg frischer Kräuter im Nu einen Hügel und durchtrennt die Blätter sauber, ohne sie zu zerdrücken.

Scheren, Spieße und Öffner

Scheren schneiden sauber, ohne ausgezackte Kanten. Viele arbeiten lieber mit der Schere als mit dem Messer, weil man damit kontrollierter schneiden kann und seine Finger in Sicherheit weiß. Eine robuste Küchenschere lässt sich für viele Arbeiten gebrauchen: Man schneidet damit Papier und Schnur, entfernt Fischflossen und Artischockenspitzen, zerkleinert Kräuter und Speckschwarte und zerteilt Trockenfrüchte in mundgerechte Stücke. Mit einer stabilen Küchenschere lässt sich sogar Geflügel zerteilen, leichter geht es allerdings mit der Geflügelschere.

Häufig muss man Nahrungsmittel oder bestimmte Behältnisse durchbohren, und für diese Aufgabe gibt es eine ganze Reihe von Hilfsmitteln. Utensilien wie Spieße oder Korkenzieher gehören zur Grundausstattung jeder Küche. Manche Instrumente sind allerdings sehr speziell und wieder andere so instabil, dass sie keinen Platz in der Küchenschublade verdienen. Es gibt aber auch Überraschungen – so kann man sich an ein Gerät so sehr gewöhnen, dass man es nicht mehr missen möchte.

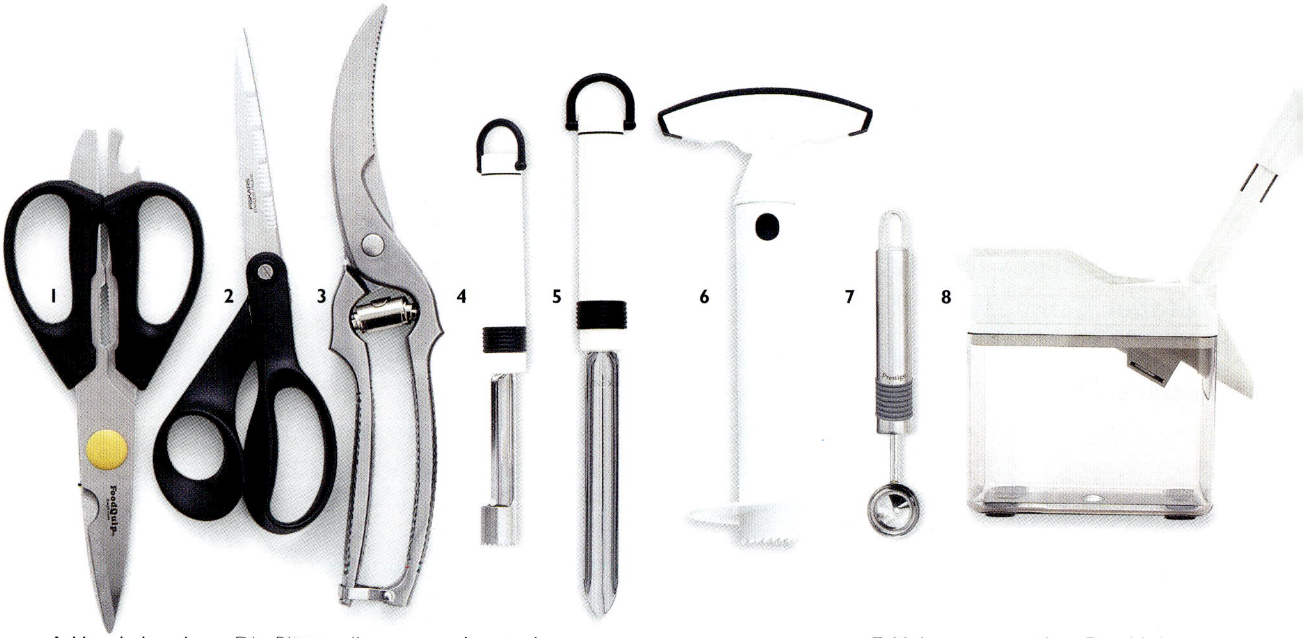

1 Haushaltsschere Die Blätter dieser Allzweckschere haben eine Kerbe zum Durchtrennen von Gelenken bei Geflügel, mit den Griffen lassen sich Gläser und Flaschen öffnen, Deckel aufhebeln und Schrauben drehen. Die Schere lässt sich zum Reinigen auseinandernehmen und ist spülmaschinenfest.

2 Küchenschere Im Gegensatz zur Haushaltsschere hat diese längere Blätter, von denen meist eines einen Wellenschliff zum Zerteilen von Geflügel oder Fisch hat. Die besten Scheren haben geschmiedete Blätter und bestehen aus rostfreiem Edelstahl. Kaufen Sie eine Schere mit Schraube, dann lassen sich die Blätter zum Reinigen oder Schleifen auseinandernehmen.

3 Geflügelschere Diese Schere durchtrennt Knochen, Sehnen und Fleisch. Die Blätter sind zum feineren Schneiden spitz und gebogen, mit der Kerbe hält man Knochen während des Durchtrennens fest. Die kräftige Feder drückt die Griffe auseinander, allerdings fängt sich darin der Fleischsaft, so muss man sie nach Gebrauch gründlich säubern.

Ausstecher
Zum Ausstechen drückt man die runde Schneide senkrecht mitten durch Frucht oder Gemüse; beim Zurückziehen bleibt das Gehäuse im Zylinder. Kommt man von der Senkrechten ab, bleiben Reste im Fruchtfleisch, was auch passiert, wenn das Kerngehäuse einen größeren Durchmesser hat.

4 Der kürzere Apfelausstecher funktioniert bei Äpfeln und Birnen recht gut, ist für größere Teile nicht geeignet.

5 Für Zucchini, Auberginen und andere längliche Gemüse braucht man den längeren Gemüseausstecher.

6 Ananasausstecher/schneider Das Instrument funktioniert zwar, die Anschaffung lohnt sich aber nur, wenn Sie regelmäßig Ananas essen. Ananas oben abschneiden, dann den Schneider bis nach unten in den Strunk drehen und hochziehen. Heraus kommt eine ununterbrochene Spirale von Fruchtfleisch, ganz ohne braune Flecken. Das intakte Äußere lässt sich für nostalgische Gerichte wie gefüllte Ananas verwenden.

7 Melonenausstecher Der Melonenausstecher macht sich nützlich, wenn man lieber Kugeln als grob geschnittene Stücke mag. Man drückt das Gerät ins Fruchtfleisch, bis Saft aus dem Loch fließt. Dann drehen und herausziehen. Bei einigen Ausstechern sitzt am anderen Ende eine kleinere Formschale, um das direkt an der Melonenschale sitzende Fruchtfleisch auszustechen.

8 Kirschentsteiner Bei gewissen Gelegenheiten lohnt sich das Entsteinen von Kirschen oder ist sogar notwendig: zum Beispiel für Kirschkuchen, beim Einwecken oder Einlegen von Kirschen oder beim Füttern kleiner Kinder. Die Arbeit ist zwar immer noch mühsam, geht aber mit dem Entsteiner schneller und sauberer. Man legt die Kirschen in die abgeschrägte Schale, von dort gleiten sie einzeln in eine Mulde. Betätigt man den Griff, durchbohrt ein Metallstab die Frucht und entfernt den Stein. Die Steine fallen in den Plastikbehälter, die Früchte in eine vor dem Entsteiner aufgestellte Schale. Das Gerät funktioniert auch bei Oliven recht gut.

Spieße

Spieße leiten Wärme durch Nahrungsmittel, schließen Löcher und halten Gegenstände fest. Man testet damit, ob Kuchen oder Geflügel gar sind, oder durchbohrt kleine Zitrusfrüchte und die Haut von fettem Geflügel, damit Saft oder Fett während des Kochvorgangs abfließen können.

9 Bambusspieße leiten die Wärme nicht so gut wie Metallspieße, eignen sich aber gut für kleine Fleischspieße wie Hähnchen-Satay. Einige Köche raten, die Bambusspieße vor Gebrauch in Wasser einzuweichen.

10 Kebabspieße bestehen aus einem flachen Metallstab, der verhindert, dass die Teile beim Wenden auf dem Spieß rotieren. Am praktischsten ist eine Länge von 25–30cm, es gibt aber auch extravagante Modelle für Grillfeste im Gaucho-Stil. Edelstahlspieße sind rostfrei und leicht zu reinigen.

9 10

11 Kleine runde Spieße, auch Rouladennadeln genannt, gibt es in verschiedenen Größen; sie sind ideal, um bei Geflügel Öffnungen und Hautlappen zuzustecken. Durch die Öse kann man einen Faden ziehen und die Öffnungen damit noch fester verschnüren. Mit den Spießen lassen sich auch kleine Päckchen wie Rouladen zusammenstecken.

11

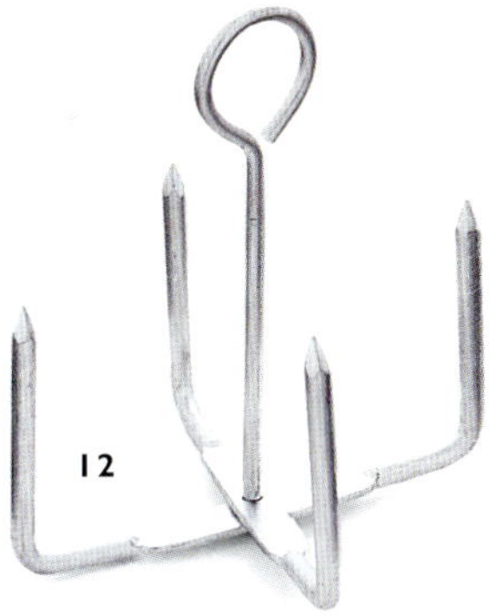

12

12 Backkartoffelspieß Die vier Metalldorne leiten Wärme in die Kartoffelmitte und beschleunigen so den Backvorgang. Das Gerät hat allerdings Nachteile: Festgebackene Stärke lässt sich schwer entfernen, wenn man weniger als vier Kartoffeln backt, verliert es das Gleichgewicht. Die Anschaffung lohnt sich, wenn man häufig für vier Personen Backkartoffeln zubereitet.

13

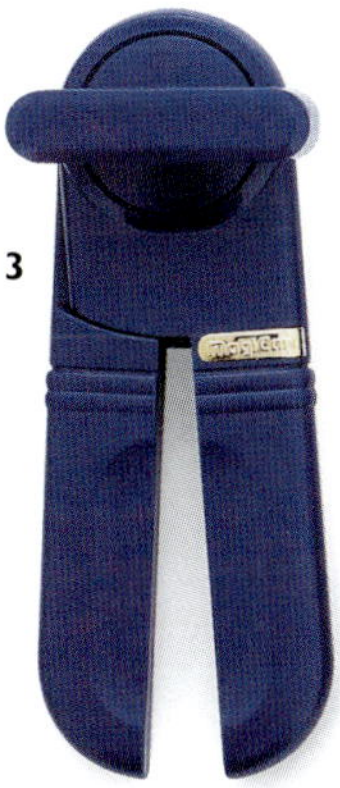

14

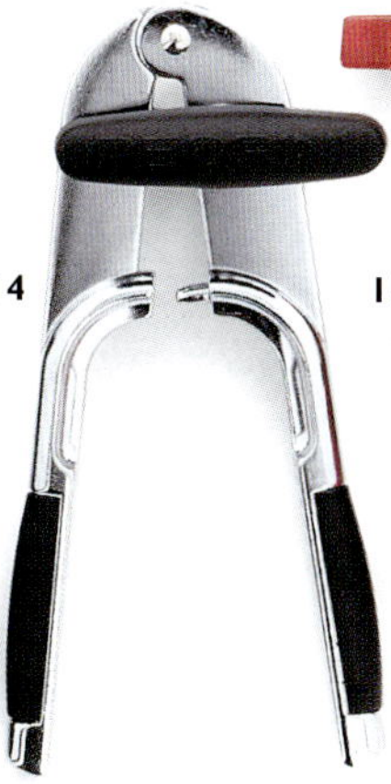

15

16

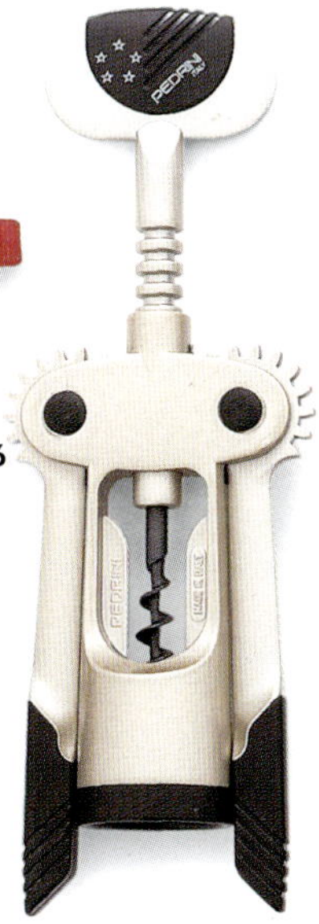

17

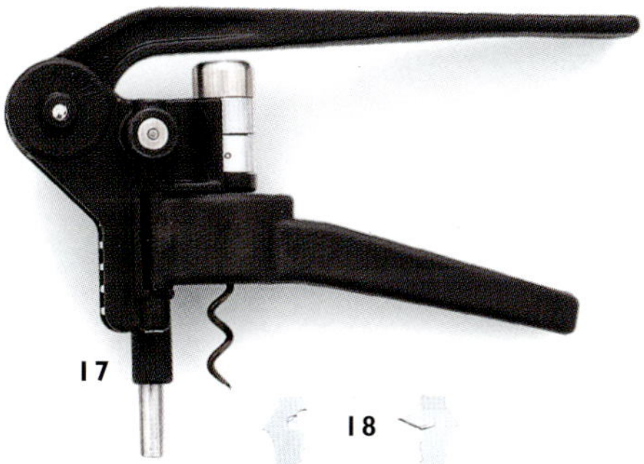

18

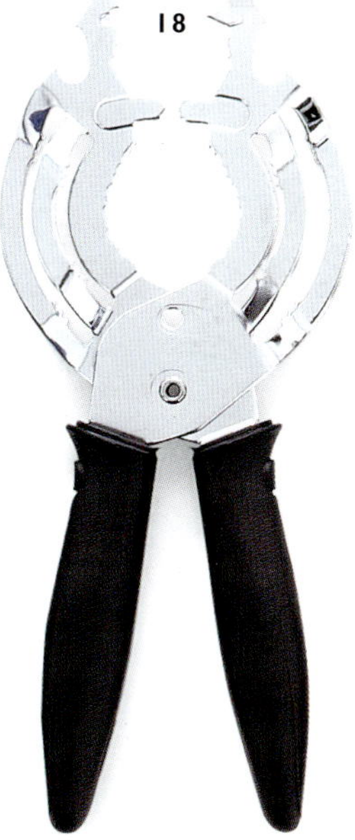

Dosenöffner

Ein guter Dosenöffner sollte sauber und ohne Unterbrechung arbeiten und nicht auf halbem Weg stecken bleiben. Er muss sich mühelos bedienen lassen und gut in der Hand liegen.

13 Der blaue Öffner lässt sich leicht bedienen und ist sowohl für Rechts- wie für Linkshänder geeignet. Er ist jedoch nicht ganz so sicher wie andere Typen, da er den gesamten Dosenrand abtrennt und eine saubere, aber frei liegende scharfe Kante schafft.

14 Der Chromöffner hat einen gut in der Hand liegenden Butterfly-Griff und abgerundete schwarze Plastikeinsätze zum Schutz der Handfläche. Das Stahlmesser wird über dem Dosenrand eingehakt, der auch nach dem Öffnen an der Dose verbleibt.

Korkenzieher

Ich gehöre zu den Köchen, die bei der Arbeit gern ein Schlückchen trinken, deshalb gehört für mich der Korkenzieher zur Grundausstattung.

15 Dieser »amerikanische« Korkenzieher hat einen angenehmen Griff und eine »endlose«, Teflon®-beschichtete Spirale, die den Korken in kontinuierlicher Bewegung herauszieht. Die Spirale ist offen, mit abgerundetem Profil, und fasst den Korken fest.

16 Hebelkorkenzieher aus Edelstahl, leicht zu bedienen und zuverlässig, mit einem auf dem Flaschenrand aufliegenden Gehäuse, das das Gewinde zentriert und durch den Korken führt. Griff drehen, bis die Hebel ganz nach oben zeigen, dann durch Herunterdrücken der Hebel Korken herausziehen.

17 Dieses Hebelmodell mag furchterregend aussehen, ist aber einfach zu bedienen. Bei geöffnetem Hebel wird die Flasche in die Zange genommen, dann legt man den Hebel nach vorne um, so dass sich die Spirale in den Korken bohrt. Hebel wieder zurücklegen, und der Korken kommt heraus.

18 Universalöffner Ein Gerät, das auch die hartnäckigsten Deckel öffnet und mit verschiedenen Größen fertig wird. Die gezackten Innenkanten nehmen den Deckel fest in die Zange und lösen ihn durch Drehen, und die stabilen, rutschfesten Griffe erlauben ein kraftvolles Zupacken. Die unterschiedlichen Ausbuchtungen knacken ein Vakuum, öffnen Kronenkorken und durchlöchern Dosen. Das Gerät spart Zeit und stellt seine Existenzberechtigung immer wieder unter Beweis.

Stubenküken

mit Rosmarin-Orangen-Butter

Will man Geflügel im Ganzen grillen, schneidet man die Wirbelsäule am besten mit der Geflügelschere heraus und drückt das Tier flach. So entsteht ein flaches Stück, das rasch und gleichmäßig gart. Fleischspieße geben dem Fleisch Halt, erleichtern das Wenden und leiten die Wärme durch den dicksten Teil der Keule. Unter die Haut geschobene Kräuterbutter hält das Fleisch appetitlich saftig.

Für 4 Portionen

Utensilien

Wiegemesser oder Kochmesser
Knoblauchpresse
Juliennereißer
Mörser und Stößel
kleine Schüssel
Gabel
Polyäthylen-Schneidebrett
Geflügelschere oder stabile Küchenschere
4 flache Metallspieße
Grillpfanne mit Rost

Zutaten

100g weiche Butter, Zimmertemperatur
2 EL fein gehackter Rosmarin
1 große Knoblauchzehe, zerdrückt
fein geschnittene Schale einer kleinen Orange
1/2 TL schwarze Pfefferkörner, gestoßen
große Prise grobes Meersalz
2 Stubenküken à ca. 450g
Rosmarinzweige zum Garnieren

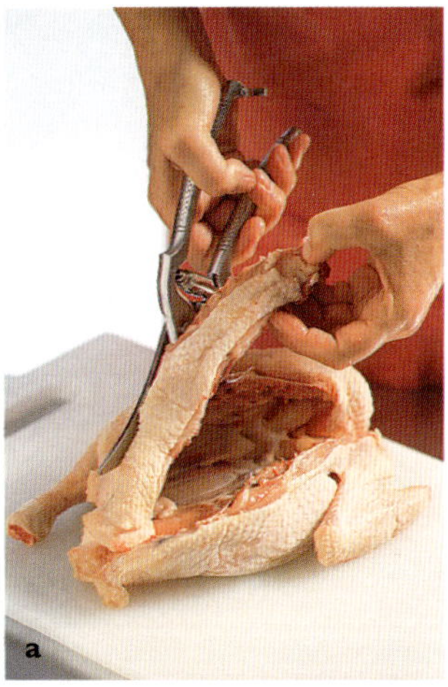

a

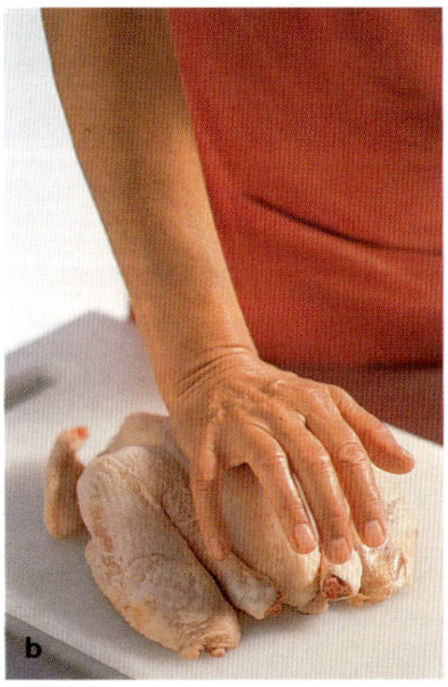

b

c

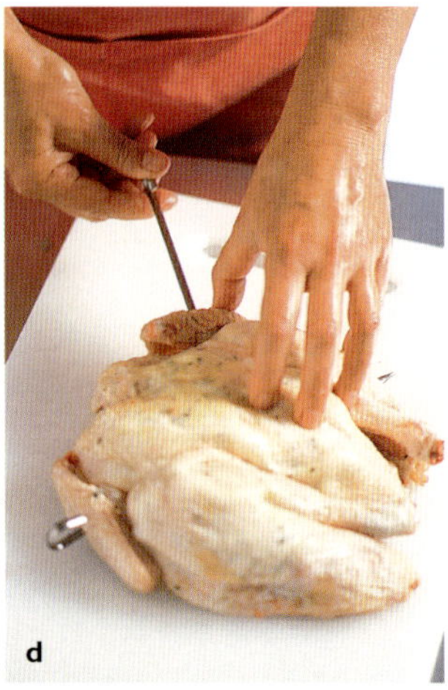

d

1 Butter, Rosmarin, Knoblauch, Orangenschale, Pfeffer und Meersalz mit der Gabel gründlich vermischen.

2 Geflügel mit Brust nach unten auf das Polyäthylenbrett legen. Mit Geflügel- oder stabiler Küchenschere Flügelspitzen und knorpelige Beinenden abtrennen. Wirbelsäule und Bürzel entfernen durch Schnitte entlang der Wirbelsäule (a).

3 Stubenküken auseinanderklappen und mit der Brust nach oben hinlegen. Durch kräftigen Druck mit dem Handballen Brustbein brechen und flachdrücken (b).

4 An Brust, Schenkeln und Keulen Haut vom Fleisch ablösen, dazu vorsichtig die Finger zwischen Fleisch und Haut schieben. Stücke der Buttermischung unter die Haut schieben, möglichst gleichmäßig verteilen und gut andrücken (c). Zugedeckt im Kühlschrank bis zu 24 Stunden, mindestens aber 2 Stunden ziehen lassen.

5 Vor dem Grillen die Stubenküken so hinlegen, dass die Keulen nach innen zeigen und dicht an den Rippen anliegen. Metallspieß diagonal durch Schenkel, Keule und Brust treiben, auf der anderen Seite durch den Flügel ausstechen (d). Zweiten Spieß von der anderen Seite einstechen.

6 Grill auf großer Hitze vorheizen. Stubenküken mit der Brust nach unten auf den Rost über der sauberen Grillpfanne legen und Pfanne 15cm von der Hitzequelle einsetzen. 15 Minuten grillen, dann wenden und weitere 15 Minuten grillen bzw. so lange, bis beim Anstechen des Keulenteils kein rosa Saft mehr austritt.

7 Spieße herausziehen – dabei Grillhandschuhe tragen; die Spieße sind heiß. Stubenküken vierteln und in vorgewärmte Servierschüssel legen. Mit dem buttergetränkten Bratensaft übergießen und den aromatischen Bratensatz vom Pfannenboden abkratzen. Mit Rosmarinzweigen garnieren und sofort servieren.

Elektrische Mixer und Küchenmaschinen

Diese vielseitigen Maschinen können nicht nur hacken und schneiden, sondern auch raspeln, schlagen, entsaften, rühren und mixen. Sie arbeiten mit hoher Geschwindigkeit und sind ideal, um große Mengen schnell zu verarbeiten.

Solche Geräte sind zwar praktisch, betrügen den Koch aber bisweilen um den Spaß an der Arbeit. Außerdem machen sie es fast unmöglich, während der Zubereitung feine Veränderungen an Nahrungsmitteln wahrzunehmen. Dennoch sind elektrische Mixer und Küchenmaschinen bei richtiger Verwendung ihr Gewicht in Gold wert. Haben Sie sich erst einmal in Unkosten gestürzt, sorgen Sie dafür, dass Ihr Mixer oder Ihre Küchenmaschine ihr Geld wieder einspielen. Sie werden die Maschine eher benutzen, wenn sie griffbereit auf der Arbeitsplatte und nicht versteckt im Schrank steht.

1

1 Küchenmaschine Die klassische Maschine für begeisterte Bäcker mit einer 4-Liter-Edelstahlschüssel, die bis zu 2,25kg Zutaten fasst. Das Rührwerk schwingt fast so schön wie Elvis, nimmt bei seinen Kreisbewegungen von der Innen- zur Außenseite der Schüssel jeden kleinsten Rest Zutaten von Boden und Seitenwänden mit und verrührt alles schnell, gleichmäßig und gründlich. Zur Grundausstattung gehören auch Schneebesen, Flachrührer und Knethaken, daneben gibt es zahlreiche Zusatzteile für die verschiedensten Arbeiten.

2 Mixer Der Mixer ist aus der modernen Küche kaum noch wegzudenken. Das S-förmige Messer zerkleinert Fleisch, Obst und Gemüse gründlich, reibt Brot zu Krumen, rührt Teig, püriert Suppen und schlägt Saucen auf. Mit anderen Schneideeinsätzen lässt sich raspeln, reiben oder aufschneiden.

Entscheiden Sie sich für den Mixer mit der größten Rührschüssel. Sitzt die Rührschüssel auf dem Motorblock, messen Sie nach, ob das Gerät zwischen Arbeitsplatte und Oberschränken Platz hat. Bei knappen Platzverhältnissen nehmen Sie einen Mixer, bei dem die Rührschüssel neben dem Motorblock sitzt.

Mixer sind zwar praktisch, haben aber ihre Nachteile. Allzu leicht setzen sich Stücke zwischen dem Messereinsatz und dem Deckel fest. Zum Kräuterhacken sind sie nicht zu empfehlen, und für kleine Essensmengen eignen sie sich auch nicht. Ist die Mischung nicht flüssig genug, muss man sie ständig von den Schüsselseiten abkratzen.

2

3 Stabmixer Stabmixer sind noch leichter und kompakter als Handrührgeräte; sie sind praktisch, wenn man kleine Mengen rühren und Flüssigkeiten aufschlagen will – bei manchen Arbeiten tut es aber auch der Schneebesen.

Zu diesem Modell gehört ein Rührgefäß mit etwas größerem Durchmesser als die Klingen. So kommen auch kleine Mengen unters Messer, weshalb das Gerät ideal zum Zubereiten von Babynahrung ist. Dazu gibt es einen Quirl und eine Mandelmühle.

4 Blender Dieser Art-Déco-Blender ist ein Küchenklassiker, der starke Motor hat zwei Geschwindigkeitsstufen, der große Glasaufsatz ist hitzebeständig. Er püriert, mixt und zerkleinert, rührt im Handumdrehen Saucen, Suppen und Pürees samtweich und seidenglatt und zerkleinert Eis. Dank des kleinen Durchmessers bleibt alles in Reichweite der kurzen, geraden Messer. Ein Blender kann zwar kleinere Mengen verarbeiten, es muss aber genug sein, dass die Messer bedeckt sind. Nur durch Flüssigkeitzugabe werden die zuoberst liegenden Zutaten verrührt.

5

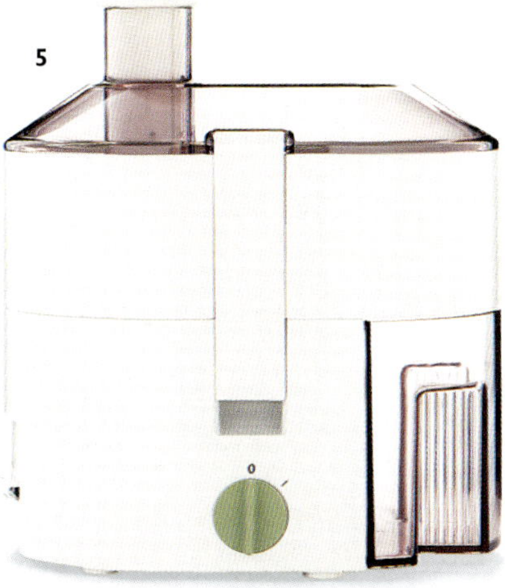

5 Entsafter Die Maschine verwandelt Obst und Gemüse in sauberen, kerngesunden Saft. Das geschälte Obst oder Gemüse wird in den Einfüllschacht über der rotierenden Messerscheibe gefüllt. Die Scheibe verarbeitet die Fasern zu Trester, dem durch Zentrifugalkraft der Saft entzogen und durch ein feines Sieb gepresst wird. Der Trester bleibt im Gerät, der Saft tropft in eine Auffangschüssel, die gleichzeitig als Kanne dient. Der einzige Nachteil ist, dass man das Sieb gründlich schrubben muss, um es vom Trester zu reinigen.

4

6 Universal-Küchenmaschine Die revolutionäre Maschine hat eine kompakte Antriebseinheit mit Universal-Koppelmechanismus, bei dem jedes Zubehörteil mit einem Griff einrastet. Die Maschine vereint daher mehrere Maschinen in einer – ihr einziger Nachteil ist der Preis. Das Basismodell wird nur mit einer Rührschüssel geliefert, dazu gehören Deckel, Knethaken, Doppelschneebesen und Schaber. Zum teureren Modell gehört außer der Rührschüssel ein Mixaufsatz. Zu beiden Modellen sind außerdem Fleischwolf, Gemüseschneider und Getreidemühle erhältlich.

6

3

7 Handrührgerät Eine leichte, kompakte Maschine zum Verarbeiten relativ kleiner Mengen. Die beiden ineinandergreifenden Stahlbesen türmen Eiweiß zu schneeweißen Wolken, schlagen Sahne und emulgieren Saucen. Auch Butter und Zucker lassen sich damit schaumig rühren, dabei verkleben allerdings die Rührbesen. Anders als beim Mixer hat man die Arbeit der Rührbesen unter Kontrolle. Man kann sie an die Seiten oder zum Boden der Rührschüssel führen und alles gleichmäßig verrühren.

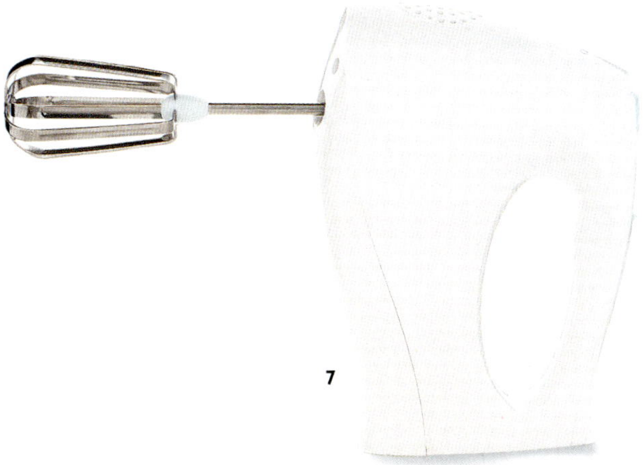

7

Hühnerbrüste mit Macadamia-Kruste
und Zitronengras-Kokosnuss-Sauce

Der preisgekrönte amerikanische Koch Charlie Trotter steuerte dieses opulente, leckere Gericht mit sinnlichen, perfekt abgestimmten Aromen bei. Die leicht zusammengefallene Brunnenkresse bildet das notwendige Gegengewicht zu den fetten Macadamianüssen und verbindet alle Geschmacksrichtungen. Schlagen Sie die Sauce mit dem elektrischen Handrührgerät oder Mixer auf.

Für 4 Portionen

Utensilien

Schüsseln
Kochmesser
Schälmesser
kleiner Topf
Sieb
Zitruspresse
kleine Schüsseln für vorbereitete Zutaten
kleine Grillpfanne
kleine Bratpfanne
große Bratpfanne
gelochter Bratenheber
elektrisches Handrührgerät oder Mixer

Zutaten

400-g-Dose Kokosmilch
225ml Milch
8 Stiele Zitronengras, klein geschnitten
1 EL Reisweinessig
1 EL Zitronensaft
1 gelbe Parikaschote, halbiert und entkernt
50g Lauch in streichholzdünnen Streifen
3 1/2 EL Erdnuss- oder Sonnenblumenöl
6cm langes Stück frischer Ingwer, geschält und in streichholzdünne Streifen geschnitten
4 Hühnerbrüste ohne Haut und Knochen à ca. 150g
Salz und frisch gemahlener schwarzer Pfeffer
4 EL gehackte Macadamianüsse
50g geputzte Brunnenkresse
2 EL Kokosraspel, leicht geröstet
2 EL gehackter Schnittlauch

1 Kokosmilch, Milch und Zitronengras in kleinem Topf ca. 15 Minuten köcheln lassen. Durch ein Sieb abgießen und wieder in den Topf schütten. Essig und Zitronensaft zugeben und Topf beiseite stellen.

2 Währenddessen Paprikaschote unter den Grill legen, bis sie schwarze Stellen hat. Haut abziehen, Fleisch in streichholzdünne Streifen schneiden und warm stellen.

3 Lauchstreifen in Topf mit kochendem Wasser geben. Aufkochen und wenige Sekunden sieden lassen, dann abgießen und warm stellen.

4 1 1/2 EL Öl in kleiner Pfanne erhitzen. Ingwer zugeben und etwa eine Minute garen, bis er leicht golden ist. Aus der Pfanne nehmen und warm stellen.

5 Hühnerbrüste mit Salz und Pfeffer würzen und mit Nüssen bestreuen. Restliches Öl in großer, heißer Pfanne erhitzen, Hühnerbrüste zugeben und von jeder Seite 3 Minuten braten, bzw. bis sie durchgebraten sind. Auf einen Teller legen und warm stellen.

6 Brunnenkresse in diese Pfanne geben und bei niedriger Temperatur 1 Minute garen, bzw. bis sie zusammenfällt. Mit Salz und Pfeffer abschmecken.

7 Kokosmilchmischung vorsichtig erhitzen und mit Handrührgerät oder Mixer schaumig aufschlagen.

8 Auf Suppentellern servieren: Paprika und Lauch in die Mitte geben. Brunnenkresse über das Gemüse häufen und Hühnerbrüste darauf legen. Sauce in die Teller gießen und Fleisch mit gegartem Ingwer und gerösteten Kokosraspeln bestreuen. Schnittlauch in die Sauce streuen.

Mahlen, Raspeln und Knacken

Mühlen, Mörser und ein Fleischwolf

Diese Geräte verändern Größe und Struktur der Ingredienzen, und zwar in der Regel durch Zerreiben oder Zerdrücken zwischen zwei harten Flächen. Die manuelle oder mechanische Drehbewegung erzeugt Reibung, die wiederum produziert je nach Wunsch Mahlgut, Pulver oder Paste.

Mit diesen Utensilien erlebt Ihre Küche eine gewaltige Geschmacksverbesserung, weil Sie Rohmaterialien statt fertig gekaufter Ersatzprodukte verarbeiten können. Denken Sie nur an den Unterschied zwischen frisch gemahlenem Pfeffer und dem braunen Staub, der als gemahlener Pfeffer verkauft wird, oder zwischen dem Duft frisch gemahlener Gewürze und fertigen Currymischungen.

Bei hartschaligen Zutaten wie Kaffeebohnen, Pfefferkörnern und anderen Gewürzen werden beim Zerstoßen oder Mahlen ätherische Öle frei; sie prägen den typischen Geschmack. Bei Kontakt mit der Luft oxidieren diese Öle rasch und verlieren an Intensität. Auch das Fett in geriebenem Parmesan oxidiert nach kurzer Zeit und wird ranzig, und ein durchgedrehtes Stück Fleisch verdirbt schneller, weil es durch die größere Oberfläche leichter mit schädlichen Organismen in Berührung kommt.

Mahl- und Reibwerkzeuge sind deshalb unentbehrlich; Sie können Zutaten genau in dem Moment verarbeiten, der den größten Genuss und den geringsten Geschmacksverlust garantiert. Einige Geräte mahlen nicht nur, sondern dienen gleichzeitig als Vorratsgefäß.

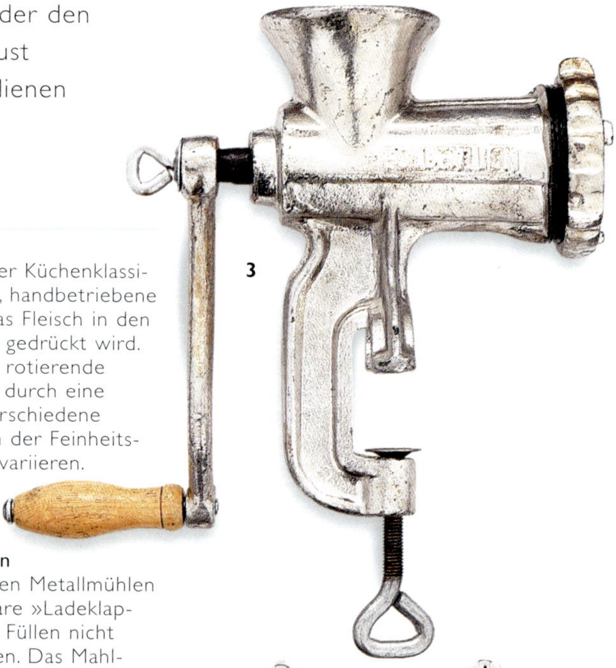
3

1 Gewürzmühlen Mehr Pfiff für Ihre Currymischungen verspricht diese in Chrom und Schwarz gehaltene Gewürzmühle im Stil der fünfziger Jahre. Das steinharte Keramik-Mahlwerk wird mit getrockneten Kräutern und Gewürzen, aber auch mit Salz und Pfeffer fertig. Die Körnung ist von fein bis grob einstellbar. Soll die Mühle ihre auffallende Schönheit bewahren, muss man sie allerdings penibel sauber halten.

2 Weniger glamourös, aber genauso haltbar ist die Crushgrind®-Gewürzmühle. Sie hat ebenfalls ein Keramik-Mahlwerk, das sich allerdings nicht justieren lässt. Trotzdem erledigt die Mühle ihre Arbeit gut und wirkt auch nach längerem Gebrauch noch präsentabel. Es gibt sie leer oder gefüllt mit interessanten Gewürzmischungen.

3 Fleischwolf Ein echter Küchenklassiker ist der gusseiserne, handbetriebene Fleischwolf, bei dem das Fleisch in den spiralförmigen Schacht gedrückt wird. Von dort läuft es über rotierende Messer und schließlich durch eine Lochscheibe. Durch verschiedene Lochscheiben lässt sich der Feinheitsgrad des Endprodukts variieren.

Pfeffer- und Salzmühlen

4 Die schicken, polierten Metallmühlen haben eine aufschiebbare »Ladeklappe«; so muss man zum Füllen nicht den Deckel abschrauben. Das Mahlwerk aus hochwertigem gehärteten Stahl lässt sich von feiner bis zu grober Körnung verstellen.

5 Holzmühlen in klassischer Eieruhr-Form mit verchromtem Stahlband, an dem sich der Feinheitsgrad einstellen lässt. Das Edelstahl-Mahlwerk ist so konstruiert, dass nirgendwo Metall auf Metall trifft, Abnutzung ist daher nicht zu befürchten.

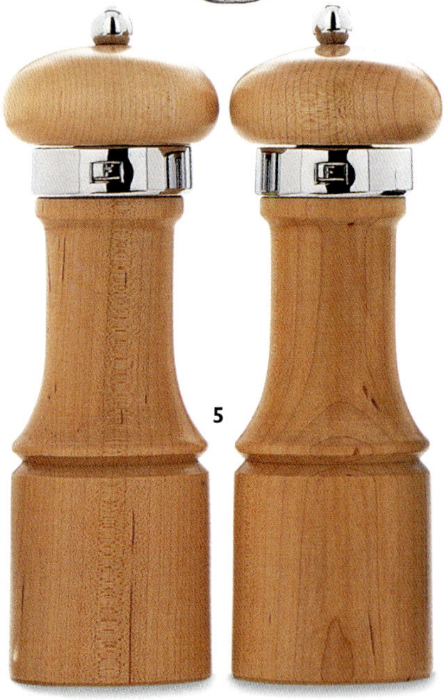
5

1

2

4

Kaufhilfe: Mahlwerkzeuge

Eine Pfeffermühle ist ein Muss. Nehmen Sie eine, die mindestens drei Esslöffel Pfefferkörner fasst, sonst müssen Sie ständig nachfüllen. Bei den besseren Mühlen lässt sich der Feinheitsgrad einstellen. Salzmühlen werden häufig zusammen mit Pfeffermühlen verkauft; sie sind nützlich, wenn man in feuchtem Klima lebt.

Mörser und Stößel sollten in keiner Küche fehlen. Sie erledigen die verschiedensten Aufgaben – z. B. Gewürze mahlen, Pesto herstellen, Knoblauch zerdrücken – und machen daher manches andere Gerät überflüssig. Wenn Sie Kaffee lieben, schenkt Ihnen eine Kaffeemühle jenen unübertrefflichen Duft und Geschmack, den nur frisch gemahlene Bohnen verströmen.

Weitere Mühlen sind eine Frage der persönlichen Vorliebe. Ob Sie sie benötigen, hängt davon ab, wie häufig Sie bestimmte Zutaten verwenden, und ob Sie lieber mahlen oder reiben. Verarbeiten Sie häufig Hackfleisch, etwa für Fleischklöße oder Terrinen, lohnt sich die Anschaffung eines Fleischwolfs. Sie können gutes Fleisch verarbeiten, riskieren keine Verunreinigung, und Sie können es selbst würzen.

6

Mühlenpflege

- Pfeffermühlen für Pfeffer, Salzmühlen für Salz benutzen. Mahlt man Salz in der Pfeffermühle, rostet das Metall-Mahlwerk. (Bei Salzmühlen besteht das Mahlwerk in der Regel aus korrosionsfreiem Material, z. B. Nylon.)
- Das Gewinde oben, wo es auf die Stellschraube trifft, mit einem Tropfen Speiseöl einfetten. So rostet es nicht und bleibt funktionstüchtig.
- Nicht über offenen Töpfen mahlen: Durch den Dampf kann die Mühle rosten und das Mahlgut feucht werden, wodurch das Mahlwerk verklebt. Besser mahlt man in einen großen Löffel, auf einen Teller oder ein Stück Papier und streut das Mahlgut dann in den Topf.
- Mühlenkorpus durch Abwischen mit feuchtem Tuch reinigen. Holzmühlen ab und zu mit Pflanzenöl einreiben, damit das Holz nicht austrocknet.

Kaffeemühlen

6 Das Schlagwerk dieser elektrischen Mühle funktioniert nach demselben Prinzip wie ein Blender und pulverisiert Kaffeebohnen in Sekundenschnelle. Sie ist zwar kompakt und leicht zu bedienen, mahlt aber unregelmäßig, und wie lange sie laufen muss, kann man nur raten. Außerdem ist sie laut. Gleichmäßig mahlende Kaffeemühlen haben kein Schlagwerk, sondern ein Mahlwerk. So stellen sie zwar Puristen zufrieden, sind aber komplizierter im Gebrauch und nehmen mehr Platz weg.

7 Entspannter mahlt man Bohnen mit einer Hand-Kaffeemühle. Beim Drehen der Kurbel rutschen die Bohnen in den Trichter und gleiten durch das Metall-Mahlwerk. Das Kaffeemehl fällt unten in eine Schublade. Das Ergebnis ist annehmbar, das Kaffeemehl wird allerdings recht grob.

Mörser und Stößel

10 Der massive Metallmorser mit Stößel ist hauptsächlich zum Zerstoßen von Körnern und Gewürzen bestimmt. Der Mörser hat innen einen flachen Boden und einen geraden, nach außen abgeschrägten Rand, nicht die übliche abgerundete Form. Die abgeflachte Spitze des Stößels ist der Mörserform angepasst, so dass sich eine sehr große Reibefläche ergibt.

11 Der Keramikmörser hat eine leicht angerauhte, unglasierte Oberfläche, auf der sich trockene oder feuchte Zutaten zerreiben lassen. Glatte Mörser aus Marmor oder glasierter Keramik sollten eine leicht rauhe Innenseite haben, damit trockene Zutaten nicht abrutschen.

12 Typisch für den japanischen Mörser (suribachi) ist die weite, flache Form, die an der Innenseite mit kreuz und quer verlaufenden Rillen überzogen ist. Mit dem dicken Holzstößel (surikogi) zerreibt man darin ölige Kerne und rohen, gehackten Fisch oder Geflügel zu grober Paste.

10

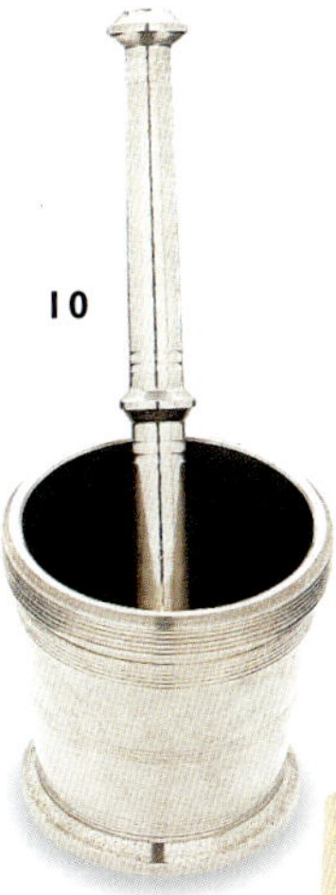

11

12

7

8

9

Muskat- und Parmesanmühlen

Mit diesen Mühlen können Sie kleinste Muskat- oder Käsereste aufbrauchen, ohne die Fingerspitzen zu verletzen.

8 Die Edelstahl-Parmesanmühle mahlt auch Muskat.

9 Chrom-Acryl-Muskatmühle mit Vorratskammer für vier Muskatnüsse.

Garam Masala Frisch gemahlenes Garam Masala (das heißt »wärmende Gewürze«) macht bei Currygerichten den Unterschied zwischen banal und fantastisch aus. Zur Grundmischung gehören Zimtstangen, Gewürznelken und schwarze Pfefferkörner zu gleichen Teilen, dazu ein paar schwarze Kardamomkörner. Experimentieren Sie mit weiteren Gewürzen wie getrockneten Chilischoten, Fenchel, Cumin (Kreuzkümmel) und Koriander. Am besten röstet man die Gewürze im Ganzen leicht an und zermahlt sie erst unmittelbar vor Gebrauch.

Kürbispüree Geschälten Kürbis oder Winterkürbis in Stücke schneiden und weich kochen oder dämpfen. Gut abgießen und durchs Passiergerät streichen. Das Püree eignet sich für Kürbiskuchen, lässt sich aber auch für eine farbenprächtige Suppe mit guter Hühnerbrühe bis zur gewünschten Konsistenz verdünnen. Gekochte schwarze Bohnen und gegrillte, pürierte Chilischoten zugeben. Auf kleiner Flamme erwärmen. In Suppenteller gießen und mit Frischkäse, Kürbiskernen und einem Schuss Kürbiskern- oder extra nativem Olivenöl anrichten.

Pesto alla Genovese Es geht doch nichts über mit dem Stößel zerdrückte frische Basilikumblätter. Gut 2 Hand voll klein gerissene Basilikumblätter, 2 zerdrückte Knoblauchzehen, 3 Esslöffel Pinienkerne und eine große Prise Salz in den Mörser geben und zur Paste verarbeiten, dabei den Stößel im Mörser kreisen lassen und die Zutaten an den Seiten zerdrücken. 8 Esslöffel frisch geriebenen Parmesankäse und 2 Esslöffel frisch geriebenen Pecorino zugeben und zur glatten Paste zerreiben. 8 Esslöffel extra natives Olivenöl unterarbeiten. Ergibt etwa 100ml Pesto.

Frischer Tomatensaft Reife, aromatische Tomaten halbieren und durch Tomatenpresse drücken. Für eine dickere Variante Saft setzen lassen, dann die auf der Oberfläche abgesetzte klare Flüssigkeit abgießen. Wer mag, gibt Kerne und Häute noch einmal durch die Presse. Trester zur ersten Pressung Saft geben.

Kokosnuss-Gemüse-Eintopf

Die Londoner Restaurantkette Rasa von Das Sreesharan ist auf leichte Speisen des südwestindischen Kerala spezialisiert und zeigt die indische Küche von einer ganz neuen Seite. Diese farbenfrohe Gemüsemischung, gegart in einer subtilen Verbindung aus frisch gemahlenen Gewürzen, geraspelter Kokosnuss und aromatischem Joghurt ist typisch für die Kerala-Küche.

Drumsticks oder indischer Spargel sind die Schoten des Pferderettichbaums. Fruchtfleisch und Samen werden aus den gekochten Schoten gesogen. Man zieht wie bei Stangensellerie die Fäden ab und schneidet die Schoten in 2,5–5cm lange Stücke. Sie haben einen ausgeprägten Eigengeschmack, und manche Köche garen sie vor der Verarbeitung 10 Minuten vor.

Grüne Mangos haben einen sauren, fruchtigen Geschmack. Sowohl grüne Mangos als auch Drumsticks gibt es in guten Asienläden. Können Sie keine bekommen, nehmen Sie von den anderen Gemüsen entsprechend mehr, oder ersetzen Sie sie durch andere Zutaten. Statt grüner Mango können Sie eine feste normale nehmen und sie mit einer Prise Zitronensäure oder Amchoor würzen.

Für 4 Portionen als Beilage

Utensilien

Mörser und Stößel
Schälmesser
Pendelschäler
großer Topf
Holzlöffel
Reibe
Seiher

Zutaten

1 TL Kreuzkümmel
2,5cm langes Stück frische Ingwerwurzel, grob gehackt
1 grüne Chilischote, entkernt und grob gehackt
3 kleine Karotten
2 Kartoffeln
1 kleine grüne Mango
100g Drumsticks ohne Fäden
100g grüne Bohnen
20 Blätter Currykraut (nach Wunsch)
1 TL Kurkuma
1 TL Salz bzw. nach Geschmack
8–10 EL dicker Joghurt natur
3 EL grob geraspelte frische Kokosnuss
frische Kokosspäne zum Garnieren

1 Mit Mörser und Stößel Kreuzkümmel, Ingwer und Chili mit 1 Esslöffel Wasser zu Paste verarbeiten.

2 Karotten, Kartoffeln und grüne Mango in 1cm breite und 5cm lange Streifen schneiden. Drumsticks und Bohnen in 5cm lange Stücke schneiden.

3 Karotten und Drumsticks in großen Topf geben und knapp mit Wasser bedecken – ca. 300 ml. Zum Kochen bringen und offen 5 Minuten köcheln lassen, dabei gelegentlich umrühren, damit sie nicht anhängen.

4 Kartoffeln zugeben und bei mittlerer Hitze unter gelegentlichem Umrühren in 5 Minuten fast gar kochen.

5 Grüne Bohnen, Mangos und Currykraut zugeben, Kurkuma, Salz und Gewürzpaste einrühren. Hitze reduzieren und unter gelegentlichem Umrühren etwa 5 Minuten zugedeckt köcheln lassen, bis die Gemüse gar sind.

6 Topf vom Feuer nehmen und Joghurt und Kokosraspeln einrühren. Bei Bedarf noch einmal leicht erwärmen, aber nicht sieden lassen, da sonst der Joghurt gerinnt. Vor dem Servieren mit Kokosspänen garnieren.

Reiben

Eine Reibe ist im Grunde eine mit reihenförmig angeordneten, kleinen, scharfen Schnittkanten besetzte Fläche und leistet somit die gleiche Arbeit wie ein Messer, nur sehr viel schneller und häufig auch gleichmäßiger. Einige Reiben funktionieren in zwei Richtungen, andere nur in einer. Metallreiben sollten aus Edelstahl bestehen, da sie sonst rosten. Hartnäckige Reste an den Schnittkanten entfernt man am einfachsten unter fließendem Wasser mit Hilfe einer Nagelbürste.

1 Porzellanreibe Das Arbeiten mit dieser Porzellanreibe (oroshigane) aus Japan ist ein reines Vergnügen. Statt Löcher hat sie reihenförmig angeordnete, nach zwei Seiten abgeschrägte Zähne. Man reibt damit Ingwerwurzel und Daikon-Rettich; das Püree ist feucht, aromatisch und nicht faserig.

2 Zitrusreibe Die Zitrusreibe mit ihren sehr feinen Löchern besteht aus säureresistentem Edelstahl. So wird die äußere Schale abgerieben, aber nicht die bittere weiße Haut.

3 Flache Reiben Flache Reiben lassen sich gut verstauen. Man sollte besser zwei oder drei mit unterschiedlichen Reibeflächen kaufen. Bei Reiben mit mehreren verschiedenen Zahnungen sind die einzelnen Reibeflächen zu klein. Die feine Perforation der oberen Reibe ist ideal zum Reiben von hartem und halbfestem Käse. Die mittlere Reibe hat kleine, gezähnte, rechteckige Löcher und reibt festfleischige Früchte und Gemüse wie Äpfel und Karotten zu einem süßen, feuchten Brei. Die dritte Reibe hat grobere Löcher zum Reiben von Wurzelgemüsen.

1

7 Trommelreibe Die Trommelreibe ist ideal für sparsame Köche und Kinder, denn sie reibt auch kleinste Käsestücke und lässt sich für Karotten, Nüsse und Schokolade verwenden. Fingerspitzen bleiben unversehrt, dank einer breiten Abdeckplatte am oberen Griffende. Durch auswechselbare Zylinder kann man zwischen verschiedenen Perforationen wählen.

4 Standreibe Eine Standreibe bietet die größte Auswahl an Reibeflächen, von sehr fein bis grob. Ein Schlitz dient als Gurken- oder Parmesanhobel. Durch die rechteckige Standfläche steht diese Reibe von allein, und Sie können mit mehr Druck arbeiten. Der Nachteil ist, dass sich Reste nur schwer aus dem Inneren entfernen lassen. Außerdem lässt sich die Reibe schlecht verstauen und passt nicht in jede Schublade.

5 Microplane®-Reibe Eine Reibe auf dem neuesten Stand der Technik: Die in Reihen angeordneten winzigen, superscharfen Schnittflächen schneiden Lebensmittel präzise und sauber, ohne Zerfetzen, Zerreißen oder Verkleben. Der Benutzer muss keinerlei Druck ausüben. Sie hat zwei Nachteile: Sie ist teuer, und wenn man sowohl feine als auch grobe Perforation wünscht, muss man zwei Reiben kaufen.

6 Muskatreibe Frisch gemahlener Muskat schmeckt und duftet sehr viel besser als fertig gemahlener, es lohnt sich also, eine spezielle Reibe oder Mühle anzuschaffen. Die Muskatreibe hat eine feine Perforation und eine gebogene Reibefläche; so läuft man weniger leicht Gefahr, sich die Fingerspitzen aufzuschürfen.

Gemüse raspeln

Grob geraspelte Gemüse wie Zucchini garen wunderbar schnell und gleichmäßig, ob beim Kochen, Dämpfen, Schmoren oder Braten. Unter Rühren braten: In der Pfanne ein Stück Butter mit etwas Olivenöl schmelzen, geraspelte Gemüse zugeben. Unter ständigem Rühren 2–3 Minuten garen, nach Geschmack würzen.

Muskat reiben

Muskat ist ganz frisch gerieben am aromatischsten. Mit kleiner, feiner Reibe direkt über das Gericht reiben. Hier wird ein sahniger Reispudding zum Backen im Ofen vorbereitet. Auch gekochter Spinat, Pasta mit Sahnesauce und Cappuccino schmecken mit frisch geriebenem Muskat würziger.

Schokolade reiben

Schokolade verschmiert beim Reiben. Deshalb gibt man am besten ein kleines Stück in die Handreibe und reibt es direkt über das Dessert. Dafür reicht schon eine kleine Menge, weshalb das Gerät sich besonders für Schokoladenfreunde eignet, die auf ihr Gewicht achten wollen.

Obst reiben

Manche Menschen können festfleischiges Obst wie Äpfel oder Birnen in fein geriebenem Zustand besser verdauen. Eine Reibe mit scharfen, feinen Schnittflächen wie die Microplane®-Reibe püriert auch die festesten Äpfel mühelos und ist ideal, wenn man Obst über das Müsli reiben oder Obstbrei für Babys und Kleinkinder zubereiten will.

Pressen, Knacker und Zangen

Diese unentbehrlichen Utensilien zerstören die Struktur roher oder gekochter Lebensmittel und machen sie leichter verdaulich. Sie können bei rohem Fleisch die Fasern zarter machen, harte Haut durchdringen, hartnäckige Nüsse oder Hummer knacken und köstliche Pürees zaubern. Solche Geräte haben sich im Laufe der Zeit bewährt und erfüllen ihre Aufgabe effizient und gut. Ihre Grundkonstruktion und Funktion sind unverändert geblieben, jedoch viele werden in einem neuen Design hergestellt, das zur heutigen Küchengestaltung passt.

1 Tomatenpresse
Eine gute, altmodische Maschine, die ganz praktisch Saft und Fruchtfleisch von Kernen und Haut trennt. Wenn man die Kurbel dreht, leitet die gebördelte Trommel halbierte Tomaten auf eine Lochplatte; von da fließt die Flüssigkeit zu einem Ausguss. Ein zweiter Kanal leitet die festen Bestandteile zu einem anderen Ausguss. Das Gerät ist nicht leicht zu reinigen, die Anschaffung lohnt sich aber, wenn in Ihrem Garten eine größere Tomatenernte ansteht.

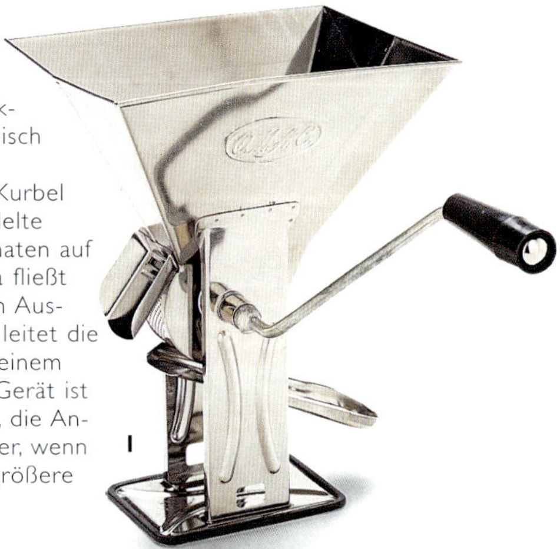
1

2 Fleischklopfer Mit dem robusten Utensil aus Aluminiumguss wird Fleisch weich geklopft. Durch Noppen auf der einen Seite werden die Fleischfasern gebrochen, mit der glatten Seite klopft man das Fleisch platt.

2

3 Knoblauchpresse Diese futuristische Knoblauchpresse funktioniert genauso wie eine traditionelle. Geschälter oder ungeschälter Knoblauch wird durch ein Sieb getrieben. Manche Pressen haben eine zusätzliche Vorrichtung zum Entsteinen von Kirschen, Oliven etc. Andere sind selbstreinigend: Ein mit Dornen besetztes Gegenstück treibt auch kleinste Reste aus den Löchern.

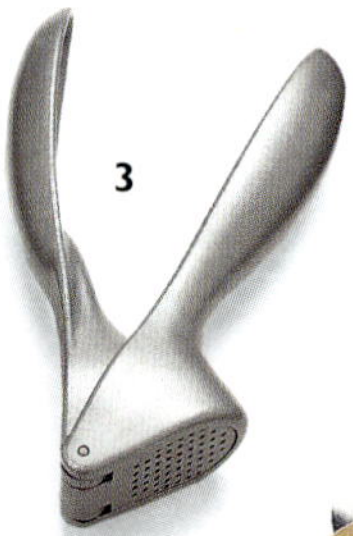
3

4

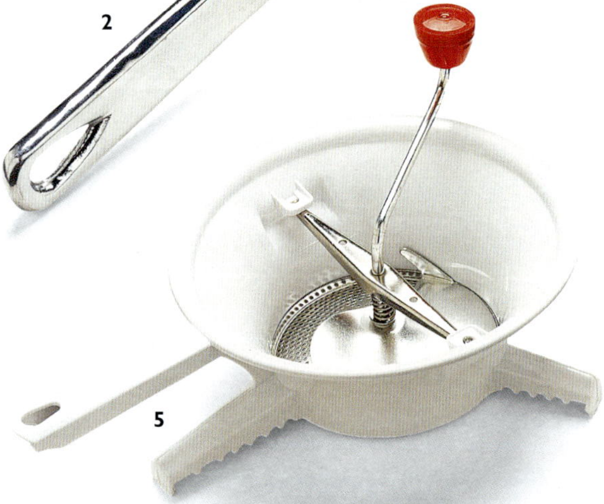
5

4 Gemüsestampfer Man führt die breite, leicht gebogene Lochfläche in Wiegebewegung über weiche Gemüse und Früchte und verarbeitet sie zu grobem Brei. Durch die Holzgriffe liegt das Instrument gut in der Hand und lässt sich leicht nach unten drücken, das Arbeitsgefäß muss allerdings breit und flach sein, damit die Griffe nicht an die Seiten stoßen. Andere Modelle haben einen U-förmigen Griff, der zwar weniger gut in der Hand liegt, aber vielleicht praktischer ist.

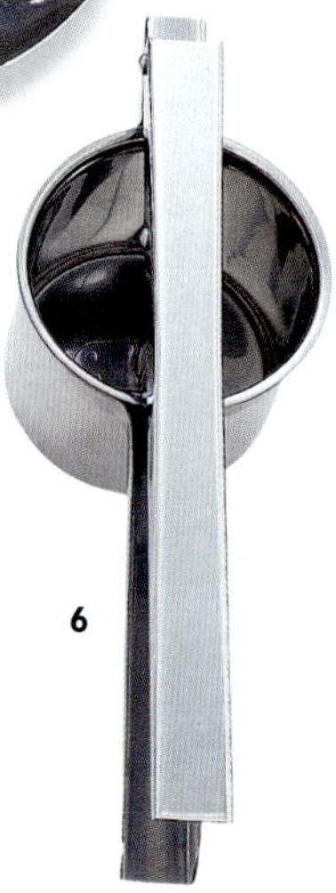
6

7

5 Passiergerät/Passetout Eine Mühle zum Durchstreichen von Obst und Gemüse mit auswechselbaren Siebscheiben. Beim Drehen der Kurbel treibt ein Passierflügel das Gut durch die Scheibe. Der Feinheitsgrad hängt von der Perforation der verwendeten Scheibe ab. Es gibt sogar ein Modell zum Pürieren von Babynahrung.

6 Kartoffelpresse Mit der Kartoffelpresse gehört klumpiger Kartoffelbrei der Vergangenheit an. Geschälte, gekochte Kartoffeln werden durch ein feines Sieb getrieben und sehen danach aus wie weiche Reiskörner. Das Gerät eignet sich zum Pürieren sämtlicher Wurzelgemüse, aber auch für gekochte Äpfel.

7 Kartoffelstampfer Der Kartoffelstampfer verarbeitet Stücke zu Brei. Man kann die Kartoffeln gleich im Kochtopf stampfen. Wie mit der Kartoffelpresse lässt sich auch mit dem Stampfer jedes stärkehaltige Wurzelgemüse oder gekochte Obst pürieren.

Nussknacker

8 Der kegelförmige Nussknacker eignet sich für die verschiedensten großen und kleinen Nüsse. Die geriffelten Griffflächen halten die Nüsse während des Knackens sicher fest.

9 Der Stempelnussknacker nimmt Ihnen die ganze Arbeit ab. Man legt einfach die Nuss zwischen Stempel und Spitze und schiebt den Stempel mit dem Griff nach oben, bis die Schale aufknackt und auseinanderfällt.

10 Für die Nusszange braucht man einige Kraft, wird aber durch die Genugtuung, einen unversehrten Nusskern herauszuholen, für seine Mühe belohnt.

11 Hummer-/Krabbenzange Die Hummerscheren nachempfundene Zange funktioniert wie ein Nussknacker. Mit den geriffelten Innenseiten nimmt man hartnäckige Hummer- oder Krabbenbeine fest in die Zange und knackt sie auf.

11

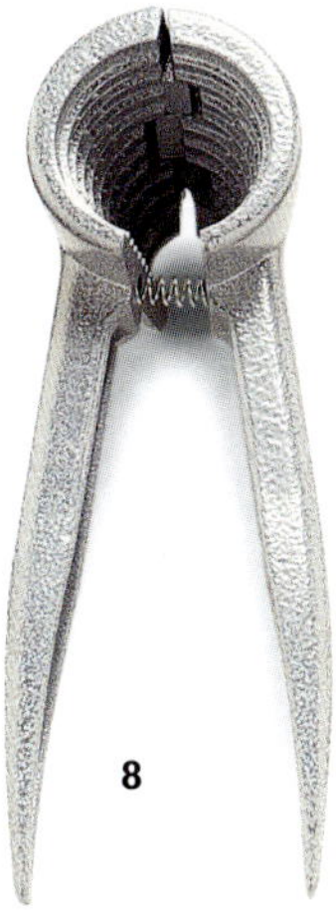
8

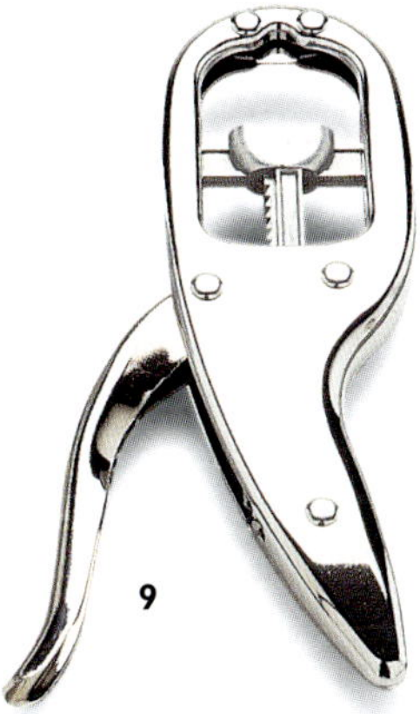
9

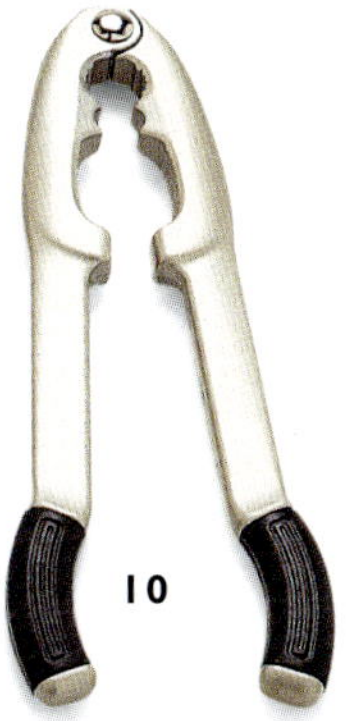
10

Zitruspressen

12 Die robuste kegelförmige Presse ist ideal für Limetten oder kleine Zitronen. Sie presst nicht die Kerne, aber jeden Tropfen Saft und dazu noch Öle aus, so dass der Saft einen intensiveren Geschmack bekommt. Die Presse hat eine spezielle Silikonbeschichtung, die Korrosion und Verfärben durch Fruchtsäuren verhindert.

13 Ein Chromkegel mit mattschwarzem Griff ist die moderne Variante der altbewährten hölzernen Zitruspresse. Die dünn zulaufende Kegelspitze durchdringt das Fruchtfleisch, die Rillen pressen den Saft heraus.

14 Die Glaszitruspresse hat eine traditionelle Form. Man setzt halbierte Früchte auf den Kegel und presst durch Drücken und Drehen den Saft heraus. Die spitzen Zähne um den Kegel verhindern, dass sich Kerne in die Auffangschale verirren.

15 Diese große verchromte Zitruspresse nimmt das Entsaften ernst. Man legt eine Orangen- oder Zitronenhälfte in die Presse, drückt den Griff herunter, und der Hebelmechanismus entzieht der Frucht auch den letzten Tropfen Saft.

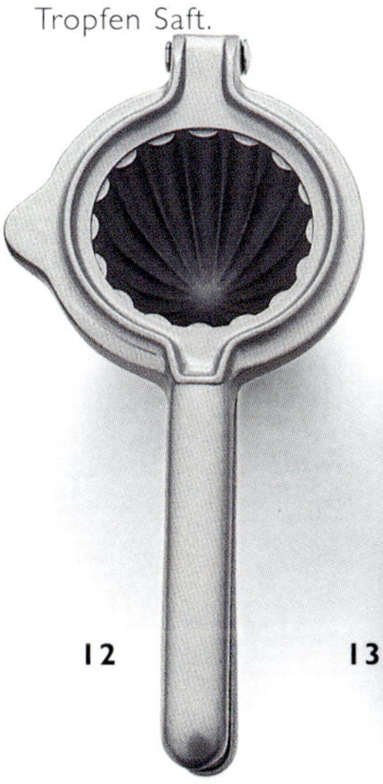
12

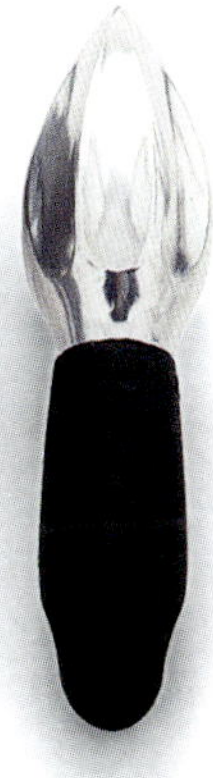
13

14

15

Kartoffelpüree

Es sieht zwar simpel aus, aber wer luftiges klumpenfreies Kartoffelpüree herstellen will, braucht etwas Know-how. Die Kartoffelsorte ist wichtig – nehmen Sie eine mehlige Sorte mit kräftigem Geschmack. Manche Köche raten, die Kartoffeln ungeschält zu kochen, damit das Püree nicht verwässert. Ich habe es ausprobiert und die gleiche Kartoffelsorte mit und ohne Schale gekocht, stellte aber keinen großen Unterschied fest. Benutzen Sie zum Pürieren einen Kartoffelstampfer oder, wenn es cremiger werden soll, Kartoffelpresse oder Passiergerät. Nehmen Sie nicht den Mixer – es sei denn, Sie wollen Tapetenkleister zubereiten.

Utensilien

- Topf mit Deckel
- Seiher
- sauberes Geschirrtuch
- Kartoffelstampfer, -presse oder Passiergerät
- Holzlöffel oder Schneebesen

Zutaten

- 1kg gleich große mehlige Kartoffeln, z. B. Bintje, King Edward oder Coliban, geschält oder ungeschält
- Salz
- 100g weiche Butter auf Zimmertemperatur, in Stücke geschnitten
- 150–300ml heiße Milch

a b

1 Kartoffeln in Topf geben und knapp mit Wasser bedecken, 1 Esslöffel Salz zugeben. Zum Kochen bringen, dann auf kleiner Flamme bei geschlossenem Deckel garen lassen – etwa 20 Minuten. Gut abgießen, gegebenenfalls abpellen und wieder in den Topf füllen. Ein bis zwei Minuten mit sauberem Geschirrtuch abdecken, um überschüssige Feuchtigkeit aufzufangen.

2 Für groberes Püree Kartoffeln und Butter mit Kartoffelstampfer (a) bearbeiten. Mit Meersalz und frisch gemahlenem schwarzen Pfeffer abschmecken.

3 Für luftigeres Püree heiße Milch zugeben und mit Holzlöffel oder Schneebesen (b) aufschlagen. Bei Bedarf weitere Milch zugeben.

Süßkartoffelpüree mit Chili und gebratenem Ingwer

Diese würzige Kartoffelbrei-Variante schmeckt besonders gut zu gegrilltem Huhn, Lamm oder Fisch. Sie können natürlich auch normale Kartoffeln nehmen, Süßkartoffeln passen aber prima zu Chili und Ingwer, die die gleiche tropische Heimat haben.

Für 4 Portionen als Beilage

Utensilien

- Pendelschäler
- Kochmesser
- Topf mit Deckel
- Seiher
- sauberes Geschirrtuch
- Kartoffelstampfer
- Holzlöffel
- mittlere Bratpfanne

Zutaten

- 1,25kg Süßkartoffeln mit orangefarbenem Fleisch, geschält und in gleich große Stücke geschnitten
- grobes Meersalz und frisch gemahlener schwarzer Pfeffer
- 4 EL gehacktes frisches Korianderkraut
- 2 EL Butter
- 40g frische Ingwerwurzel in streichholzdünnen, 4cm langen Streifen
- 1/2 rote Chilischote, entkernt und sehr fein gehackt

1 Süßkartoffeln kochen wie in Schritt 1 bei »Kartoffelpüree« oben. Sie benötigen eventuell etwas weniger Kochzeit als normale Kartoffeln.

2 Kartoffeln mit Kartoffelstampfer zerkleinern. Mit Meersalz und frisch gemahlenem schwarzen Pfeffer würzen und Koriander unterrühren. In vorgewärmte Servierschüssel geben.

3 Butter in der Bratpfanne erhitzen. Sobald sie Blasen wirft, Ingwer und Chili zugeben. Ein bis zwei Minuten garen, bis Ingwer goldgelb ist. Über die Kartoffeln gießen, kurz unterrühren und sofort servieren.

Rühren und Quirlen

Schüsseln

Schüsseln stehen bei den Küchenutensilien an erster Stelle. Denn wie könnte man ohne Gefäße zum Rühren, Aufbewahren oder Servieren überhaupt eine Mahlzeit zubereiten? Schüsseln gibt es aus den verschiedensten Materialien: Glas, Kupfer, Edelstahl, Aluminium, Email, Keramik, Steingut, Melamin und Polyäthylen. Genau wie bei Messern benötigt man für unterschiedliche Arbeiten die verschiedensten Formen und Größen.

Ohne Schüsseln ist eine gut organisierte Essenszubereitung nicht möglich. Am besten bereiten Sie alle Zutaten vor, bevor Sie mit dem Kochen anfangen, und stellen Sie sie in passenden Schüsseln bereit. Zu Ihren Küchenschüsseln sollten auch ein paar kleine für Ingredienzen wie gehackten Knoblauch und Ingwer gehören. Ebenso wichtig sind drei oder vier 1 bis 4 Liter fassende Schüsseln, die sich auch als Servierschüsseln eignen. Wenn Sie häufig Eiweiß schlagen oder Pfannkuchenteig rühren, brauchen Sie eine tiefe Schüssel, damit die Masse nicht durch die ganze Küche spritzt. Vielleicht gönnen Sie sich eine Kupferschüssel für Eiweiß – damit gelingen Ihnen unvergleichliche Baisers.

1

1 Schlichte Glasschüssel Der Schüttrand erleichtert das Ausgießen. Dazu gehört ein Plastikdeckel; es gibt die Schüssel in mehreren Größen.

2

2 9-teiliger Duralex-Satz Eine Schüssel für jede Gelegenheit, aus hitzebeständigem, backofen- und mikrowellengeeigneten Glas, zum Vorbereiten, Kochen, Servieren und Aufbewahren. Praktischer Satz bei begrenztem Stauraum.

3

3 Edelstahlschüsseln Edelstahl ist das ideale Material für die Zubereitung; es ist säureresistent und nimmt keine Gerüche an. Makellos, glänzend, unverwüstlich – die Schüsseln sind so elegant, dass man sie gar nicht wegräumen mag. Sie können darin vorbereiten, servieren und aufbewahren.

4

4 Kupferschüssel Das unentbehrliche Utensil für Baiser-Bäcker: Wie keine andere türmt sie Eiweiß zu Wolkenbergen aus steifem Schnee. Das liegt an der Alchemie zwischen Kupfer und Eiweiß (siehe »Betörende Baisers«, Seite 49). Der schräge Rand und abgerundete Boden ermöglichen müheloses Aufschlagen, und durch den großzügigen Durchmesser dehnt sich der Schnee rasch aus. Am praktischsten ist ein Durchmesser von etwa 30 cm.

Die Schüssel sollte einen Schüttrand haben, damit sie sich nicht verzieht, und einen Haken, um sie aufhängen zu können.

5

5 Melaminschüssel Melamin ist steif, zäh und praktisch unzerbrechlich, also das ideale Schüsselmaterial. Diese hat einen praktischen Ausguss und einen rutschfesten Gummiring am Boden. Es gibt sie in drei Größen und verschiedenen Farben.

6

6 Keramikschüssel Die traditionelle Rührschüssel besteht aus glasierter Keramik. Die abgeflachte Stelle an der Seite gibt festen Stand, wenn man die Schüssel zum Rühren schräg hält.

Löffel

Neben Schüsseln und Messern gehören Löffel zu den ältesten und wichtigsten Küchenutensilien. Man braucht sie für alle Arbeiten, bei denen gerührt wird, und oft sind sie einfach ein Ersatz für die Hand. Sie rühren, schlagen, schöpfen und kratzen und dienen nebenbei zum Abmessen.

Holzlöffel sind ein Muss. Sie sind stabil, starr und schlechte Wärmeleiter. Ein Holzlöffel kann in einem Topf mit siedender Suppe stehen, ohne dass der Stiel heiß wird; außerdem biegt und bricht er auch bei festen Mischungen wie für den Früchtekuchen nicht. Der gewölbte Rücken eines Holzlöffels ist ideal, um die Flüssigkeit aus gekochtem Spinat zu drücken oder weiches Obst durch ein Sieb zu streichen. Mit dem Stiel lassen sich Gebäckteile wie z. B. Cannoli formen.

Trotz ihres etwas derben Aussehens sind Holzlöffel in der Form exakt auf die jeweilige Aufgabe zugeschnitten, es lohnt sich also, eine Sammlung von verschiedenen Größen und Formen anzulegen. Bewahren Sie die Löffel griffbereit am Herd auf. Löffel aus Hartholz wie Buche oder Buchs sind stabil und fleckunempfindlich. Kiefer und andere Weichhölzer geben unter Umständen einen harzigen Geschmack ab und splittern oder springen leicht. Spülen und trockenen Sie Holzlöffel nach Gebrauch immer sorgfältig ab, und lassen Sie sie am besten an der Luft durchtrocknen.

Ein Metalllöffel mit langem Stiel ist ein weiteres Muss. Der dünne Rand gleitet zart durch luftige Mischungen wie geschlagenes Eiweiß, so dass sie nicht zusammenfallen, wenn man die anderen Zutaten unterhebt. Begießen Sie mit dem Metalllöffel auch Fleisch – der lange Stiel schützt Sie vor der Hitze –, und servieren Sie Reis damit – der dünne Rand beschädigt die zarten Körner nicht. Kaufen Sie einen Löffel, den Sie am Haken aufhängen können, griffbereit für tausend und einen Zweck.

Holzlöffel
1 Ein Löffel mit gerader Seite und Spitze reicht bei Töpfen mit glattem Boden bis in die Ecken. Mit dem stumpfen Ende arbeitet man in der Sauteuse und schabt Angehängtes vom Boden ab. Der Löffel eignet sich auch gut für Fleischsaucen.
2 Dieser traditionelle Holzlöffel gehört zur Grundausstattung. Er besteht aus Buchenholz und hat einen gebogenen, dickwandigen Schöpfteil.
3 Der kleinere Holzlöffel ist aus dicht gemasertem goldgelben Buchsbaumholz. Der Schöpfteil ist ähnlich geformt wie beim Buchenlöffel (2).
4 Ein langstieliger Löffel (mindestens 40 cm) ist ideal zum ständigen Umrühren bei hohen Temperaturen – zum Beispiel beim Wok – oder zum Umrühren von Polenta.

5 Metall-Kochlöffel Der Metalllöffel mit perfektem ovalen Schöpfteil und langem Stiel ist ein Qualitätsprodukt. Er besteht aus einem Metallstück, so dass sich der Stiel nicht vom Schöpfteil lösen kann.

6 Draht-Kochlöffel Diesen eleganten Löffel benutzt man in abgerundeten Töpfen. Die äußere Drahtschlaufe gleitet von am Topfboden angesetzten Resten ab, ohne sie unter die Speise zu rühren. Die innere Drahtschlaufe ist kräftig genug zum Rühren, Anheben und Wenden.

1 2 3 4 5 6

7 8

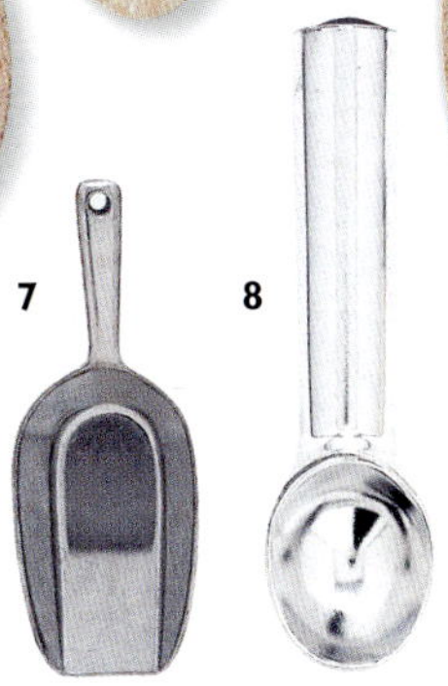

7 Schaufel Praktisch zum Entnehmen von trockenen Zutaten wie Mehl oder Körnern, ohne dass etwas daneben fällt. Solche Schaufeln bestehen traditionell aus verzinntem Stahl und rosten, wenn man sie für feuchte Speisen benutzt.

8 Wärmeleitender Eisformer Nahtlos aus Aluminium geformt und mit Entfrosterflüssigkeit auf Salzbasis gefüllt; das ideale Werkzeug für mitternächtliche Eisgelüste. Der dünn zulaufende Rand bewältigt auch hart gefrorenes Speiseeis. Nicht spülmaschinenfest.

Schöpflöffel und Spatel

Mit dem Schöpflöffel verteilt man flüssige oder halbflüssige Speisen. Sie kommen grundsätzlich auf den Tisch, kaufen Sie also einen präsentablen. Schöpflöffel mit lackiertem Holzstiel sind zu meiden – der Stiel blättert garantiert ab oder wird locker. Achten Sie darauf, dass der Schöpfteil einen Ausguss oder durchgehenden Schüttrand zum tropffreien Schöpfen hat. Auch ein Haken am Ende ist praktisch.

Spatel machen die gleiche Arbeit wie Löffel – sie rühren, mischen, verteilen, schaben und heben Speisen aus dem Topf. Manche Köche arbeiten lieber mit Holzspateln als mit Holzlöffeln. Für Spatel spricht, dass an den glatten Flächen keine unverrührten Zutaten hängen bleiben. Außerdem kann man sie durch Abstreifen am Topfrand säubern. Spatel gibt es in verschiedenen Materialien und Formen. Wie bei Löffeln ist es praktisch, wenn man mehrere für unterschiedliche Arbeiten besitzt.

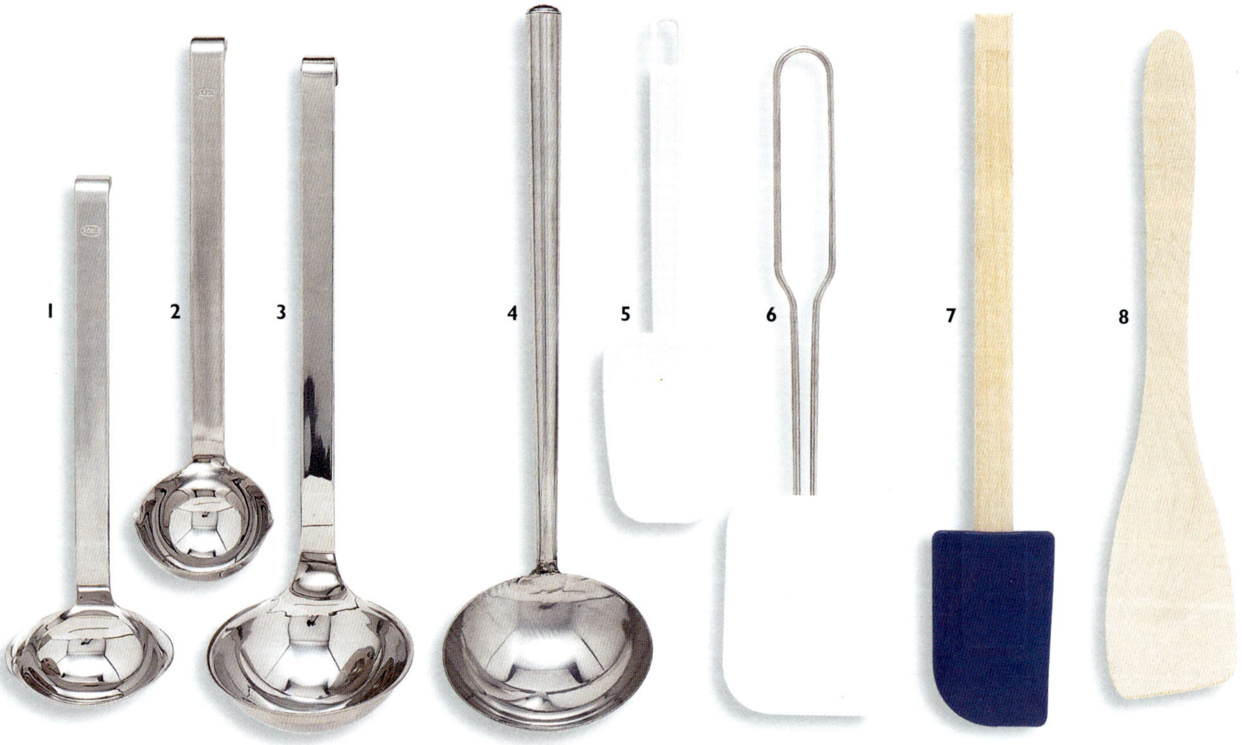

Schöpflöffel

1 Dressinglöffel Der Löffel hat einen senkrecht angesetzten Stiel, mit dem man in hohe, schmale Gefäße reicht. Durch den Ansatzwinkel lassen sich außerdem angerichtete Speisen besonders vorsichtig begießen. Der Schöpfteil hat an beiden Seiten Ausgüsse und ist damit für Rechts- wie Linkshänder geeignet.

2 Dosierlöffel Der Schöpfteil hat 6cm Durchmesser mit beiderseitigem Ausguss zum präzisen Übergießen und eignet sich für Rechts- und Linkshänder.

3 Suppenkelle Der große Schöpfteil mit 9cm Durchmesser fasst knapp 150ml Flüssigkeit – ideal zum Servieren von Suppe. Der Schöpfteil hat einen durchgehenden Schüttrand, damit nichts kleckert, und der Stiel endet in einem Haken, damit die Kelle nicht in der Suppe verschwindet, wenn sie in einem großen Gefäß steht.

4 Chinesischer Woklöffel Der breite, flache Schöpfteil ist ideal zum Rühren, Wenden und Löffeln im Wok. Der lange Stiel schützt Sie vor der Hitze, und der Ansatzwinkel von 50° entspricht den Konturen des Wok und ermöglicht ein bequemeres Arbeiten. Kaufen Sie lieber einen Edelstahllöffel, nicht einen aus rostanfälligem Kohlenstoffstahl.

Spatel

5 Gummispatel Der flexible, eher löffelförmige Spatel bietet alle Vorteile eines leicht konkaven Schöpfteils, dazu gerade Kanten und abgerundete Ecken. Damit schabt man Rührschüssel oder Topf sauber und ohne Kratzer aus.

6 Teigschaber In drei Größen erhältlich. Mit dem biegsamen, dünnrandigen Blatt schabt man auch die letzten Speisereste aus Schüsseln, Dosen oder Mixeraufsätzen. Die eine Seite ist für spitze Ecken, die andere für abgerundete.

7 Farbiger Kunststoffspatel Der farbige Spatel hat die gleiche Form und Funktion, ist aber noch dazu hitzebeständig. Er hält auch sehr hohe Temperaturen ohne Schmelzen oder Verfärben aus; außerdem beschädigt er beschichtetes Kochgeschirr nicht. Erhältlich in verschiedenen Farben und Größen.

8 Holzspatel Das leicht abgeschrägte Ende ist praktisch, um Reste aus Ecken zu kratzen und Speisen im Topf zu verrühren. Noch wichtiger: Die stumpfen Kanten richten an beschichteten Oberflächen auch bei energischem Schaben keinen Schaden an.

Risotto mit Rotwein und Wurst

Die australische Kochbuchautorin Jill Dupleix kann ohne Holzlöffel nicht kochen: »Er schlägt, er stampft, er rührt, er zerdrückt Knoblauch. Er ist Probierlöffel, Schaber, Risottolöffel, Porridgelöffel, Salatbesteck ... Holzlöffel sind wie Geschirrtücher – man kann noch so viele im Haus haben, man benutzt sie alle.« In diesem Rezept hat ihr Löffel reichlich zu tun. Lassen Sie die Brühe in einem kleinen Topf köcheln, damit sie heiß ist, wenn Sie sie zum Reis geben.

Für 4 Portionen

Utensilien	Zutaten
mittlere beschichtete Bratpfanne	275g italienische Schweinswürste oder grobe Würste aus reinem Schweinefleisch
Kochmesser	1 EL extra natives Olivenöl
große Sauteuse mit schwerem Boden	2 EL Butter
Holzlöffel	1 Zwiebel, fein gehackt
kleiner Topf	300g Arborio-Reis
Schöpflöffel	200ml Rotwein
Reibe	1,3l leichte Hühnerbrühe, möglichst hausgemacht, heiß
	2 EL frisch geriebener Parmesankäse
	Meersalz
	frisch gemahlener schwarzer Pfeffer
	Parmesanspäne und kleiner Rosmarinzweig zum Garnieren

1 Würste abziehen und Füllung in heiße beschichtete Bratpfanne drücken. Knusprig goldbraun braten, dann Öl abgießen und Füllung beiseite stellen.

2 Olivenöl und Hälfte der Butter in Sauteuse mit schwerem Boden erhitzen. Zwiebel weich, aber nicht braun dünsten. Reis zugeben und mit Holzlöffel gründlich verrühren, bis sich die Zwiebelbutter verteilt hat. Rotwein zugießen und unter Rühren zum Kochen bringen.

3 Mit Schöpflöffel 125ml heiße Hühnerbrühe zum Reis gießen. Bei mittlerer Hitze vorsichtig und langsam mit Holzlöffel umrühren. Sobald der Reis alle Brühe aufgesogen hat, noch einmal 125ml zugießen. Von jetzt an hängt alles vom Timing ab. Brühe schöpflöffelweise zugeben, wenn der Reis alle Brühe aufgesogen hat. Dabei den Reis ständig umrühren. Wenn Sie schnell viel Brühe verbrauchen, ist die Hitze vielleicht zu stark. Nimmt der Reis die Brühe nicht gut auf, ist die Hitze eventuell zu niedrig.

4 Nach 20 Minuten Wurstfüllung zugeben und weitere 10 Minuten rühren, bis der Reis gar, aber nicht weich und die Sauce cremig ist; sie sollte weder suppig noch trocken sein.

5 Herd ausschalten. Parmesan, restliche Butter sowie Meersalz und frisch gemahlenen Pfeffer nach Geschmack zugeben und einrühren. Vor dem Servieren zugedeckt 3–4 Minuten ruhen lassen. Mit Rosmarinzweig und Parmesanspänen garnieren. Mit reichlich Rotwein servieren (zum Trinken natürlich).

Rührbesen

Luft ist die am wenigsten bekannte – aber eine der wichtigsten – Kochzutaten, und da wir ein Hilfsmittel brauchen, um sie in die Speisen einzuarbeiten, müsste der Rührbesen eigentlich als wichtigstes Kochutensil gelten.

Ein Rührbesen fährt mit hoher Geschwindigkeit durch Eiweiß, Teig, Saucen und andere Ingredienzen. Er schlägt nicht nur Luft darunter, sondern erfüllt auch andere wichtige Funktionen. Er rührt Klumpen und ungleichmäßige Konzentrationen glatt, löst Fetttröpfchen auf, so dass sie sich mit fettlosen Flüssigkeiten verbinden – zum Beispiel Öl und Essig in der Salatsauce. Außerdem »denaturiert« ein Rührbesen Proteine – denken Sie daran, wie sich Eiweiß von einer klebrigen Flüssigkeit wie durch Zauberhand zur schaumigen Wolke wandelt. Der Rührbesen durchtrennt die verflochtenen Molekülstränge in ungeschlagenem Eiweiß, zerschlägt sie und rührt gleichzeitig Luft unter.

Rührbesen gibt es in verschiedenen Formen und Größen, zugeschnitten auf ganz verschiedene Arbeiten. Bei begrenztem Budget sollte man sich für einen Schneebesen und eventuell einen kleinen Tellerbesen entscheiden. Kaufen Sie Besen aus Edelstahl – verzinnte verfärben sich schnell und rosten. Der Stiel sollte angenehm dick sein und gut in der Hand liegen, dazu aus hygienischen Gründen an beiden Enden fest versiegelt mit fest eingelassenen Drähten.

1

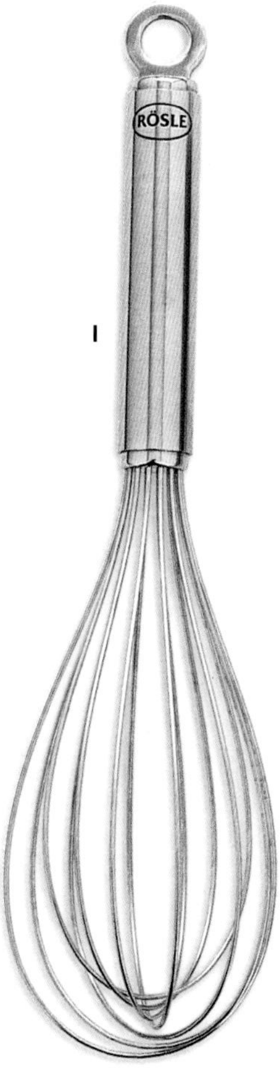

1 Schneebesen Durch die leicht biegsamen Drähte gelangt reichlich Luft unter sämtliche Speisen, von Eiweiß bis zu dicker Sahne. Die Ballonform vergrößert die Fläche, die mit der Speise in Kontakt kommt; je mehr Drähte also, desto besser.

2

2 Schlagbesen Mit dem Schlagbesen rührt, emulgiert und durchlüftet man Saucen auf Eierbasis. Er ist länglicher und starrer als ein Schneebesen, und die Drähte zerschlagen zum Beispiel die Eiweißbestandteile der Sauce Hollandaise und verhindern, dass sie klumpt oder gerinnt.

3

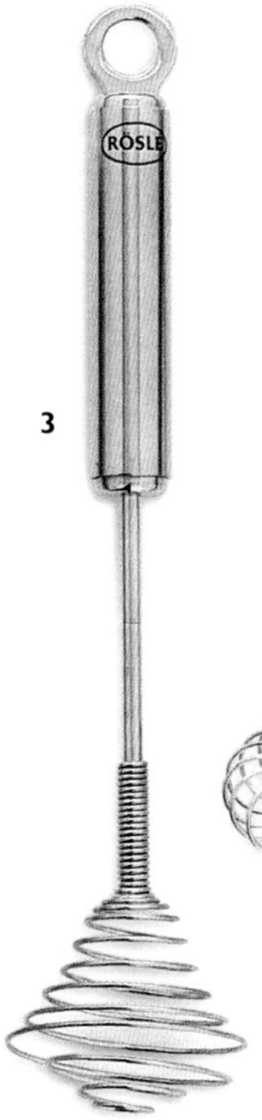

3 Quirlbesen Besteht aus einer fortlaufenden Drahtspirale und ist dadurch biegsamer. Die Form ist praktisch, um in Ecken und rund um den Boden eines Gefäßes zu arbeiten, er ist allerdings weniger effizient als ein Schlag- oder Schneebesen, eignet sich aber gut zum Arbeiten im engen Gefäß.

4

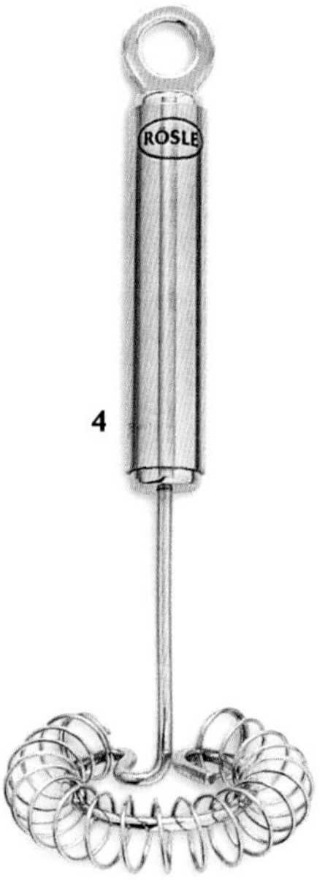

4 Spiralbesen Der Spiralbesen besteht aus einer feinen, elastischen Drahtschlange, die sich um einen runden Drahtrahmen windet. Er eignet sich auch für kleine Flüssigkeitsmengen und ist deshalb unentbehrlich zum Aufschlagen von Saucen im flachen Gefäß. Vom Rührschüsselrand nimmt er zudem Reste auf.

5

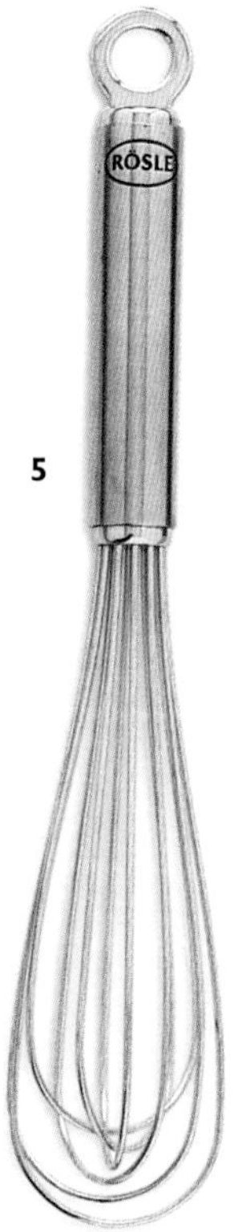

5 Becherbesen Ein langer Besen, nicht unentbehrlich, aber doch nützlich, vor allem beim Arbeiten in engen Gläsern, Messbechern und Cocktailshakern.

6

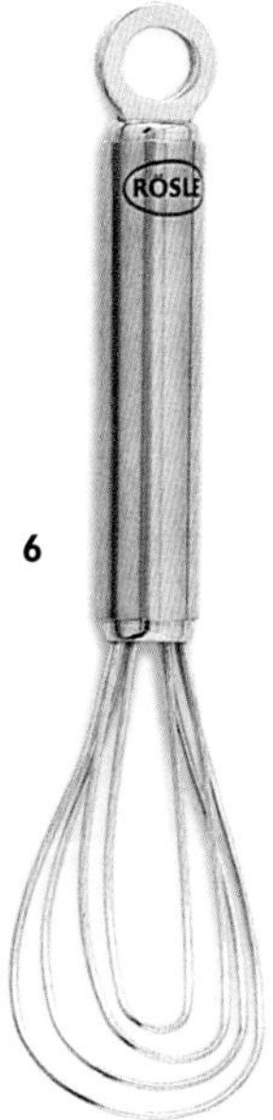

6 Tellerbesen Ausgezeichnet zum Rühren kleiner Mengen, zum Aufschlagen nur eines Eigelbs, zum Verrühren empfindlicher Zutaten oder zum Einrühren von Kräutern in Sahne.

Würzige Garnelenpfannkuchen mit Koriandersauce

Pfannkuchen gelingen am besten mit dem Schlagbesen; er rührt und schlägt den Teig auf und glättet Klumpen. Schlagen Sie nicht zu lange, sonst werden die Pfannkuchen zäh. Benutzen Sie eine kleine, schwere Pfanne, die die Wärme gleichmäßig leitet und nichts anbrennen lässt. Eine Crêpepfanne oder gut eingearbeitete Omelettepfanne ist ideal.

Für 8 Pfannkuchen

Utensilien

Sieb
Rührschüssel
Schneebesen
kleiner Messbecher
Schälmesser
Kochmesser oder Wiegemesser
Schöpflöffel
18-cm-Crêpepfanne mit Antihaftbeschichtung
Pfannkuchenschaufel
Pergamentpapier
kleine Bratpfanne
Alufolie

Zutaten

100g Vollkornmehl
1 Prise Salz
1 Ei plus 1 Eigelb
300ml Milch
1 EL Pflanzenöl oder geschmolzene Butter
1 1/2 TL gemahlener Kurkuma
Pflanzenöl zum Braten

Für die Sauce:

1 Knoblauchzehe, fein gehackt
3 EL gehacktes frisches Korianderkraut
200ml Vollmilchjoghurt
1/2 TL frisch gemahlener Kreuzkümmel
Meersalz und frisch gemahlener schwarzer Pfeffer

Für die Füllung:

1 EL Pflanzenöl
1/2 Zwiebel, fein gehackt
2 TL rote Thai-Currypaste
225g Dosentomaten, gehackt, mit Saft
Meersalz
24 große geschälte Riesengarnelen
1 EL Zitronensaft
2 EL gehacktes frisches Korianderkraut

a

b

c

1 Mehl und Salz in Schüssel sieben. Eine Mulde in die Mitte machen und Ei und Eigelb hineingeben (a). Hälfte der Milch zugeben und gut verquirlen (b). Weiter quirlen und nach und nach die restliche Milch zugeben, bis der Teig glatt ist. In kleinen Messbecher gießen und beiseite stellen.

2 Alle Saucenzutaten zusammenrühren und ziehen lassen.

3 Pflanzenöl oder geschmolzene Butter und Kurkuma mit Teig verquirlen. Dünne Ölschicht in 18-cm-Pfanne geben und erhitzen. In das heiße, aber nicht rauchende Öl schnell eine Schöpfkelle voll Teig gießen, dabei Pfanne kippen und schwenken (c). Bei mittlerer Hitze rasch garen, bis der Pfannkuchen oben fest und unten braun ist. Mit Pfannkuchenschaufel oder durch Hochwerfen wenden und braten, bis die Unterseite braun ist.

4 Pfannkuchen auf Teller geben und warm stellen. Aus dem restlichen Teig nacheinander sieben weitere Pfannkuchen backen. Pfannkuchen mit Pergamentpapier dazwischen stapeln. Mit Folie abdecken und warm stellen.

5 Für die Füllung Öl in kleiner Bratpfanne erhitzen und Zwiebeln goldgelb dünsten. Currypaste zugeben und unter ständigem Rühren 1 Minute garen. Tomaten einrühren und mit Salz abschmecken. 1–2 Minuten köcheln lassen. Garnelen, Zitronensaft und Koriander zugeben. Einige Minuten köcheln lassen.

6 Pfannkuchen in Hälften, dann in Viertel zusammenlegen und mit Löffel die Füllung in oberste Tasche geben. Auf vorgewärmter Servierplatte oder Tellern arrangieren und einen Löffel Sauce darüber geben.

Außen zäh und knusprig, innen wolkenweich – Baisers entlocken auch denen ekstatische Seufzer, die sich normalerweise nicht für Desserts begeistern.

Betörende Baisers

Luft und Eiweiß, mit Zucker steif geschlagen, ergeben ein wahres Wunderwerk – schneeigen Schaum, der sich, langsam im Ofen gebacken, in absolut unwiderstehliche, auf der Zunge zergehende Baisers verwandelt.

Baisers sind einfach zu machen, wenn man ein paar Grundregeln beachtet. Schüssel und Schlagbesen müssen absolut sauber sein – die kleinste Spur von Fett oder Feuchtigkeit, und das Eiweiß lässt sich nicht richtig schlagen. Eiweiß nimmt sogar Feuchtigkeit aus der Luft auf, also machen Sie Baisers nicht an einem regnerischen Tag, sonst »weinen« sie am Ende kleine Feuchtigkeitströpfchen.

Auch die Temperatur ist wichtig. Eiweiß hat auf Zimmertemperatur eine niedrigere Oberflächenspannung, als wenn es aus dem Kühlschrank kommt. Bei geringerer Spannung lässt sich die Luft leichter unterschlagen, und der Schnee wird voluminöser. Trennen Sie Eiweiß und Eigelb etwa eine Stunde vor dem Schlagen. Schlagen Sie die Eier vorsichtig auf, denn Eigelb besteht zu 30 Prozent aus Fett, und schon ein kleiner Spritzer verunreinigt das Eiweiß. Schlagen Sie jedes Eiweiß zunächst einzeln in eine Schüssel, dann ist bei Pannen mit dem Eigelb nur ein Ei betroffen.

Die Rührschüssel ist am allerwichtigsten. Sie muss so groß sein, dass man hemmungslos schlagen und der Schnee sich ausdehnen kann. Ideal wäre ein abgerundeter Boden, damit sich kein Schnee in den Ecken sammelt. Verwenden Sie eine Schüssel aus Glas, Keramik oder Edelstahl, nicht aus Kunststoff – der lässt sich nur schwer völlig fettfrei halten. Am besten ist eine unbeschichtete Kupferschüssel. Eine chemische Reaktion zwischen Metall und Eiweiß macht die Bläschen kräftiger und den Schnee cremiger und steifer. Wenn Sie allerdings das Eiweiß länger als 15 Minuten in einer Kupferschüssel lassen, findet eine andere Reaktion statt, und es wird unappetitlich grau.

a

b

c

Baisers: Grundrezept

Normalerweise rechnet man auf ein Eiweiß 50g Zucker; sollen die Baisers härter werden, nimmt man mehr Zucker.

Für 600ml

Utensilien	Zutaten
kleine Schüssel	4 Eiweiß
große Rührschüssel	Prise Salz
Schlagbesen oder Handrührgerät	200g Zucker
großer Metalllöffel	

1 Eier trennen, Eiweiß in große saubere Schüssel geben und eine Prise Salz zugeben; dadurch bleibt der Schnee steif. Mit Schlagbesen oder Handrührgerät langsam aufschlagen, bis sich der erste Schaum bildet.

2 Nun rasch mit kreisenden Bewegungen so lange Luft unter das Eiweiß schlagen, bis eine gleichmäßig steife Masse entsteht. Wenn man das Eiweiß mit dem Schneebesen hochzieht, muss es eine weiche Spitze bilden (a). In diesem Zustand wird der Schnee zu Soufflés und Mousses verarbeitet.

3 Zum Baiserbacken weiterschlagen, bis der Schnee steife, zackige Spitzen bildet. Jetzt nicht zu heftig schlagen, sonst gibt es trockene Schneeklumpen. Löffelweise die Hälfte des Zuckers unterziehen und jedes Mal gründlich aufschlagen. Der Schnee sollte jetzt glatt und glänzend sein (b).

4 Mit großem Metalllöffel den restlichen Zucker vorsichtig und gleichmäßig unterheben (c). Sofort verarbeiten, da die Mischung schnell wieder flüssig wird.

Zabaglione Mit einem großen Rührbesen schlägt man die leichte, süße Weinschaumsauce, die zu warmen Obstkuchen und Desserts serviert oder über sommerliche Beeren gegossen wird. Das Gelbe von 3 großen Freilandeiern, 50g Zucker und 100ml Schaumwein in große, feuerfeste Schüssel oder einen Schlagkessel (siehe Seite 69) geben. In einen Topf mit siedendem Wasser setzen. Mischung gleichmäßig aufschlagen, bis sie sich ausdehnt und einen festen, aber leichten cremigen Schaum bildet, der beim Anheben des Rührbesens eine Spur zieht.
Für 4 Portionen

Mayonnaise Mit dem Schneebesen oder Spiralbesen schlägt man eine cremige Mayonnaise für Salate und Dips. Das Gelbe von 2 Freilandeiern, 1/4 Teelöffel Meersalz, 1/4 Teelöffel Senfpulver, etwas frisch gemahlenen schwarzen Pfeffer und 1/2 Teelöffel Oliven- oder Sonnenblumenöl in mittelgroße Schüssel geben. Schlagen, bis die Masse glatt ist, dann wieder 1/2 Teelöffel Öl zugeben. Weiter kleine Mengen Öl unterrühren und die Menge erhöhen, wenn sich die Masse verdickt. Insgesamt 250ml Öl einarbeiten. Zum Schluss 1 Esslöffel Weißweinessig und 1 Esslöffel warmes Wasser unterrühren. Abschmecken. Für Aïoli zu Beginn 5–6 mit Meersalz zu Paste verriebene Knoblauchzehen zugeben und den Essig weglassen.
Ergibt ca. 350 ml.
Vorsicht Enthält rohe Eier und kann bei kleinen Kindern, Schwangeren und älteren Menschen zu Gesundheitsrisiken führen.

Passionsfrucht-Pavlova

In die Baisermischung für dieses sehr britische Dessert gehören Maismehl und Essig; sie sorgen für die typische Konsistenz – außen knusprig, innen weich. Zum Ausgleich für die süße Baisermasse habe ich Passionsfruchtsaft zur Sahne gegeben und die Pavlova üppig mit exotischen Früchten angerichtet. Karamelisierte Orangenschale setzt dem Dessert Glanzlichter auf und verleiht ihm Biss. Bereiten Sie den Boden einige Stunden vorher zu; er muss gründlich durchtrocknen. Machen Sie sich keine Sorgen, wenn er Risse bekommt – das gehört bei der Pavlova dazu. Das fertige Gericht eine Stunde nach dem Anrichten servieren, sonst weicht es durch.

Für 8–10 Portionen

a

Utensilien

Backpapier
Teller mit 25cm Durchmesser
Backblech
kleine Schüssel
Kupfer- oder große Rührschüssel
Schlagbesen oder elektrisches Handrührgerät
großer Metalllöffel
feines Sieb
Streichpalette
Rührschüssel
Kochmesser
Nylonsieb zum Durchstreichen des Passionsfruchtsafts
Holzlöffel
kleiner Topf
Zange
Pendelschäle

Zutaten

6 große Eiweiß
1 Prise Salz
300g Zucker plus 2 EL
1 1/2 TL Maismehl, gesiebt
1 1/2 TL Weißweinessig
300ml Crème double
durchgeseihter Saft von 6 Passionsfrüchten
Schale von 1 kleinen Orange ohne weiße Haut, in dünnen Streifen
4 EL Grenadine-Sirup
1 kleine Papaya
1 kleine Sternfrucht
4 Kumquats in dünnen Scheiben
4 geschälte, halbierte Kapstachelbeeren

1 Backofen auf 150°/Gas Stufe 2 vorheizen. Auf Backpapier mit Teller Kreis von 25cm Durchmesser zeichnen. Papier mit aufgezeichneter Linie nach unten auf Backblech legen, damit keine Farbe an den Baiserboden gelangt.

2 Baisermischung wie in Schritt 1–4 für »Baisers: Grundrezept« (linke Seite) zubereiten, dabei 300g Zucker verbrauchen. Maismehl und Essig vorsichtig auf Schnee verteilen und unterheben.

3 Baisermasse mit Löffel auf Papierkreis geben, oben und an den Seiten mit Streichpalette glätten (a).

4 Backblech in Backofen einschieben und sofort auf 140°/Gas Stufe 1 herunterschalten. 1 1/4 Stunde backen, bis das Baiser fest ist. Backofen abschalten, Baiser bei geschlossener Tür im Backofen lassen, bis der Ofen gänzlich abgekühlt ist.

5 Eine Stunde vorm Anrichten Sahne schlagen, dann Passionsfruchtsaft und die 2 EL Zucker unterheben. Zugedeckt in den Kühlschrank stellen.

6 Orangenschalenstreifen 3 Minuten in kochendem Wasser blanchieren. Abgießen und wieder in Topf geben. 150ml frisches Wasser und Grenadinesirup zugießen. 12–15 Minuten sprudelnd einkochen lassen, bis das Ganze sirupartig ist, aber noch Flüssigkeit im Topf bleibt. Streifen mit Zange herausfischen und zum Abkühlen auf Metallteller legen, Zusammengeklebtes trennen.

7 Papaya der Länge nach halbieren und Kerne auskratzen, so dass eine glatte Mulde entsteht. Schale vorsichtig entfernen, dann Hälften mit Schnittseite nach unten auf Brett legen und quer in dünne, halbmondförmige Scheiben schneiden. Scheiben je nach Größe in zwei oder drei akkurate Stücke schneiden.

8 Sternfrucht halbieren, eine Hälfte für anderen Zweck aufheben. Mit Pendelschäler dunkle Streifen am Rippenrand abschälen. Fruchtfleisch in ca. acht dünne Scheiben schneiden.

9 Baiserboden auf Servierplatte legen. Sahne darauf geben und mit Streichpalette verteilen. Früchte darauf anrichten, Orangenschalenstücke darüberstreuen und voller Stolz servieren.

Sieben und Seihen

Siebe und Streuer

Mit diesen Utensilien verfeinert man die Konsistenz von Speisen. Bei pudrigen Lebensmitteln wie Mehl oder Puderzucker glätten sie Klumpen; außerdem machen sie auf indirektem Wege Speisen leichter, denn sie reichern das Pulver beim Sieben oder Streuen auf dem Weg ins Auffanggefäß mit Luft an.

Siebe benutzt man auch, um feste von flüssigen Bestandteilen zu trennen oder um die Konsistenz von Speisen zu verändern. Hartgekochtes Eigelb zum Beispiel verwandelt sich, durch ein feinmaschiges Sieb gestrichen, in eine mimosenzarte Garnitur. Auf gleiche Art entfernt man Himbeerkerne. Ein Sieb ist auch die letzte Rettung für klumpige Béchamelsauce, die nicht so glatt geraten ist, wie sie sollte – man legt das Sieb auf einen sauberen Topf, gießt die Sauce hinein und und streicht sie durch.

Das Sieb sollte bequem über dem Auffanggefäß sitzen. Konische Siebe eignen sich für hohe Gefäße, schalenförmige passen am besten auf Schüsseln. Das Gefäß muss so groß und tief sein, dass sowohl das Sieb als auch die durchgesiebten Zutaten Platz haben. Geben Sie trockenes Pulver nie durch ein feuchtes Sieb, das gibt nur Kleister. Ebenso wenig sollte man kernhaltige oder faserige Speisen durch ein sehr feines Sieb streichen – es ist danach nur schwer zu säubern. Müssen Sie dennoch ein Sieb von faserigem Material reinigen, halten Sie es mit der Innenseite nach unten unter fließendes Wasser und schrubben die Außenseite mit der Nagelbürste. Dann das Sieb umdrehen, die Innenseite schrubben und nachspülen.

1

2

3

1 Streuer Ein Streuer dient zum Aufbewahren und Verteilen von Mehl (große Löcher) oder Zucker (kleine Löcher). Der Deckel wird zum Füllen abgeschraubt, dabei dürfen sich aber keine Zuckerkörner ins Gewinde setzen, sonst gibt es Probleme beim Auf- und Zuschrauben.

2 Trommelsieb Ein Sieb, wie man es in Indien benutzt, in Frankreich »tamis« genannt, mit dichtem, straff über einen runden Rahmen gespanntem Gewebe. Die Rahmen gibt es aus Holz, Kunststoff oder Metall und in verschiedenen Größen. Das Gewebe kann aus Nylon, Seide oder Metall bestehen und ist in der Regel auswechselbar. Je nach Maschendichte löst das Sieb Klumpen auf und filtert grobe Stücke aus Gewürzen und Körnern. Das Trommelsieb ist praktisch zum Durchsieben großer Mengen, da die Zutaten ein flaches Gewebe schneller passieren als ein konkaves. Trockene Zutaten verteilen sich dabei gern großflächig, daher ist es ungeeignet, wenn man sich auf eine kleine Fläche konzentrieren möchte.

3 Mehlsieb Das Sieb mit Federmechanismus lockert klumpiges Mehl zu gleichmäßiger Konsistenz auf. Über dem feinmaschigen Boden sitzen Speichen, die das Mehl durchstreichen, wenn man den Druckmechanismus im Griff betätigt. Dieser Vorgang ist etwas mühsam, daher eignet es sich nur zum Sieben kleiner Mehlmengen. Spülen Sie es möglichst nicht, denn ein feuchtes Sieb verkleistert Mehl.

Kaufhilfe: Siebe Zur Grundausstattung gehören zwei oder drei mittelgroße bis große runde Siebe; so haben Sie immer ein trockenes zur Hand. Ein großes Sieb mit etwa 24cm Durchmesser lohnt sich, wenn man größere Mengen Mehl oder Puderzucker durchsiebt. Ist das Sieb zu klein, fällt leicht etwas über den Rand hinunter und verteilt sich in der Luft; im großzügig bemessenen Sieb bleibt alles beieinander. Ein paar kleinere Siebe mit etwa 10–12cm Durchmesser sind praktisch, um Pulver oder Flüssigkeit in enge Gefäße wie Messbecher zu füllen. Zum Durchstreichen von weichem Obst und zum Entfernen von Zitruskernen braucht man unbedingt ein feinmaschiges Nylonsieb, das im Gegensatz zu Metall keine Reaktion mit der Fruchtsäure eingeht.

Achten Sie beim Kauf darauf, dass das Sieb eine genügend breite Auflagefläche hat. Überprüfen Sie auch die Stabilität des Gewebes, denn dieses muss beim Passieren von Speisen den gesamten Druck aushalten. Die schwächste Stelle ist unten im Sieb, dort kann es sich mit der Zeit abnutzen.

4

4 Nylonsieb Ein Nylonsieb ist korrosionsfrei und eignet sich deshalb besser zum Durchseihen säurehaltiger Speisen; diese könnten durch Metall verunreinigt werden. Es wird aus einem einzigen Kunststoffstück geformt und hat deshalb keine Ansatzstellen, die abbrechen oder sich lockern könnten. Dieses Sieb hält ein ganzes Leben lang, wählen Sie also eine Farbe, mit der Sie es aushalten können.

5 6

Runde Siebe
Das sehr feinmaschige Gewebe dieser schönen Edelstahlsiebe ist ideal zum Sieben von Mehl, Puderzucker und anderen feinen Pulvern.
5 Das größere Sieb eignet sich auch zum Abgießen kleiner Gemüsemengen.
6 Das kleine Sieb ist praktisch, um Kuchen mit Puderzucker zu bestreuen, da man damit akkurater zielen kann.

7

7 Spitzsieb mit Stößel Das konische Sieb leitet Flüssigkeiten abwärts in die Spitze, so dass man akkurater gießen kann. Das superfeine Gewebe filtert auch kleinste Ablagerung aus Brühen und macht Saucen samtig glatt. Das Sieb ist stabil konstruiert; am breiten Ring sitzen Stiel, Haken und ein Gestell, das das Gewebe vor Beschädigung schützt. Der Stößel läuft spitz zu und reicht bis auf den Siebboden. Damit drückt man die aromatischen Säfte aus festen Massen oder stellt ein dünnes Püree aus weichen Gemüsen her – hervorragend zum Andicken und Aromatisieren von Saucen.

Seiher und Schaumlöffel

Die Begriffe »Sieb« und »Seiher« sind zwar austauschbar, Seiher haben aber in der Regel entweder Löcher oder ein grobmaschigeres Gewebe. Man benutzt sie vor allem, um feste von flüssigen Bestandteilen zu trennen. Mit dem Schaumlöffel schöpft man Ablagerungen, Fett und Schaum von Flüssigkeiten ab.

Ein Standseiher oder Durchschlag gehört zur Grundausstattung. Wenn Sie Massen verköstigen, große Mengen Brühe zubereiten oder öfter Nudeln für vier oder mehr Personen kochen, brauchen Sie einen mit mindestens 28cm Durchmesser. Er sollte Füße oder einen Standring haben, damit Sie beide Hände frei haben, aus dem Topf in den Seiher zu gießen. Kleinere Seiher brauchen keine Füße, sollten aber einen stabilen Haken und Stiel haben. Zum effizienten Abgießen muss ein Seiher möglichst viele, ausreichend große Löcher haben – aber nicht so groß, dass Erbsen durchrutschen können. Kontrollieren Sie, ob die Löcher gleichmäßig verteilt sind und auch an den Seiten sitzen.

Wenn Sie richtig zubereiteten Salat lieben, ist eine Salatschleuder ein weiteres Muss. Ein Drahtkorb sieht zwar hübsch aus, macht seine Arbeit aber nicht so gut wie geschlossene Schleudern, die mit Zentrifugalkraft arbeiten. Manche Salatschleudern haben einen gelochten Boden, man soll über der Spüle in einem Arbeitsgang schleudern und abgießen. Bei mir endet es meist damit, dass ich meine Füße dusche. Weitere nützliche Utensilien zum Abseihen sind ein großer gelochter Metalllöffel und ein Teesieb für lose aufgegossenen Tee.

1

1 Mull Ein dünnes Tuch, mit dem man Partikel aus Brühe oder geklärter Butter filtert. Ein großes Stück in Sieb oder Seiher legen und Flüssigkeit durchgießen. Mull ist so locker gewebt, dass man weiche Speisen wie Joghurtkäse (siehe Seite 58) zum Formen darin einwickeln kann.

Standseiher/Durchschläge

2 Dieser gut durchdachte Edelstahlseiher hat breite Griffe zum Anfassen oder zum Auflegen auf Schüsseln, einen massiven Standring, großzügig verteilte Löcher und eine Aufhängeöse. Der flache Boden verhindert, dass die Speisen zerdrückt werden. Es gibt ihn mit 16 bis 28cm Durchmesser. Kaufen Sie einen möglichst großen.

3 Der langstielige Seiher lässt sich zwar absetzen, man hält ihn aber eher in einer Hand und den Topf, aus dem man abgießt, in der anderen. Er eignet sich daher am besten für überschaubare Mengen, nicht für den Inhalt großer, schwerer Töpfe. Am praktischsten ist ein Durchmesser von 18 bis 20cm.

4 Der emaillierte Durchschlag ist eins jener Utensilien, zu denen man eine unerklärliche Zuneigung entwickelt. Er hat ein traditionelles Design mit drei stabilen Füßen, jeder Menge Löcher und zwei U-förmigen Griffen, die weder abrutschen noch heiß werden. Das Email kann mit der Zeit abspringen, aber das erhöht nur den Charme.

3

2

4

5 Abschütthilfe Mit dem halbmondförmigen Edelstahlteil lassen sich kleine bis mittlere Nudel- oder Gemüsemengen aus dem Topf abseihen. Es wird am Topfrand eingehängt und passt auf verschiedene Topfgrößen.

6 Schaumlöffel Mit diesem wichtigen Stück hebt man kleine Speisemengen aus dem Topf und seiht sie gleichzeitig ab. Die Kochflüssigkeit fließt durch Perforationslöcher ab.

7 Teesieb Das elegante kleine Edelstahlsieb hat ein feinmaschiges Gewebe zum Abgießen von frisch aufgebrühtem Tee oder Kaffee. Dank Drahtöse und Stiel lässt es sich auf der Tasse ablegen – praktisch, wenn man bei großen Teekannen beide Hände braucht.

8 Konisches Sieb Das grobmaschige Sieb bewährt sich beim Abgießen in kleine oder enge Gefäße wie Saucieren oder Kännchen. Es ist in vier Größen von 8 bis 20cm erhältlich.

5 6 7 8 9 10 11

9 Flacher Schaumlöffel Mit dem breiten, flachen Schöpfteil entfernt man bei Brühen und Eintöpfen Schaum und Haut von der Oberfläche. Außerdem fischt man damit Klöße und Gnocchi aus der Brühe und seiht sie ab.

10 Sieblöffel Zum Herausholen von Fritiergut aus schwimmendem Fett. Durch die Maschen fließen Fett und kleine Rückstände rasch ab.

11 Seihlöffel Der schlichte Drahtlöffel hat ein angenehm tiefes, breites Schöpfteil und ist ideal zum Herausschöpfen und Abseihen von Gnocchi, Klößen und Ravioli, Wan-tan oder anderen gefüllten Teigtaschen.

12

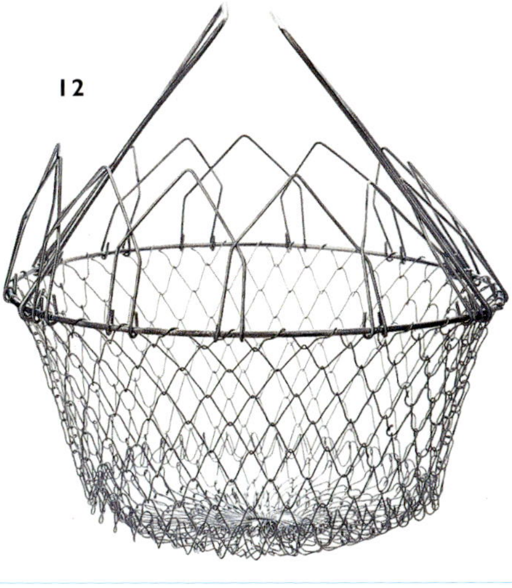

12 Drahtsieb Es mag noch so nett aussehen, aber man kommt nicht um die Tatsache herum, dass das Wasser nach allen Seiten spritzt, wenn man diese Salatschleuder herumwirbelt. Am besten benutzt man es nur im Garten.

13 Salatschleuder Die bis ins letzte durchdachte Schleuder lässt sich ohne Kraftanstrengung benutzen. Man stellt sie einfach auf die Arbeitsplatte und zieht an der Schnur. Durch die Zentrifugalkraft werden die Blätter gegen den inneren Korb gedrückt, und das Wasser fließt in die äußere Schüssel. Das Außenteil aus klarem Plexiglas ist so schön, dass man es als Salatschüssel benutzen kann – nachdem man das Wasser ausgeleert hat. Es gibt auch ein teureres Modell mit Edelstahlschüssel.

13

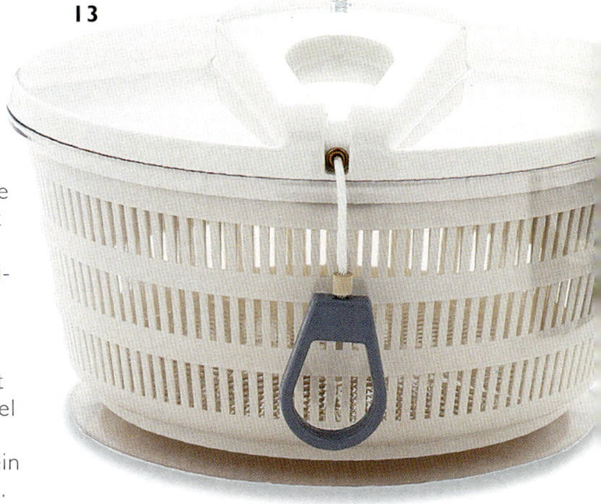

Joghurtkäse

Ein Weichkäse, wie man ihn im Nahen Osten und in Indien liebt. Der Joghurt wird in Mull eingebunden und tropft 6–36 Stunden ab – bei kurzer Abtropfzeit entsteht ein weicher, milder Käse, bei längerer ein festerer mit intensiverem Geschmack. Das Endresultat ähnelt einem Frischkäse mit leichterer Konsistenz und weniger Fett.

Joghurtkäse ist wunderbar vielseitig und passt sowohl zu süßen wie zu pikanten Zutaten. Auf Cracker oder Toast gestrichen ergibt er eine leckere Zwischenmahlzeit, sehr weich serviert man ihn als Dip mit knackigen Gemüsestreifen. Gesüßt mit einem Löffel Honig, Fruchtpüree oder Sirup richtet man ihn als schnelles, simples Dessert an.

Auch mit gehackten frischen Kräutern schmeckt Joghurtkäse köstlich. Außerdem passen fein gehackte Frühlingszwiebeln, grüne Chilischoten oder etwas geriebener Ingwer dazu. Fester Joghurtkäse lässt sich zu Kugeln oder Rollen formen, die man in Sesam oder grob gemahlenem schwarzen oder grünen Pfeffer wälzt. Mit Fladenbrot und Oliven servieren.

Joghurtkäse: Grundrezept

Die Art des Joghurts bestimmt Geschmack, Konsistenz und Käsemenge. Naturjoghurt sondert viel Flüssigkeit ab, man erhält also weniger Käse als bei dickerem Joghurt, wie etwa dem griechischen. Biojoghurt ist milder und ergibt auch einen milderen Geschmack, Käse aus Joghurt mit hohem Milchsäureanteil dagegen hat einen säuerlichen Geschmack. Bio-Vollmilchjoghurt ergibt einen besonders leckeren Käse – mild im Geschmack mit leicht körniger Konsistenz.

Reicht für 3–4 Portionen

Utensilien	Zutaten
drei Stücke Mull à 50 x 50cm	1kg Naturjoghurt
Seiher	
Schnur	
große, tiefe Schüssel	
Holzlöffel	

1 Drei Stücke Mull anfeuchten und Seiher damit auslegen; die Ecken über den Rand hängen lassen.

2 Joghurt in die Stoffmitte geben. Die vier Ecken zusammenraffen und den Joghurt zur Kugel zusammenrollen.

3 Fest verschnüren und am Stiel eines Holzlöffels festbinden. Löffel so über tiefe Schüssel legen (oder, wie hier, über eine flachere Schüssel mit seitlichen Stützen), dass der Joghurt in der Luft hängt. Überprüfen, ob unten zwischen Mull und Schüsselboden mindestens 5cm Platz ist. An kühlem Platz 6–36 Stunden abtropfen lassen.

Joghurtkäse mit Granatapfel, Gewürzzucker und Pistazien

Ein simples, aber exquisites Dessert: Rubinrote Granatapfelkerne und grüne Pistazien schmücken eine aromatisch gewürzte Portion Joghurtkäse. Der Joghurt sollte ziemlich weich und mild sein und deshalb etwa 12 Stunden abtropfen. Das Abtropfgewicht sollte etwa 350g betragen.

Für 4 Portionen

Utensilien	Zutaten
kleine Schüssel	6 EL Pistazien
Kochmesser	Joghurtkäse aus Bio-Vollmilch-Joghurt, etwa 12 Stunden abgetropft (siehe linke Seite)
Holzlöffel	1/2 TL Rosenwasser
Schälmesser	3 EL Gewürzzucker (siehe unten)
	1 großer Granatapfel

1 Pistazien in kleine Schüssel geben und mit kochendem Wasser überbrühen. 5 Minuten ziehen lassen, dann Häute abziehen. Nüsse grob hacken und beiseite stellen.

2 Joghurtkäse mit Rosenwasser und Gewürzzucker vermischen. Mischung auf vier Teller verteilen.

3 Granatapfelschale mit kleinem scharfen Messer längs in vier Segmente einschneiden, dabei nicht die saftigen Kerne anritzen. Granatapfel in zwei, dann in vier Teile brechen. Haut abziehen und Kerne frei legen, dabei Spelze entfernen. Kerne über den Joghurt streuen und mit Pistazien garnieren.

Gewürzzucker 6 Gewürznelken, 1/2 Teelöffel Pfefferkörner, die Samenkörner von 15 grünen Kardamomkapseln und 1/2 Teelöffel Fenchelsamen mit Mörser und Stößel zu Pulver zerreiben. 1/2 Teelöffel gemahlenen Zimt untermischen. Gewürze mit 350g Zucker verrühren. In Gefäß mit Schraubdeckel aufbewahren und bei Bedarf verwenden.

Kürbis-Pfifferling-Suppe

Dieses Rezept stammt von dem fantastisch erfinderischen Alain Ducasse, dem einzigen Küchenchef mit sechs Michelin-Sternen und Mentor einer neuen Kochgeneration, die das Gesicht der französischen Küche verändert hat. Der Kürbis für diese köstliche Suppe wird durch ein feinmaschiges Spitzsieb püriert; sie wird über winzige sautierte Pfifferlinge gegossen und mit knusprigen Speckwürfeln und Schlagsahne garniert.

Für 4 Portionen

Utensilien

Kochmesser
großer Topf
Holzlöffel
Spitzsieb und Holzstößel
tiefe Schüssel
Schälmesser
Wiegemesser
mittlere Bratpfanne
Küchenmesser
kleiner Topf
kleiner Seiher
kleine Bratpfanne
Küchenpapier
mittlerer Topf
Rührbesen
elektrischer Mixer

Zutaten

3 EL Olivenöl
450g frischer gewürfelter Kürbis ohne Schale und Kerne
1 kleine Zwiebel, fein gehackt
450ml Hühnerbrühe (siehe Seite 62)
6 EL ungesalzene Butter
1/2 TL feines Meersalz bzw. nach Geschmack
1/4 TL frisch gemahlener schwarzer Pfeffer bzw. nach Geschmack
100ml halb steif geschlagene Crème double
100ml steif geschlagene Crème double (nach Wunsch)

Zum Anrichten:

1 EL Olivenöl
225g kleine Pfifferlinge, gesäubert und geputzt
1 Schalotte, fein gehackt
2 EL ungesalzene Butter
2 EL fein gehackter Schnittlauch
75-g-Stück Speck oder Pancetta, in 1cm große Würfel geschnitten
4 Zweige frischer Kerbel

1 Öl bei mittlerer bis großer Hitze in großem Topf erhitzen. Kürbis und Zwiebel zugeben und umrühren, bis sie mit Öl überzogen sind. Auf mittlere bis niedrige Hitze zurückschalten und in etwa 5 Minuten Kürbis fast weich und die Zwiebeln glasig dünsten. Mit Brühe bedecken und in 10–15 Minuten Kürbis sehr weich garen.

2 Vom Feuer nehmen und etwas abkühlen lassen. Spitzsieb auf tiefe Schüssel setzen und Suppe ins Sieb gießen, Gemüse mit Holzstößel durchstreichen. Durchgesiebte Flüssigkeit auffangen.

3 Für die Garnitur Öl in mittlerer Pfanne bei mittlerer Hitze erhitzen. Pfifferlinge und Schalotte einrühren und unter häufigem Umrühren garen, bis die aus den Pilzen ausgetretene Flüssigkeit verdunstet ist. Die 2 Esslöffel Butter zugeben, dann den Schnittlauch. Einrühren und vom Feuer nehmen.

4 Speckwürfel in kleine Pfanne geben und mit kaltem Wasser bedecken. Bei großer Hitze zum Kochen bringen, Hitze auf mittlere bis niedrige Temperatur reduzieren und zum Blanchieren und Entsalzen 1 Minute sieden lassen. Wieder abgießen und Speckwürfel trocken tupfen. Speckwürfel in kleiner Pfanne braun und knusprig sautieren. Auf Küchenpapier abtropfen lassen.

5 Nun Kürbismischung und restliche Hühnerbrühe in mittleren Topf geben. Vorsichtig erhitzen, dann die 6 Esslöffel Butter, Salz, Pfeffer und halb steif geschlagene Sahne einrühren.

6 Mischung in elektrischen Mixer gießen und auf mittlerer Geschwindigkeit glatt und cremig rühren. Abschmecken.

7 In vorgewärmte Suppenterrine gießen. Pfifferlingmischung auf vier vorgewärmte Suppenteller verteilen. Kürbissuppe mit Schöpflöffel darüber gießen. Speckwürfel einstreuen, dann nach Wunsch einen Klecks steif geschlagene Sahne in die Mitte setzen. Mit Kerbelzweigen garnieren und sofort servieren.

Ramen mit Schweinefleisch und Gemüsen

Diese herzhafte Nudelsuppe ist ein Beitrag des führenden japanischen Kochbuchautors Emi Kazuko. Ramen sind Nudeln nach chinesischer Art, serviert in einer Suppe mit verschiedenen Beilagen. Das Gericht gehört in Japan zu den beliebtesten; dort gibt es ein Ramen-Museum, ein Ramen-Dorf und sogar Ramen-Fanclubs. Die Nudeln bekommt man in Bio- oder Asienläden und guten Supermärkten. Sie benötigen Seiher in unterschiedlichen Größen zum Abgießen von Gemüse, Fleisch und Nudeln.

Für 4 Portionen

Utensilien

mittlere Bratpfanne
Schälmesser
mittlerer Topf
kleine und mittlere Seiher
Kochmesser
kleine Schüssel
Küchenmesser
großer Topf
Standseiher

Zutaten

Für das geschmorte Schweinefleisch:
200g Schweinefilet am Stück
1 EL Pflanzenöl
500ml Hühnerbrühe
5 EL japanische Sojasauce
2 EL Zucker
1/2 TL Salz
2 Frühlingszwiebeln in 5cm langen Stücken
3–4cm großen Würfel frische Ingwerwurzel, grob in Scheiben geschnitten

Für die Nudeln:
100g Spinat, geputzt
60g Bohnensprossen
Salz und frisch gemahlener schwarzer Pfeffer
200g getrocknete Ramen (japanische Nudeln)
1 Liter Hühnerbrühe
1/2 Schweine- oder Rinderbrühwürfel (nach Wunsch)
100g Maiskölbchen, gekocht
1 Frühlingszwiebel, fein gehackt, zum Garnieren
Rayu oder Chili-Öl (nach Wunsch)

1 Schweinefleisch bei mittlerer Hitze in Öl von allen Seiten anbräunen. Vom Feuer nehmen.

2 Alle anderen Zutaten für das Schweinefleisch in mittleren Topf geben und zum Kochen bringen. Das angebratene Fleisch zugeben und zugedeckt etwa 1 Stunde köcheln lassen. Fleisch in der Flüssigkeit abkühlen lassen.

3 Spinat kurz blanchieren, dann ein paar Sekunden unter fließendem kalten Wasser abspülen. (So wird er schön grün.) Überschüssiges Wasser mit der Hand ausdrücken und Spinat in mundgerechte Stücke schneiden.

4 Bohnensprossen in Schüssel legen und mit kochendem Wasser überbrühen. 5 Minuten stehen lassen, dann abgießen. Mit einer Prise Salz und Pfeffer würzen.

5 Fleisch aus dem Topf nehmen und in dünne Scheiben schneiden. Kochflüssigkeit abgießen und aufbewahren, andere Zutaten wegwerfen.

6 Nudeln nach Anweisung auf der Packung in großem Topf mit kochendem Wasser garen. Unter kaltem fließenden Wasser abschrecken, um die Stärke abzuspülen.

7 Hühnerbrühe erhitzen, Brühwürfel zugeben, wenn die Suppe kräftiger werden soll. Umrühren, bis sich der Würfel aufgelöst hat.

8 Maiskölbchen in kochendem Wasser erwärmen und abgießen.

9 In vier Nudelschalen je 2 Esslöffel Kochflüssigkeit geben. Halb mit heißer Brühe auffüllen. Jeweils ein Viertel der Nudeln, Fleischscheiben, Bohnensprossen, Spinat und Mais darauf geben. Mit gehackter Frühlingszwiebel bestreuen und heiß mit Rayu servieren.

Fleischbrühe

Ohne Siebe und Schöpflöffel gelingt keine Brühe. Sie entfernen Fett, feste Bestandteile und Verunreinigungen; übrig bleibt eine klare Brühe. Für braune Brühe werden die Knochen im heißen Backofen gebräunt und nach Abgießen des Fetts in den Suppentopf gegeben.

Ergibt etwa 2,3 Liter

Utensilien	Zutaten
Kochmesser	Etwa 3kg Rinder- oder Kalbsknochen
Suppentopf	2 große Zwiebeln, gehackt
Seiher oder Schöpflöffel	2 große Karotten, gehackt
Standseiher	2 Selleriestangen, gehackt
großes Stück Mull	200g Pilze in Scheiben
	300ml trockener Weißwein
	1 Bouquet garni
	1/2 TL schwarze Pfefferkörner

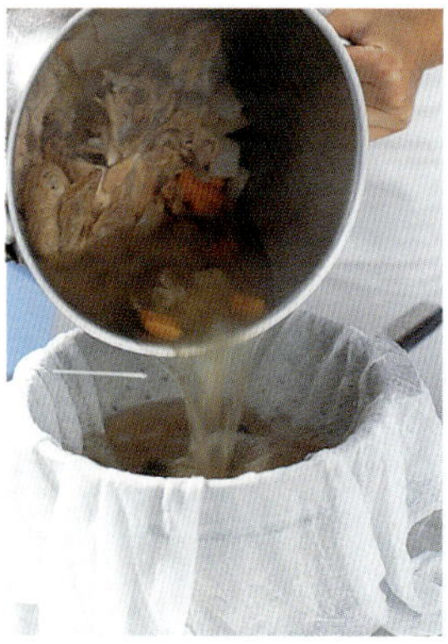

1 Alle Zutaten in Suppentopf geben. 10 Liter kaltes Wasser zugeben (a) und zum Kochen bringen. Noch kein Salz zugeben – besser salzt man die Speise, für die die Brühe verwendet wird.

2 Wenn die Flüssigkeit am Siedepunkt ist, bildet sich harmloser Schaum. Mit Schaumlöffel abnehmen und beseitigen (b). Hitze reduzieren und weiter abschäumen. Offen bis zu einer Stunde kochen lassen, bis die Mischung um mindestens die Hälfte reduziert ist.

3 Topf vom Feuer nehmen und 30 Minuten stehen lassen. Dabei setzen sich kleine Teile am Boden ab.

4 Seiher mit feuchtem Mull auslegen. Brühe langsam durch das Tuch gießen, die festen Bestandteile bleiben im Mull hängen (c). Soll die Brühe klarer werden, noch einmal durch das Tuch gießen. Brühe abkühlen lassen, dann in den Kühlschrank stellen. Fett von der Oberfläche abnehmen.

Hühnerfond

Dieser geleeartige Fond ist Bestandteil des Rezepts für die »Kürbis-Pfifferling-Suppe« von Alain Ducasse (siehe Seite 60). Die Brühe unterscheidet sich insofern von anderen, als man das Hühnerfleisch schnell zum Kochen bringt und dann unter ständigem Abschäumen 5 Minuten kocht – bei den meisten Rezepten zieht sich dieser Vorgang länger hin. Nach dem Kochen wird das Geflügel abgegossen, mit frischem Wasser wieder in den Topf gegeben und dann wie üblich langsam geköchelt.

Ergibt etwa 2 Liter

Utensilien	Zutaten
Kochmesser	Etwa 3kg Huhn und/oder Hühnerklein
Pendelschäler	2 Zwiebeln, geviertelt
Suppentopf	1 große Lauchstange, nur das Grüne, gut abgespült und in 5cm lange Stücke geschnitten
Schöpflöffel	1 Karotte, halbiert
Seiher oder Standseiher	2 Selleriestangen in 5cm langen Stücken
großes Stück Mull oder Musseline	1 Tomate, geviertelt
große Schüssel	6 Petersilienstiele
	1 EL grobes Meersalz
	1 TL schwarze Pfefferkörner

1 Huhn in den großen Suppentopf geben. Mit kaltem Wasser bedecken und bei großer Hitze zum Kochen bringen. 5 Minuten unter häufigem Abschäumen kochen lassen.

2 Huhn abgießen und unter kaltem Wasser abspülen. Schaum aus dem Suppentopf spülen, Huhn wieder in Topf geben und mit kaltem Wasser bedecken.

3 Gemüse, Petersilienstiele, Salz und Pfefferkörner zugeben und bei großer Hitze zum Kochen bringen. Hitze reduzieren und offen 2 Stunden ohne Umrühren und Abschäumen leicht köcheln lassen. Vom Feuer nehmen und kurz abkühlen lassen.

4 Brühe durch mit Mull oder Musseline ausgeschlagenen Seiher oder Standseiher in große Schüssel abgießen. Völlig abkühlen lassen, dann zugedeckt höchstens 24 Stunden im Kühlschrank aufbewahren oder in kleinen Gefäßen einfrieren.

5 Vor Gebrauch Fett von der Oberfläche abnehmen und wegwerfen.

Kochen und Dämpfen

Stieltöpfe: Grundausstattung

Neben Messern sind auch Töpfe die Freude und der Stolz jedes Kochs, denn in ihnen kulminiert all das mühsame Hacken, Schneiden, Rühren, Abmessen und Würzen; dort spielt sich die Alchemie namens Kochen ab. Deshalb sind Töpfe ein komplexeres Kapitel als Messer. Bei Messern geht es ums Schneiden, und die Ergebnisse sind sofort und eindeutig zu erkennen. Töpfe erfordern Geduld und Kooperation, man hat sie weniger unter Kontrolle. Soll die Arbeit gelingen, muss man lernen, wie sie auf unterschiedliche Zutaten und Temperaturen reagieren.

Meine ersten Töpfe und Pfannen waren billige Dinger aus dünnem Aluminium oder nostalgisch gesprenkeltem Email. Ich habe sie nicht gut behandelt und sie mich auch nicht. Aber obwohl sie verbeult waren und mich und das Essen verbrannten, haben sie es nicht geschafft, meine aufkeimende Leidenschaft fürs Kochen zu bremsen. Je mehr ich koche, desto bessere Qualität kaufe ich.

Dass gute Töpfe und Pfannen teuer sind, lässt sich nicht leugnen. Genau wie bei Messern sollte man sich zu Anfang drei oder vier gute leisten, die ihr Geld wert sind. Es werden zwar immer mehr Topfsets angeboten, aber lassen Sie sich nicht verführen. Am Ende stehen Sie mit Töpfen da, die Sie nie benutzen, weil Sie die Speisen, für die sie bestimmt sind, gar nicht kochen. Außerdem nehmen sie wertvollen Platz weg. Als Kochanfänger fühlen Sie sich vielleicht gefordert, sich an allzu anspruchsvolle oder einfach nicht Ihrem Stil entsprechende Rezepte heranzuwagen. Sehr viel besser ist es, wenn Sie Ihre Topfsammlung nach und nach aufbauen und Ihr kulinarisches Repertoire nach eigenem Gusto erweitern.

1

1 Antihaftbeschichtete Aluminium-Stielkasserolle Ein stabiler, aber nicht zu schwerer Topf aus formstabilem Aluminiumguss mit SilverStone®-Beschichtung innen und außen. Zum fettfreien Kochen, leicht zu säubern und deshalb gut geeignet für Saucen, Rührei und andere leicht anbrennende Speisen. Der Topf eignet sich für alle Brennstellen außer Induktionsherden und hat einen dicken Boden zur gleichmäßigen Wärmeleitung. Der ofenfeste Glasdeckel hat einen hitzebeständigen Knauf. Den Topf gibt es in Blau, Grün, Schwarz und in drei Größen von 1,1 bis 2,25 Liter.

2

2 Edelstahl-Stielkasserollen Die eleganten, professionellen Töpfe sind aus erstklassigem Edelstahl 18/10 (siehe »Materialkunde«, Seite 8). Der fünfschichtige Boden besteht aus Aluminium/ferromagnetischem Stahl/Aluminium zwischen zwei Edelstahlschichten. Das heißt, die Töpfe sind für alle Herde geeignet, auch für Induktionsherde, die durch Magnetismus aktiviert werden. Die Stiele sind großflächig mit dem Topf verschweißt und können sich nicht lockern. Sie liegen gut in der Hand, werden beim Kochen auf hoher Temperatur allerdings heiß. Trotz dieses kleinen Nachteils macht es Spaß, damit zu arbeiten. Sie sind in fünf Größen erhältlich, von 1 bis 4,8 Liter, und es lohnt sich durchaus, alle anzuschaffen.

Kaufhilfe: Stieltöpfe Überlegen Sie sich vor dem Kauf genau, wie Sie Ihre Töpfe benutzen und verstauen wollen. Größe, Form, Gewicht und Material (siehe »Materialkunde«, Seite 8) sind extrem wichtig. Die Topf-Grundausstattung könnte aus zwei kleineren Töpfen (1,7–2 Liter), einem oder zwei mittleren (3–4 Liter) und einem großen Topf (5 Liter) bestehen. Ein sehr kleiner Topf (1 Liter) ist praktisch, um Butter zu schmelzen oder kleine Speisemengen aufzuwärmen.

Der Boden sollte dick und massiv sein – ein dünner Boden verzieht sich bei großer Hitze und ist auf Herdplatten unbrauchbar. Bei Qualitätstöpfen ist der Boden plangeschliffen, nicht gestanzt; man erkennt dies an den Schleifspuren. Ob der Boden plan ist, überprüft man, indem man probiert, ob er auf ebener Fläche wackelt.

Wenn Sie einen Ofen mit Ringen besitzen, messen Sie diese aus, und kaufen Sie die Töpfe passend. Der perfekte Topf sollte über der Wärmequelle sitzen. So konzentriert sich die Hitze dort, wo sie hingehört – unter dem Topf.

Ein Ausguss eignet sich für Dünnflüssiges wie Milch, nicht aber für dicke Saucen oder Suppen. Linkshänder sollten einen Topf für Linkshänder anschaffen oder einen mit zwei Ausgüssen oder einem umlaufenden Schüttrand, mit dem man an jeder Stelle ausgießen kann. Die Stiele sollten so lang sein, dass Ihre Hände nicht der Hitze ausgesetzt sind. Sie müssen gut in der Hand liegen und fest am Topf sitzen. Nieten oder stabile Schweißnähte sind besser als Schrauben. Töpfe mit 3 und mehr Liter Fassungsvermögen sollten zwei Griffe haben. Deckelgriffe und Knäufe sollten hitzebeständig sein. Bestehen sie aus Metall, darf dieses die Wärme nicht so gut leiten wie der Topf. Wird der Topf auch im Backofen benutzt, müssen Knauf und Stiel ofenfest sein. Deckel sind unentbehrlich beim Dämpfen, Dünsten und Schmoren, außerdem kocht Wasser zugedeckt schneller. Sie müssen fest schließen, vor allem, wenn man den Topf zum Dämpfen benutzt.

Materialkunde Die beiden wichtigsten Eigenschaften für Topfmaterial sind eine nicht chemisch reagierende Oberfläche und eine gute und gleichmäßige Wärmeleitung. Da kein Material alle Anforderungen erfüllt, verwenden die Hersteller Metallkombinationen. Der Boden könnte zum Beispiel aus einer Aluminium- oder Kupferschicht (beide zeigen chemische Reaktionen, sind aber ausgezeichnete Wärmeleiter) zwischen Edelstahlschichten (schlechte Wärmeleiter, die aber nicht auf Chemikalien reagieren) bestehen. Eine andere Lösung wäre die Beschichtung der Topfinnenseite, bisweilen auch der Außenseite, mit einer neutralen Substanz wie Glasemail oder die elektrolytische Behandlung durch Ionisieren wie bei ionisiertem Aluminium.

3

3 Stielkasserollen aus ionisiertem Aluminium Die hart ionisierten Töpfe sind nicht billig, haben aber lebenslange Garantie. Der Boden ist schwer und massiv, und die schicke graue Ionisierung kann auch beim Scheuern nicht zerkratzen.

Die geschmiedeten Edelstahlgriffe sind dreifach am Topf vernietet und werden bei Gebrauch nicht heiß. Die größeren Töpfe haben gegenüber dem Stiel einen Hilfsgriff, damit man sie mit beiden Händen anheben kann. Es gibt sie in vier Größen von 1,4 bis 4,3 Liter.

4

4 Milchtopf aus ionisiertem Aluminium Da kochende Milch leicht anbrennt, ist dieser Stieltopf einer der wenigen, der eine Antihaftbeschichtung braucht. Dieser schwere Aluminiumtopf ist von außen ionisiert und hat innen eine robuste, leicht zu säubernde Antihaftbeschichtung. Der Edelstahlstiel ist fest vernietet. Wenn Sie Linkshänder sind, achten Sie darauf, dass Ihr Topf beiderseits Ausgüsse hat.

Für Fortgeschrittene

Wenn Ihre Kochkünste Fortschritte machen und Sie mehr Selbstvertrauen entwickeln, bekommen Sie unweigerlich Appetit auf mehr Töpfe und Pfannen. Die hier abgebildeten sind der nächste Schritt nach der Grundausstattung und machen etwa das Einkochen und die Zubereitung von Suppen und Saucen leichter. Einige

1

1 Suppentopf mit Nudeleinsatz Wenn Ihnen an guter Suppe gelegen ist, gehört der Suppentopf fast zur Grundausstattung. In den großen Edelstahltopf passen mehrere Kilo Fleisch, Knochen und Gemüse. Durch die hohe, eher schmale Form verdunstet Flüssigkeit langsamer, die festen Bestandteile bleiben stundenlang bedeckt und entwickeln köstliche Aromen. Ein fünfschichtiger Speicherboden (siehe 3, Turmkochtopf) ermöglicht stundenlanges Köcheln ohne Anbrennen. Mit den großzügig bemessenen, fest verschweißten U-förmigen Griffen lässt sich der Topf sicher heben.

Der perforierte Nudeleinsatz ist leicht herauszunehmen, das Kochwasser bleibt im Topf – das ist einfacher und sicherer, als wenn man den schweren Topf vom Herd zur Spüle trägt. Brillenträger werden außerdem dankbar sein, wenn ihre Gläser nicht beschlagen. Der Einsatz dient gleichzeitig beim Blanchieren von Gemüse als Seiher.

2

2 Dampfkochtopf Im Dampfkochtopf wird der Dampf durch einen speziell konstruierten Deckel aufgefangen. Steigt der Dampfdruck, erhöht sich die Temperatur über den Siedepunkt, und der Dampf wird in die Speisen gepresst; das reduziert die Kochzeit und spart Energie.

Dieses Edelstahlmodell hat einen gewölbten Deckel mit Sicherheitsventil, das den entweichenden Dampf reguliert. Die normale Kochzeit wird um mindestens ein Drittel reduziert. Der plangeschliffene Boden ist für alle Brennstellen, auch für Induktionsherde, geeignet.

3 Turmkochtopf Der Edelstahltopf hat einen gut schließenden Deckel und einen massiven, fünfschichtigen Boden – ein Kern aus Silberlegierung/Kupfer/Silberlegierung sitzt zwischen zwei Edelstahlschichten und sorgt für ausgezeichnete Wärmeleitung. Das siedende Wasser im unteren Topf erhitzt sanft den Boden des oberen Topfes, ohne ihn zu berühren. Mit dieser Methode gelingen Saucen auf Eierbasis – die sanfte Hitze verhindert, dass wie bei Rührei das Eiweiß gerinnt, vielmehr verbindet es sich mit der Butter zu einer glatten, seidigen Sauce. Einzeln oder mit Deckel dient der untere Topfteil außerdem als Topf oder Kasserolle.

3

4

4 Kupfer-Stielkasserolle Ein Kupfertopf ist der Rolls Royce unter den Küchenutensilien. In diesem fantastischen Topf sind die guten Eigenschaften von drei verschiedenen Metallen vereint: Kupfer leitet die Wärme schnell und gleichmäßig, die Edelstahlbeschichtung – sehr viel haltbarer als die herkömmliche Verzinnung – ist fleckunempfindlich, und der Gusseisenstiel wird nicht heiß. Der einzige Nachteil ist, dass man, hat man erst einmal einen Kupfertopf, mehr davon will.

Töpfe sind ziemlich groß; das wirkt vielleicht abschreckend, wenn man nur wenig Platz hat. Da sie jedoch gleich zwei oder drei Funktionen erfüllen, sparen sie eventuell sogar Platz und auch Geld. Ein großer Suppentopf zum Beispiel lohnt durchaus die Anschaffung, denn er kann auch als Nudeltopf und Einkochtopf dienen, hat allerdings keine abgeschrägten Seiten, die die Verdunstung beschleunigen. Ein Dampfkochtopf macht sich ohne Deckel auch als großer Topf nützlich.

5

5 Einkochtopf Der geräumige 13-Liter-Edelstahlkessel wird auch den begeistertsten Marmeladenkoch zufriedenstellen. Er hat einen plangeschliffenen, breiten Boden zur gleichmäßigen Wärmeleitung und sanft abgeschrägte Seiten, die eine größere Oberfläche schaffen und die Verdunstung beschleunigen. Der Hilfsgriff leistet beim Heben und Gießen wertvolle Dienste, der halbkreisförmige Henkel ist in aufrechter Position arretierbar, damit er nicht heiß wird.

6 Aluminium-Stielkasserolle mit schrägem Rand Der anheimelnd wirkende Topf aus schwerem Aluminium mit 6 mm dickem, plangeschliffenem Boden ist perfekt für Saucen. Der kleine Boden beschleunigt den Kochprozess, der abgeschrägte Rand schafft eine größere Oberfläche und beschleunigt damit die Verdunstung und Flüssigkeitsreduktion. Durch den umlaufenden Schüttrand kann man ohne Kleckern an jeder Stelle ausgießen. Der Bakelitstiel wird beim Kochen nicht heiß. Gemüse sollte man in dem Topf nicht garen; es verfärbt sich durch unbeschichtetes Aluminium.

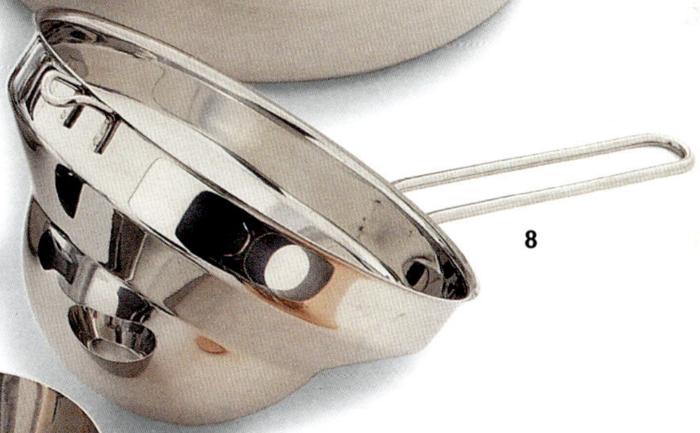

8

6

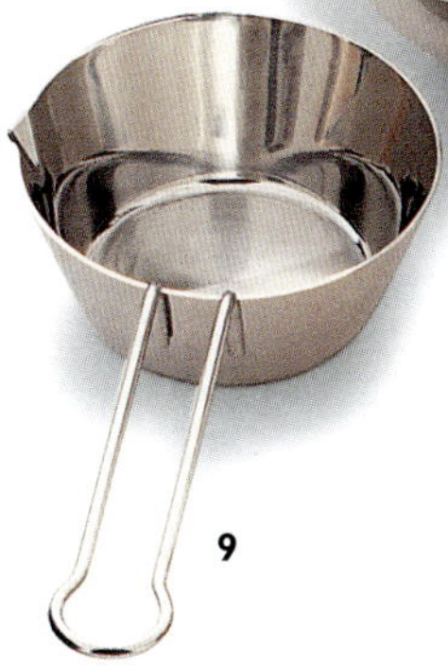

9

7

8 Bain Marie Jeder Topf wird mit dieser »Universal«-Bain Marie aus Edelstahl zum Wasserbadtopf. Man hängt das Teil über siedendem Wasser in den Topf ein; der Inhalt wird langsam und gleichmäßig erhitzt. Eine ideale Methode, um Saucen auf Eierbasis oder Cremes herzustellen, Schokolade oder Käse zu schmelzen oder Reste ohne Anbrennen aufzuwärmen.

9 Butterpfännchen Die hübsche kleine Edelstahlpfanne mit nur 11cm Durchmesser ist speziell zum Wärmen oder Klären kleiner Buttermengen bestimmt. Sie ist so schön, dass man sie auch auf den Tisch stellen kann, beispielsweise um Butter über Spargel zu gießen. Man kann darin auch Weinbrand erwärmen oder Schokolade schmelzen. Sie hat nur einen Ausguss, Linkshänder müssen also entweder »rückwärts« oder mit der rechten Hand gießen.

7 Stielkasserolle aus ionisiertem Aluminium mit schrägem Rand Der 1-Liter-Topf wirkt mit seiner grauen Ionisierung und dem eleganten Edelstahlgriff zwar schicker, gleicht in Design und Funktion aber dem unbehandelten Aluminiumtopf. Man benutzt ihn zum Reduzieren von Saucen, zum Herstellen von Fleischsaucen oder zum Kakaokochen. Mit den zwei Ausgüssen ist er für Rechts- wie Linkshänder geeignet. Er ist auch mit 2,3 Liter Volumen erhältlich und eignet sich dann hervorragend als Sauteuse. Der größere Topf hat statt Ausgüssen einen umlaufenden Schüttrand, der das Ausgießen von festen und flüssigen Speisen erleichtert.

Blanchieren Bei dieser Methode werden Gemüse teilgegart, indem man sie kurz in brodelnd kochendes Wasser taucht. Vor dem Einfrieren blanchiert man Gemüse, um die Enzymtätigkeit zu stoppen. Profiköche garen auf diese Weise Gemüse lange vor dem Servieren – sie lassen sich dann ohne Form- oder Geschmacksverlust rasch aufwärmen. Nach dem Blanchieren taucht man die Gemüse am besten in eine Schüssel mit Eiswasser, man nennt das »Abschrecken«. Dadurch wird außerdem die Farbe kräftiger, vor allem bei grünen Gemüsen.

Reduzieren Für in der Sauteuse kurzgebratenes Fleisch oder Koteletts kann man eine schnelle Fleischsauce zubereiten. Fleisch nach dem Garen auf Servierplatte legen und warm stellen. Ein kleines Glas Wein zum Fleischsaft in der Pfanne geben und gut verrühren, dabei Fleischreste mit Holzlöffel oder Holzspatel vom Boden schaben. Auf großer Hitze um ein Drittel einkochen lassen, dann 2–3 Esslöffel Sahne oder Crème fraîche angießen. Sauce ein paar Sekunden aufwallen lassen, abschmecken und über das Fleisch gießen.

Köcheln Beim langsamen Köcheln von Schmorgerichten oder Eintöpfen steigt nur ab und zu eine Blase an die Oberfläche; dadurch wird das Collagen im Fleischgewebe weicher und damit zähes Fleisch zarter. Hilfreich bei diesem Vorgang sind auch säurehaltige Zutaten wie Tomaten oder Wein. Ein Schmortopf mit schwerem Boden ermöglicht ein leises Köcheln.

Sieden Beim sprudelnden Kochen wird die Konsistenz gewisser Speisen zerstört, zum Beispiel bei mehligen Kartoffeln, wenn die Stärke sich ausdehnt. Sobald die Speise kocht, Temperatur so weit herunterschalten, dass sie nur noch leicht siedet. Einige stärkehaltige Speisen wie Nudeln und Reis kochen bei zu hoher Temperatur über. Ein Esslöffel Öl unterstützt die Oberflächenspannung.

Spezialtöpfe

Diese Töpfe sind wunderbar, wenn Sie die Lust überkommt, eine Zabaglione aufzuschlagen oder Karamel herzustellen. Zwar sind sie in der Regel teuer, aber es ist ein Vergnügen, mit Utensilien zu arbeiten, bei denen die Form so dicht der Funktion folgt.

Das Rund des Schlagkessels ist genau an den Rührbesen angepasst, mit dem man den Schaum aufschlägt. Der Fonduetopf ist so weit und flach, dass mehrere Personen gleichzeitig ihre Gabel eintauchen können.

1 Polentatopf Bei diesem schönen Kupfertopf, in Italien »paiolo« genannt, ist das eher mühselige Geschäft des Polentarührens nicht Arbeit, sondern Vergnügen. Der Topf wird schnell und gleichmäßig warm, der abgeschrägte Rand erleichtert das lange Rühren. Der wohlgeformte Holzstiel bleibt beim Rühren kühl und griffig. Der Topf ist nicht beschichtet und sollte deshalb vor und nach jedem Gebrauch mit Essig und Salz eingerieben werden (siehe »Baisers«, Seite 49).

2 Schlagkessel Der massive Kupfertopf ist zum Aufschlagen des warmen, cremigen Weinschaums bestimmt, der in Italien »zabaglione« und in Frankreich »sabayon« heißt. Auf kleiner Flamme oder im Turmkochtopf leitet das Kupfer die Wärme sanft und gleichmäßig, so dass die Proteine beim Schlagen langsam gerinnen. Die tiefe Schale erleichtert die schnellen Schaufelbewegungen beim Aufschlagen des Schaums.

3 Zuckerkocher Die schöne Kupferpfanne ist raffiniert auf die sehr hohen Temperaturen beim Zuckerkochen abgestimmt. Sie ist unbeschichtet, da eine herkömmliche Verzinnung schmelzen würde (siehe »Materialkunde«, Seite 8) und Zucker keine chemischen Reaktionen mit Kupfer zeigt. Man würde vielleicht erwarten, dass der Stiel aus Holz besteht, da dieses nicht heiß wird, es könnte jedoch bei den hohen Temperaturen verkohlen. Selbst Kochhandschuhe könnten Feuer fangen. Die Lösung des Problems ist der hohle Kupferstiel, in den Profiköche traditionell ein Stück Besenstiel stecken. Da der Stiel trichterförmig ist, kommt das Holz nur an einer kleinen Stelle in Kontakt mit dem heißen Metall, kann daher nicht anbrennen und verhindert, dass die Hitze an die Hände gelangt.

4 Saucenpfanne Die Pfanne, die man normalerweise nur in Profiküchen findet, besteht aus hochwertigem Edelstahl 18/10 (siehe »Materialkunde«, Seite 8). Zur optimalen Wärmeleitung reicht der Aluminiumkern nicht nur über den Boden, sondern ist bis in den Rand hochgezogen. Die Pfanne eignet sich für alle Brennstellen, auch für magnetische Induktionsherde.

Der abgerundete, leicht schräge Rand erleichtert das Rühren und Aufschlagen und verhindert Spritzer. Die Pfanne ist perfekt zum Reduzieren von Flüssigkeit, zum Bräunen von Fleisch und Sautieren von Gemüse.

5 Käsefonduetopf Beim traditionellen Käsefondue schmilzt man Käse und Wein zusammen im Topf über einer Flamme. Man spießt Brotstücke auf eine Gabel und taucht sie in den gemeinsamen Topf, der in Frankreich und der Schweiz »caquelon« heißt. Da Käse bei hoher Temperatur Fäden zieht, bestehen Töpfe fürs Käsefondue traditionell aus glasiertem Ton, der nur geringe Hitze verträgt. Fleischfonduetöpfe bestehen aus Metall. Fonduesets, in den siebziger Jahren beliebt und auf jeder Liste für Hochzeitsgeschenke vertreten, erleben offenbar ein Comeback.

Polenta: Grundrezept

Polenta ist ein Getreideprodukt mit mildem, angenehmen Geschmack. Es wird zu breiiger Konsistenz gekocht und warm wie Kartoffelbrei serviert oder abgekühlt und in Stücke geschnitten und dann knusprig gegrillt oder gebraten – köstlich, um aromatische Soßen und Säfte aufzutunken.

Polenta wird traditionell in einem Spezialtopf bereitet (siehe Seite 69), ersatzweise tut es ein großer Topf mit schwerem Boden. Die heiße Mischung blubbert kräftig beim Kochen, arbeiten Sie also mit einem langstieligen Holzlöffel.

Utensilien

Polentatopf oder großer Topf mit schwerem Boden

langstieliger Holzlöffel

Holzbrett oder breiter, flacher Topf

Streichpalette

Zutaten

1,5 Liter Wasser

1 TL Salz

300g Polenta

1 Wasser und Salz in Polentatopf oder großem Topf zum Kochen bringen, auf mittlere Temperatur herunterschalten. Mit einer Hand rühren, die andere zum Trichter formen und Polenta langsam einstreuen (a).

2 Weiter Polenta hinzu geben, dabei jedes Mal gründlich verrühren, dann weiter einstreuen. Traditionell rührt man Polenta nur in einer Richtung (b).

3 Am besten gelingt Polenta, wenn man sie bis zu 20 Minuten rührt. Vorsicht: Die heiße Mischung spritzt, wenn sie dicker wird, nach oben. Sie ist gar, wenn sie sich vom Topfrand löst (c).

4 Zum Servieren als Brei einfach in Serviergefäß geben. Ansonsten auf Brett oder in weiten, flachen Topf gießen, mit feuchter Streichpalette glätten und vor dem Braten oder Grillen fest werden lassen (d).

Gegrillte Polenta mit Pilzen, Sellerie und Salbei

Bei diesem Rezept bereitet man die Polenta etwas steifer als im Grundrezept, so lässt sie sich zum Braten und Grillen besser in Stücke schneiden. Nehmen Sie zwei oder drei verschiedene Sorten Zucht- oder Wildpilze, zum Beispiel Pfifferlinge, Maronen, Austern- oder Shiitakepilze.

Für 4–6 Personen als Vorspeise oder leichte Mahlzeit

Utensilien

- Polentatopf oder großer Topf mit schwerem Boden
- langstieliger Holzlöffel
- Grillpfanne 18 x 18cm
- Streichpalette
- Kochmesser
- Grillpfanne
- Backpinsel
- Pendelschäler
- kleine Bratpfanne
- Zange
- große Bratpfanne

Zutaten

- 500ml Wasser
- 1/2 TL Salz
- 125g Polenta
- 2 EL Olivenöl plus Öl zum Bestreichen der Polenta
- 2 EL Butter
- 2 EL gehackter frischer Salbei
- 100g Knollensellerie, geschält, in 1–5cm großen Würfeln
- 500g Mischpilze, große in mundgerechten Stücken
- 2 Knoblauchzehen, fein gehackt
- 1 EL gehackte glatte Petersilie
- etwas Zitronensaft
- 1 Prise Cayennepfeffer
- Meersalz und frisch gemahlener schwarzer Pfeffer
- kleine Salbeizweige zum Garnieren

1 Polenta kochen wie in Schritt 1–3 von »Polenta: Grundrezept« (linke Seite). Polenta in kleine, quadratische Grillpfanne gießen und Oberfläche mit feuchter Streichpalette glätten. Abkühlen lassen.

2 Grill auf großer Hitze vorheizen. Inzwischen Polenta in sechs Rechtecke schneiden, dann jedes Rechteck diagonal zu zwei Dreiecken halbieren. Von beiden Seiten mit Olivenöl bestreichen und in die Grillpfanne legen.

3 Je 1 Esslöffel Öl und Butter in kleiner Bratpfanne erhitzen. Hälfte des Salbei zugeben und ein paar Sekunden garen, um das Öl zu aromatisieren. Selleriewürfel zugeben und bei mittlerer Hitze einige Minuten garen. Mit Zange wenden, bis sie rundum leicht Farbe angenommen haben. Pfanne vom Feuer nehmen und beiseite stellen.

4 Je 1 Esslöffel Butter und Öl in großer Bratpfanne erhitzen. Restlichen Salbei einige Sekunden garen, dann Pilze zugeben. Bei mittlerer Hitze 7–9 Minuten unter ständigem Rühren garen, bis fast alle Flüssigkeit verdunstet ist. Bei Bedarf noch etwas Öl angießen.

5 Während die Pilze garen, Polentastücke grillen, bis sie an den Rändern goldgelb und knusprig sind, dann wenden und andere Seite grillen.

6 Polenta im Auge behalten. Inhalt der Selleriepfanne zu den Pilzen geben, Knoblauch zugeben. Noch eine Minute garen, dann Petersilie, Zitronensaft und Gewürze zugeben.

7 Polentadreiecke auf die Teller verteilen und Pilzmischung darüber geben. Mit Salbeizweigen garnieren.

Kaffee …

Im Grunde besteht Kaffeekochen nur darin, kochendes oder beinahe kochendes Wasser über frisch gemahlene Bohnen zu gießen und ziehen zu lassen. In neun Jahrhunderten Kaffeekultur hat sich das Kochzubehör jedoch weiter entwickelt. Trotz der großen Auswahl gibt es nicht die eine, beste Art der Kaffeezubereitung. Ob Sie den Tag im Blitzstart mit einem Espressoschock beginnen oder es lieber mild und milchig mögen – die beste Methode ist die, die Ihnen am besten gefällt.

1

1 Kaffeemaschine Die elektrische Maschine besitzt einen praktischen, ausschwenkbaren Filterhalter, der auf Knopfdruck funktioniert, und einen von vorne füllbaren Wasserbehälter.

Der trichterförmige Filter wird mit fein gemahlenem Kaffee gefüllt, das kochende Wasser tropft durch den Filter in die Kanne. Durch die Trichterform wird das Kaffeemehl rasch mit Wasser durchtränkt, der feinporige Filter verringert die Tropfgeschwindigkeit und absorbiert einiges von den im Kaffee enthaltenen Ölen. So ist das Gebräu leicht und klar, es fehlt ihm aber an Substanz.

2 Perkolator Dieses Gerät ist fast schon ein Museumsstück. Das kochende Wasser wird durch ein hohles Steigrohr nach oben getrieben und ergießt sich über das Kaffeemehl, das oben am Rohr in einem Lochbehälter sitzt. Das Wasser tropft wieder nach unten in die Kanne und kocht und zirkuliert so lange, bis die Kontrollleuchte meldet, dass der Kaffee fertig ist. Diese Maschine produziert einen etwas bitteren Kaffee, der aber dennoch seine Freunde hat.

Espressobereiter
4 Die traditionelle Aluminiummaschine wird auf die Herdplatte gesetzt. Man füllt das untere Behältnis mit Wasser, setzt einen trichterförmigen Behälter ein und füllt ihn mit mittelfein gemahlenem Kaffee. Dann werden Ober- und Unterteil zusammengeschraubt. Beim Erhitzen werden Wasser und Dampf durch den Kaffee und weiter durch ein dünnes Steigrohr in das obere Behältnis gepresst. Nun ergießt sich ein Gebräu mit hoher Oktanzahl durch das Steigrohr ins obere Behältnis.
5 Der »Designer«-Espressobereiter funktioniert ähnlich, nur schießt der Kaffee durch ein abwärts gebogenes Rohr in die Tasse.

2

6 Pressstab-/Pressfilterkanne Eine der einfachsten Methoden für gehaltvollen Kaffee. Kochendes Wasser wird über grob gemahlenen Kaffee am Boden des Glasbechers gegossen. Fünf Minuten ziehen lassen, dann den Stab mit den beiden Filterscheiben herunterdrücken. So bleibt das Kaffeemehl beim Gießen auf dem Boden des Gefäßes. Achten Sie beim Kauf darauf, dass die Scheiben dicht am Gefäßrand anliegen, sonst dringt an den Rändern Kaffeemehl durch. Ein Nachteil ist, dass der Kaffee beim Ziehen abkühlt. Um das zu verhindern, kann man einen Kaffeewärmer benutzen; neuere Modelle haben ein Acrylgehäuse, das die Wärme besser hält.

3 Milchschaumtopf Für den typischen Milchschaum auf dem Cappuccino füllt man das Gefäß zur Hälfte mit Milch, erhitzt sie fast bis zum Kochen, setzt dann den Deckel auf und »schlägt« etwa 30 Sekunden lang mit dem Rührstab.

3

4

5

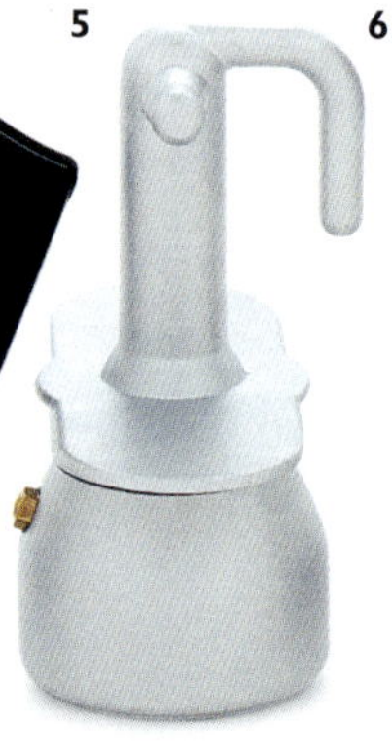

6

... und Tee

Wie für Kaffee benötigt man auch für richtig zubereiteten Tee sauber schmeckendes, frisches, gekochtes Wasser. Ein Kessel muss her – Wasser kocht zwar im Topf genauso gut, aber das ist einfach nicht dasselbe. Aus der Kesseltülle lässt sich besser gießen, und im geschlossenen Gefäß kocht das Wasser schneller; das spart Energie.

Es gab einmal eine Zeit, da war ein Kessel einfach ein Kessel; heute gibt es verschiedenste Modelle. Wollen Sie den Kessel auf dem Herd benutzen, nehmen Sie einen mit breitem, flachen Boden, damit das Kochen schneller geht. Der Griff sollte ein Stück über dem Deckel sitzen, die Tülle den Dampf von der Hand weg leiten. Möchten Sie einen elektrischen Wasserkocher, bedenken Sie, dass hohe, schmale Geräte weniger Wasser benötigen, damit die Kochfläche bedeckt ist; es kocht also schneller und mit weniger Stromverbrauch als kesselförmige Modelle.

Zweifellos schmeckt Tee besser, wenn man lose Blätter fünf Minuten in der Kanne ziehen lässt, als wenn man hastig einen Teebeutel in der Tasse ausdrückt. Wie Kessel gibt es auch Teekannen in den verschiedensten Designs. Offenbar schmeckt Tee besser, wenn man ihn in einer glasierten Porzellan- oder Tonkanne zubereitet. Glas- und Edelstahlkannen leisten ebenfalls gute Dienste, sind aber teurer.

Unabhängig vom Material sind drei Dinge zu beachten: eine nicht tropfende Tülle, ein Deckel, der beim Einschenken bis zur letzten Tasse auf der Kanne bleibt, und ein genügend großer Henkel, damit die Knöchel nicht mit der Kanne in Berührung kommen.

1

2

3

1 Flötenkessel Der Alessi-Wasserkessel mit Vogel, 1985 entworfen, ist mittlerweile eine Art Ikone des modernen Designs. Er hat alles, was ein Kessel haben muss: einen breiten, dicken Boden, einen griffigen, hitzebeständigen Henkel, der die Hand vom Dampf fern hält, und einen fröhlichen Pfeifton.

2 Wasserkocher »Cordless« Der elektrische Wasserkocher wirkt elegant und ist praktisch. Er hängt nicht an einem störenden Kabel und sieht so gut aus, dass er selbst in die gestylteste Umgebung passt. Dank der durchsichtigen Anzeige lässt sich die Wassermenge leicht dosieren.

3 Traditioneller Kessel Der anheimelnd wirkende Kessel besteht aus emailliertem Stahl. Es gibt ihn in verschiedenen kräftigen Farben, außerdem in Schwarz und Weiß. Griff und Knauf sind hitzebeständig. Der plangeschliffene Boden ist für alle Herdtypen geeignet, auch für Induktionsherde und für durchgehende Heizplatten.

4 Porzellanteekanne Die klassische weiße Porzellankanne hat eine nette, dicke Tülle, einen runden Knauf am Deckel und einen großzügig geschwungenen Henkel.

4

5

5 Glasteekanne Die elegante Teekanne funktioniert nach dem gleichen Prinzip wie Pressstabkannen für Kaffee. Die Teeblätter ziehen in einem Lochbehälter. Wenn der Tee die richtige Farbe hat, drückt man den Stab herunter und nimmt den Einsatz heraus.

Einsätze und Aufsätze

Dämpfen und Dünsten sind wunderbar simple Garmethoden zur Entfaltung natürlicher Aromen. Gedämpfte Speisen sind oft eine willkommene Abwechslung nach allzu viel Holzkohlengrill, Kurzgebratenem und Fritiertem. Wollen Sie sich fettarm ernähren, sollten Sie es auf jeden Fall mit Gedämpftem versuchen, und wenn Sie auf beengtem Platz kochen müssen oder keinen Backofen besitzen, ist das Dämpfen oft die Rettung; die Chinesen wissen das schon seit Jahrhunderten.

Dünsten ist ein Mittelding zwischen Kochen und Dämpfen. Man legt Speisen wie Huhn oder Fisch auf einem Gitter in den Topf, gibt so viel Flüssigkeit zu, dass der Boden gerade bedeckt ist, und lässt sie unter leichtem Köcheln knapp garziehen. Die Speisen bleiben wunderbar saftig und bewahren, da sie nicht stark gekocht haben, ihre Form.

Wie der Name schon sagt, garen die Speisen im Dampf einer kochenden Flüssigkeit; das kann Wasser, Brühe oder Wein sein. Praktisch jede Speise lässt sich dämpfen: Fleisch, Geflügel, Meeresfrüchte oder Gemüse. Vor allem die asiatischen Küchen – die thailändische, japanische und chinesische – haben diese Technik perfektioniert. Die Speisen werden auf einem Teller oder in einem Lochbehälter über die Flüssigkeit gesetzt, durch Zudecken wird der Dampf aufgefangen. Da die Speise keinen direkten Kontakt mit der Flüssigkeit hat, gehen weniger Nährstoffe verloren. Dämpft man mit Wasser, nimmt es Geschmack an und lässt sich für Saucen oder zum Reis-Kochen verwenden.

Wenn Sie noch nie etwas gedämpft haben, fangen Sie mit einem Universal-Dämpfeinsatz oder einem Reformsieder an. Später leisten Sie sich vielleicht einen kostspieligeren Turmkochtopf. Manche Teile wie Fisch- oder Spargeltöpfe sind teuer, und die Anschaffung lohnt sich nur, wenn man sie häufig benutzt.

2 Dreistöckiger Turmkochtopf Im Dämpfset mit 20cm Durchmesser lassen sich komplette Mahlzeiten zubereiten. Es besteht aus hochwertigem Edelstahl 18/10; der untere Topf hat einen dicken, plangeschliffenen Boden zur optimalen Wärmeleitung und ist für sämtliche Herde, auch Induktionsherde, geeignet. Im unteren Topf kann ein Schmorgericht köcheln, im mittleren werden große Gemüse wie Blumenkohl gedämpft, im oberen kleinere Gemüse. Der Deckel passt auf alle drei Teile.

1 Couscous-Topf Im zweistöckigen Aluminiumtopf bereitet man das nordafrikanische Griesgericht Couscous zu. Im unteren Topf garen Fleisch, Geflügel oder Gemüse in aromatischer Brühe, von dort dringt Dampf durch den Lochboden des oberen Topfs und gart das Couscous.

3 Bambuskörbe Die hübschen chinesischen Dämpfkörbe eignen sich für verschiedene Speisen, darunter ganze Fische, Geflügelteile oder Klöße. Es gibt sie in unterschiedlichen Größen, und man kann sie im Wok oder Topf mit kochendem Wasser so hoch stapeln, wie man will. Neue Körbe sollten 15 Minuten einweichen, damit der Bambusgeschmack verschwindet.

4

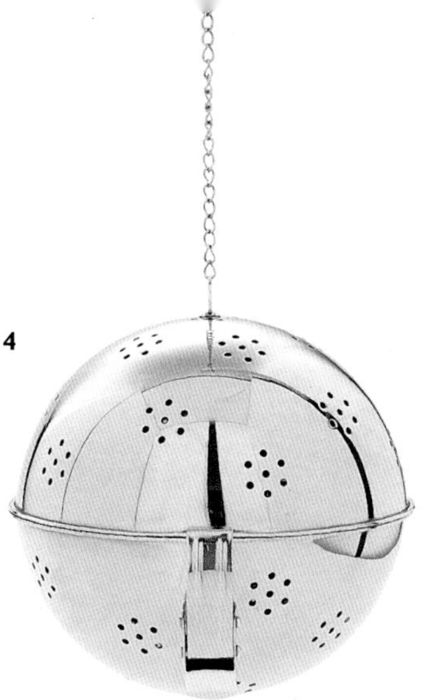

4 Reiskugel Sparen Sie sich das Spülen, und kochen Sie Reis in der perforierten Kugel. Die Löcher sind so klein, dass auch ungekochte Reiskörner nicht durchfallen. Man darf die Kugel auf keinen Fall zu voll machen, da sich Reis beim Kochen auf das doppelte Volumen ausdehnt. Die Kette hat am Ende einen Haken und lässt sich seitlich am Topf einhängen.

5 Dünsteinsatz Das klassische englische Modell hat sich seit 1860 kaum verändert. Der Einsatz steht in einem Topf mit köchelndem Wasser auf dem Boden, darauf ein kleinerer Topf oder eine Schüssel, quasi ein improvisiertes Wasserbad. Durch die Rillen steht der Topf sicher auf dem Einsatz, der auch als Untersetzer für heiße Töpfe auf der Arbeitsplatte dienen kann.

5

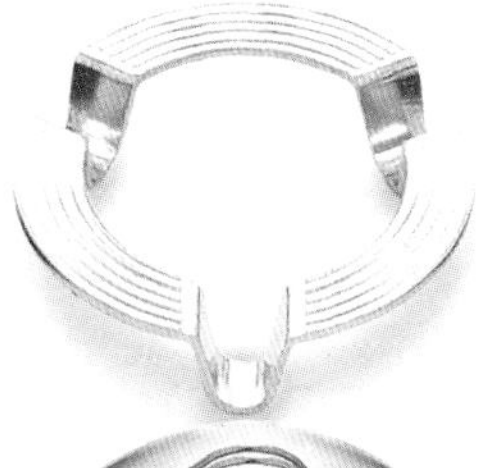

6 Christmas-Pudding-Dünster Perfekt für den traditionellen englischen Christmas Pudding, der für uns eher ein Kuchen ist. Durch die oberen Löcher entweicht Dampf. Man hängt den Dünster an den Stiel eines Holzlöffels und legt diesen quer über den Topf.

6

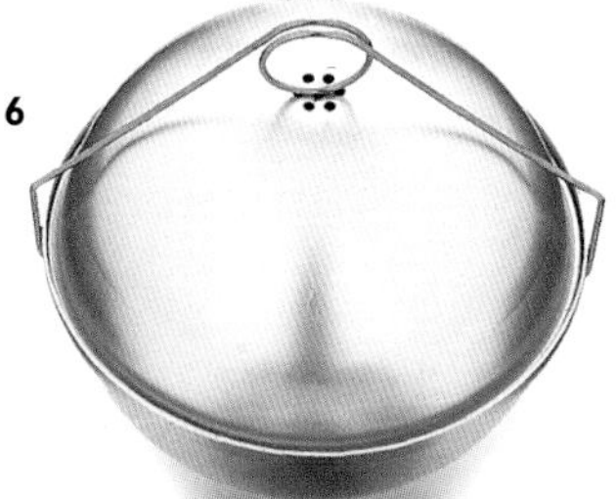

7 Reformsieder Das kompakte Edelstahlteil passt in die meisten Töpfe und lässt sich wie eine Blüte öffnen. Durch die Perforationen und die Zwischenräume dringt der Dampf überall ein, und Füße halten die Speisen vom kochenden Wasser fern. Der Mittelstab ist bei der Anordnung bisweilen hinderlich, es gibt allerdings auch Modelle mit abnehmbarem Stab. Der Reformsieder ist in zwei Größen erhältlich, verstellbar von 14 bis 22,5cm oder von 17,5 bis 27,5cm.

7

8

8 Spargeltopf Manche Köche sind der Meinung, wenn die Spargelstangen gar seien, seien die Köpfe bereits zu weich. Bei diesem hohen, schmalen Topf steht der Spargel senkrecht im kochenden Wasser, die Köpfe garen im Dampf. Wenn Sie sich allerdings an knackigen Stangen nicht stören, können Sie den Spargel auch einfach flach in einen normalen Topf legen.

9

9 Fischtopf Kleine oder mittelgroße Fische lassen sich in jedem Topf dünsten, in den ein Einsatz passt, große, runde Fisch wie Lachs hingegen brauchen einen länglichen Topf, in dem der Fisch flach liegen kann. Der Fisch wird auf einen länglichen Locheinsatz mit zwei Griffen gelegt, der sich leicht aus dem Topf heben lässt. Einige Fischtöpfe sind so gross, dass sie zwei Herdplatten beanspruchen. Es gibt auch einen prächtigen Topf speziell für Plattfische wie Heilbutt und Steinbutt.

10

10 Eierkochtopf Hier werden die Eier im Dampf gegart. Der tolle Topf kocht nicht nur tadellos Eier, sondern dient ohne Einsatz auch als antihaftbeschichtete Sauteuse. Er besteht aus hochwertigem Edelstahl 18/10 (siehe Materialkunde, Seite 8), hat herausnehmbare Eierhalter und einen 5mm dicken Schichtboden, der für alle Herde geeignet ist.

11

11 Universal-Dämpfeinsatz Setzen Sie den gestuften Lochboden in einen beliebigen Topf, und schon besitzen Sie einen Dämpftopf für Gemüse, Fisch, Fleisch oder Geflügel. Ein unentbehrliches Utensil.

Tunesisches Couscous mit Kräutern, roter Paprika und Knoblauch

Das Rezept für dieses traditionelle tunesische Gericht stammt von Paula Wolferts, einer preisgekrönten amerikanischen Kochbuchautorin, die sich auf die Küche des Mittelmeerraums und des Nahen Ostens spezialisiert hat. Dill-, Fenchel- und Sellerieblätter, rote Paprikaflocken und Gewürze ergeben ein leichtes, leckeres Couscous. Wenn Sie keinen original nordafrikanischen Couscous-Topf besitzen (siehe Seite 74), nehmen Sie einen großen Topf mit fest abschließendem Dämpfeinsatz. Falls Fenchelblätter schwer zu finden sind, nehmen Sie mehr Dill. Tabil ist eine tunesische Gewürzpaste; es gibt sie in türkischen oder afrikanischen Lebensmittelläden.

Für 6 Portionen

Utensilien

Kochmesser oder Wiegemesser

Knoblauchpresse

Schälmesser

Couscous-Topf oder großer Topf mit Dämpfeinsatz

große Bratpfanne

Holzlöffel oder Bratenwender

große Gabel

Zange

Zutaten

3 EL gehackter Dill

3 EL gehackte Fenchelblätter

6 EL gehackte glatte Petersilie

eine Hand voll gehackte Sellerieblätter

eine Hand voll gehackte Karottenblätter

1 große Frühlingszwiebel in dünnen Scheiben

½ kleine Lauchstange in dünnen Scheiben

8 EL Olivenöl

1 kleine Zwiebel, gehackt

3 EL Tomatenmark

5 große Knoblauchzehen, zerdrückt

2 TL Paprika edelsüß

2 TL Salz, nach Geschmack mehr

2 TL gemahlener Koriander oder Tabil

1 TL gemahlener Kümmel

1½–2 TL getrocknete rote Paprikaflocken, vorzugsweise Aleppo- oder türkischer Paprika

450ml Wasser

450g Couscous medium (moyen)

1 frische grüne Chilischote ohne Stiel und Kerne, fein gehackt

1 rote Paprikaschote ohne Stiel und Kerne, in sechs Stücke geschnitten

6 ganze geschälte Knoblauchzehen

1 Boden des Couscous- oder Kochtopfs mit Wasser bedecken und zum Kochen bringen. Dämpfeinsatz einlegen. Alle grünen Blätter, Frühlingszwiebel und Lauch einlegen und zugedeckt 30 Minuten dämpfen (a).

2 Vom Feuer nehmen und ohne Deckel abkühlen lassen. Dann überschüssige Flüssigkeit ausdrücken und beiseite stellen.

3 Öl in großer Pfanne erhitzen und Zwiebel zugeben. Auf kleiner Hitze 2–3 Minuten weich garen, dann Tomatenmark zugeben. Unter Rühren garen, bis das Mark glänzt.

4 Zerdrückten Knoblauch, Paprika, Salz, Koriander oder Tabil, Kümmel und rote Paprikaflocken zugeben. Auf kleiner Flamme durchgaren. 225ml Wasser angießen und zugedeckt 15 Minuten garen.

5 Pfanne vom Feuer nehmen. Trockenes Couscous in die Pfanne geben und gut verrühren (b). Gedämpfte Kräuter, Lauch und Frühlingszwiebel zugeben und gut verrühren. Grüne Chilischote, Paprikastücke und Knoblauchzehen unterheben.

6 Wasser in Couscous- oder Kochtopf nachfüllen und zum Kochen bringen. Dämpfeinsatz einlegen. Pfanneninhalt zugeben und zugedeckt 30 Minuten dämpfen (c).

7 Couscous in große vorgewärmte Servierschüssel geben. Klumpen mit großer Gabel trennen. Mit Zange ganze Knoblauchzehen und Paprikastücke herausnehmen und beiseite stellen.

8 125ml Wasser ins Couscous einrühren, abschmecken und mit Folie abdecken. Vor dem Servieren 10 Minuten bei niedriger Hitze in Backofen stellen.

9 Couscous mit roten Paprikastücken und ganzen Knoblauchzehen garnieren und dann servieren. Als Getränk passt Buttermilch dazu.

Gedämpfter Lachs mit Ingwer, Frühlingszwiebeln und Pak Choi

Dieses beruhigende, leicht verdauliche Gericht wird auf einem Dünsteinsatz im Wok gedämpft und ist ideal, wenn man gestresst ist oder unter Zeitdruck Gäste bewirtet. Dazu wird einfach gekochter weißer Reis gereicht. Der Fisch sollte sehr frisch sein.

Für 4 Portionen

Utensilien

Schälmesser

feuerfeste Platte mit 23cm Durchmesser

Dünsteinsatz

Alufolie

Wok mit Deckel

zweiter Wok oder große, schwere Bratpfanne

Fischbackschaufel

kleiner Topf

Zutaten

4 Lachssteaks oder -koteletts, je ca. 2,5cm dick

2 TL fein gehackte frische Ingwerwurzel

2 EL Reiswein oder trockener Sherry

1 EL Sojasauce

1/2 TL Salz

4 EL Erdnussöl

2 große Frühlingszwiebeln mit Grün, kleingeschnitten, das Grüne und Weiße getrennt

3 Köpfe Pak Choi, längs geviertelt

etwas Limettensaft

grob gemahlener schwarzer Pfeffer

2 TL Sesamöl

1 Lachssteaks abspülen, mit Küchenpapier trocken tupfen und nebeneinander auf feuerfeste Platte legen.

2 Ingwerwurzel, Reiswein oder trockenen Sherry, Sojasauce und Salz verrühren. Fisch damit beträufeln und einreiben. 20 Minuten ziehen lassen, dabei einmal wenden.

3 Dünsteinsatz in Wok setzen und so viel Wasser einfüllen, dass der Einsatz halb im Wasser steht. Zum Kochen bringen, Fischplatte auf Dünsteinsatz stellen und lose mit Folie bedecken. Hitze regulieren, so dass das Wasser gerade siedet, und Deckel auf Wok legen. 10–15 Minuten dämpfen, bis der Fisch weiß wird und sich gerade die Haut ablöst.

4 Währenddessen 2 Esslöffel Erdnussöl in zweitem Wok oder großer, schwerer Bratpfanne erhitzen. Wenn das Öl fast raucht, das Weiße der Frühlingszwiebeln 30 Sekunden anbraten. Pak Choi zugeben und 4–5 Minuten unter Rühren garen, bis die Stängel zart, aber noch knackig sind. Frischgepressten Limettensaft zugeben. In kleinen Häufchen auf vier vorgewärmten Tellern anrichten.

Dämpfen im Wok Sie brauchen einen Metall- oder Holz-Dünsteinsatz (siehe Seite 75) und einen Domdeckel, wie er häufig zu Woksets gehört. Die Speisen werden auf einer feuerfesten Platte gegart, die man auf den unten im Wok stehenden Dünsteinsatz stellt. Wer mag, kann wie auf dem Foto Speisen wie kleine Hühnerbrüste oder Fischsteaks in Pergamentpapier wickeln. Alternativ stapelt man Bambuskörbe (siehe Seite 74) auf dem Einsatz; das geht auch im normalen Topf.

5 Fischstücke mit Fischbackschaufel vorsichtig aus dem Wok heben und auf Pak Choi legen. Das Grüne der Frühlingszwiebeln darauf geben und Pfeffer darüber mahlen.

6 Sesamöl und restliche 2 Esslöffel Erdnussöl in kleinem Topf erhitzen. Sehr heiß über Frühlingszwiebeln und Fisch gießen. Sofort servieren.

Braten und Grillen

Bratpfannen

Form, Größe und Material einer Bratpfanne haben entscheidenden Einfluss auf den Kochvorgang und die fertige Speise. Die Auswahl ist riesig, also überlegen Sie vor dem Kauf gut, welche Art von Speisen Sie auf welchem Herdtyp kochen.

Die unterschiedlichen Pfannenformen dienen unterschiedlichen Zwecken: hohe Pfannen verhindern Spritzer, ein abgerundeter, schräger Rand bietet Platz für Löffel und Spatel und erleichtert das Umrühren, bei niedrigem Rand gleitet der Inhalt mühelos aus der Pfanne. Ebenso wichtig ist die Größe. Kleine Speisemengen trocknen in zu großen Pfannen aus und brennen an, die Säfte breiten sich zu sehr aus und verdunsten. Wenn Sie andererseits zu viel in eine Pfanne füllen, kocht und dünstet das Gericht, statt braun und knusprig zu werden.

1 Runde Bratpfanne Der stark abgeschrägte Rand ermöglicht ein müheloses Arbeiten mit dem Spatel, durch den großen Durchmesser kommen die Speisen großflächig mit der Hitze in Berührung. Die Pfanne besteht aus formbeständigem Aluminiumguss mit hochwertiger Antihaftbeschichtung aus Silverstone® und Edelstahlstiel.

1

2 Wok Im Wok arbeitet man unter ständigem Rühren bei großer Hitze, durch die konische Form fallen die Speisen immer wieder in die Mitte, wo die Hitze am stärksten ist. Da die Speisen während des Garens ständig in Bewegung sind, braucht man viel weniger Öl, weshalb diese Garmethode sehr gesund ist. Woks mit rundem Boden eignen sich für Gasflammen, für Elektroplatten oder Keramikkochfelder ist ein leicht abgeflachter Boden besser. Dieser hat Holzgriffe, die auch bei starker Hitzeentwicklung nicht heiß werden.

3

2

3 Quadratische Bratpfanne mit Rippen Die Pfanne mit geripptem Boden ist ein Mittelding zwischen Bratpfanne und Grillpfanne. Die Speisen liegen nicht im Fett, Steaks und Koteletts bekommen appetitliche Streifen. Sie stammt aus der gleichen Serie wie die Bratpfanne (1) und besteht aus Aluminiumguss mit robuster Beschichtung.

4

4 Edelstahl-Sauteuse Die Pfanne aus hochwertigem Edelstahl 18/10 (siehe »Materialkunde«, Seite 8) hat einen dicken Speicherboden, der die Wärme optimal leitet. Durch den großen Durchmesser und den hohen, geraden Rand lassen sich Geflügelteile oder große Kartoffelmengen leicht und schnell ohne allzu viel Fett braten. Der hohe Rand verhindert, dass beim Wenden und Schütteln etwas herausfällt. Sobald die Speisen gleichmäßig angebräunt sind, kann man die Pfanne teilweise oder ganz zudecken, so dass der Inhalt langsamer weiter gart.

Welches Metall? Beim Braten müssen Speisen schnell und gleichmäßig erhitzt werden, daher bestehen die besten Pfannen aus schwerem Metall mit guter Wärmeleitung (siehe »Materialkunde«, Seite 8). Kupferpfannen mit Zinn- oder Edelstahlbeschichtung sind hervorragend, aber auch sehr teuer. Zu den besten Materialien gehört schwerer oder mittelschwerer ionisierter Aluminiumguss; leichte Pfannen verziehen sich oder leiten die Hitze ungleichmäßig. Edelstahl sieht großartig aus und ist pflegeleicht, aber ein schlechter Wärmeleiter. In Kombination mit einer dicken Kupfer- oder Aluminiumschicht hingegen ist es kaum zu schlagen.

Gusseisen ist schwer und erwärmt sich langsam, hält aber dann die Temperatur und leitet die Wärme gleichmäßig. Eine kleine Gusseisenpfanne ist praktisch, um Gewürze im Ganzen zu rösten, bevor Sie aber eine größere kaufen, probieren Sie aus, ob Sie sie auch heben können – besonders, wenn Sie schwache Handgelenke haben.

Schwerer, unbehandelter Rohstahl wäre eine Alternative. Er muss eingeölt werden, und mit der Zeit entsteht eine dicke Patina, bei der nichts mehr anbrennt. Bis dahin muss man ihn sorgfältig pflegen, damit er nicht rostet. Unbehandelte Stahlpfannen sollte man nie spülen, sondern einfach sauber wischen und einölen.

Beschichtete Pfannen sind in den letzten Jahren viel besser geworden, und die Anschaffung lohnt sich, nicht nur, weil sie einfach zu reinigen sind. Eine beschichtete Bratpfanne verringert nämlich nicht nur den Fettverbrauch, sondern bringt auch den Eigengeschmack der Speisen zur Geltung.

Kaufhilfe: Bratpfannen Kaufen Sie für die Grundausstattung zwei oder drei runde Mehrzweckpfannen mit schwerem Boden: eine mit einem Bodendurchmesser von 25–28cm, eine mit 20–23cm und vielleicht eine dritte mit 18-cm-Boden – unentbehrlich zum Braten für eine Person. Außerdem eventuell eine große Sauteuse mit hohem Rand und Deckel für Geflügelteile oder Schmorkartoffeln. Eine kleinere Pfanne mit schrägem Rand ist unentbehrlich für Omelettes oder Crêpes. Wenn Sie gern unter Rühren braten, brauchen Sie außerdem einen Wok, ersatzweise eine Bratpfanne mit schwerem Boden.

Achten Sie beim Kauf einer neuen Pfanne darauf, dass der Stiel fest angeschmiedet oder vernietet ist. Sehr große Pfannen lassen sich mit einem Hilfsgriff gegenüber dem Stiel leichter heben. Manche Stielpfannen sind aus einem Stück geschmiedet. So sitzt der Stiel zwar fest, wird aber heißer als angesetzte Stiele.

5 Spritzschutz Beim Braten spritzt Fett, vor allem, wenn man feuchte Speisen ins heiße Öl gibt (Speisen vor dem Braten immer trocken tupfen). Stülpt man diesen feinmaschigen Schutz über die Pfanne, bleibt das Fett da, wo es hingehört.

6 Hart ionisierte Aluminiumpfanne Die 20-cm-Pfanne ist unentbehrlich für Soloköche. Sie hat eine einzigartige, langlebige Beschichtung mit feingerippter Oberfläche. Der flache Boden ist für alle Brennstellen geeignet.

5

6

7 Stahl-Omelettepfanne Der glatte, schräge Rand und der flache Boden erlauben geschicktes Hantieren bei der Zubereitung perfekter Omelettes. Die Pfanne aus unbehandeltem Stahl verdient Respekt – benutzen Sie sie nur für Omelettes und Crêpes, und gehen Sie pfleglich damit um.

7

8 Profipfanne aus hart ionisiertem Aluminium Die unentbehrliche Pfanne dient als Wok oder mit dem hitzebeständigen Glasdeckel als Schmortopf. Sie hat einen schweren Schichtboden zur optimalen Wärmeleitung, eine robust beschichtete Innenseite und zwei Edelstahlgriffe zum bequemen Anheben.

8

Für Fortgeschrittene

Diese Pfannen sind für bestimmte Zwecke maßgeschneidert. Einige sind teuer, und alle beanspruchen wertvollen Stauraum. Schaffen Sie sie nur an, wenn Sie die Speisen, für die sie bestimmt sind, regelmäßig zubereiten oder zumindest zubereiten wollen. Andererseits: Wenn Sie eine ovale Fischpfanne kaufen, essen Sie vielleicht öfter Fisch, was ja auch nicht schlecht ist, und die Kastanienpfanne wäre in der Weihnachtszeit wunderbar ...

1 Crêpe-/Pfannkuchenpfanne Mit dieser schweren Aluminiumpfanne mit robuster Silverstone®-Beschichtung werfen Sie Pfannkuchen in die Luft wie ein Profi. Auf dem glatten 25-cm-Boden breitet sich der Teig beim Drehen der Pfanne dünn und gleichmäßig aus, und der flache Rand erleichtert das Wenden.

2 Ovale Pfanne Die hervorragende schwere Pfanne ist genau richtig, um zwei oder drei dicke Fische perfekt knusprig zu braten. Dank der Beschichtung kommt man mit sehr wenig Fett aus, und die Fischhaut hängt nicht an. Die Pfanne lässt sich in Sekundenschnelle reinigen.

3 Fajita-Pfanne In der ovalen Pfanne brät man jenes Rindfleischstück (Hüftsteak; »fajo« heißt Gürtel), nach dem das Gericht benannt ist. Die Pfanne aus hart ionisiertem Aluminium erreicht rasch die benötigte Temperatur. Der stark abgeschrägte, flache Rand erleichtert das Wenden und Auftragen.

4

4 Blini-Pfanne Die hübsche 12-cm-Pfanne stammt aus der gleichen Profi-Serie wie die Crêpepfanne. Der glatte, rundgezogene Rand unterstützt das Aufgehen des Hefeteigs. Der Stiel ist so lang, dass die Hand vor Hitze geschützt ist.

5

5 Pförtchenpfanne In der robusten Gusseisenpfanne mit den sieben runden Vertiefungen bereitet man perfekt »aebleskiver« (dänische Apfelringe). Gusseisen leitet und hält die Hitze so gut, dass das Gebäck auch in der Mitte gar wird.

6 Karhai (Indischer Wok) Der Karhai ist genauso vielseitig wie ein chinesischer Wok. Man kann darin braten oder bei aufgelegtem Deckel Fleisch, Geflügel, Meeresfrüchte und Hülsenfrüchte langsam garen. Der Karhai besteht aus schwerem Kohlenstoffstahl mit Xylan®-Beschichtung; an den nach oben gebogenen Griffen trägt man ihn zum Tisch.

6

8 Kastanienpfanne In der breiten, flachen Pfanne, mehr zum Rösten als zum Braten gedacht, röstet man Kastanien über offenem Feuer oder einer Gasflamme. Durch die großen Löcher sind die Schalen den Flammen ausgesetzt und verkohlen, das Innere dagegen bleibt saftig. Es gibt keinen schöneren Zeitvertreib für einen Winterabend.

7

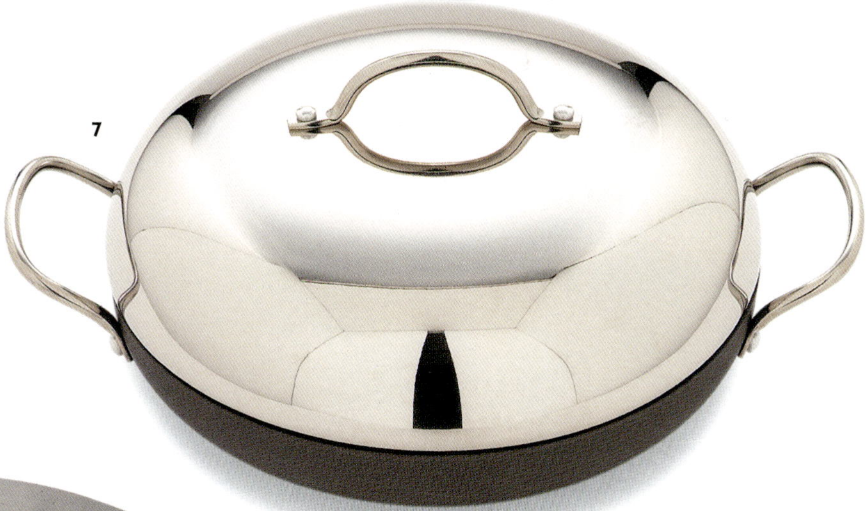

8

7 Paella-Pfanne Die geräumige Pfanne fasst alle Paella-Zutaten. Sie besteht aus hart ionisiertem Aluminium, das sich schnell erhitzt, und hat einen rundgezogenen, abgeschrägten Rand; so lassen sich Huhn, Chorizo und Meeresfrüchte leicht sautieren und Reis einrühren. Der dicke Schichtboden und die gerippte, antihaftbeschichtete Oberfläche verhindern das Anbrennen, unter dem wunderschönen Edelstahl-Domdeckel sammelt sich der Dampf und hält die Speise feucht. Die Pfanne hat die üblichen zwei Griffe, an denen man sie sicher zum Tisch trägt.

Jakobsmuschel-Shiitake-Pfanne

Ein Beitrag von Raymond Blanc, der als einer der weltbesten Köche gilt. Das Rezept spiegelt seine Vorliebe für frische, hochwertige Produkte und unverfälschte Aromen. Das Gericht ist eine wunderbare Mischung aus süß und sauer, weich und knusprig. Es wird in einer beschichteten Profipfanne (siehe Seite 81) zubereitet, die, in Raymonds Worten, »auf den Punkt bringt, wo wir heute mit der Kochkunst stehen. Design, Gewicht und Wärmeleitung sind hervorragend. Ich liebe den Glasdeckel, weil ich gerne sehe, was in der Pfanne passiert.«

Für 4 Portionen als Vorspeise oder leichte Mahlzeit

Utensilien	Zutaten
Schüsseln	12 große Jakobsmuscheln mit Rogen
Kochmesser	2 EL Sesamöl
Schälmesser	3 EL Erdnussöl
Zitruspresse	200g kleine Shiitake-Pilze
große beschichtete Profipfanne oder Wok	2 kleine Pak Choi, Blätter im Ganzen, Stängel in 2cm langen Stücken
langstieliger Holzlöffel oder Woklöffel	150g Zuckererbsenschoten, der Länge nach halbiert
	3cm langes Stück frische Ingwerwurzel, fein gehackt
	2 Knoblauchzehen, fein gehackt
	Saft einer ungespritzten Limette
	Salz und frisch gemahlener schwarzer Pfeffer

1 Jakobsmuscheln halbieren, Rogen in drei Teile schneiden.

2 Öle in hoher Pfanne oder Wok erhitzen, Muscheln und Rogen zugeben und eine Minute bei größter Hitze anbraten.

3 Pilze, Pak-Choi-Stängel und Zuckererbsen zugeben und einige Minuten unter Rühren braten.

4 Ingwer, Knoblauch, Pak-Choi-Blätter und etwas Wasser einrühren und alles 1–2 Minuten unter Rühren garen bis die Blätter zusammenfallen.

5 Limettensaft zugeben, abschmecken und auf vier große, vorgewärmte Teller verteilen.

Varianten Seeteufel ist ein hervorragender Ersatz für die Muscheln, und wenn Sie keinen Pak Choi bekommen, nehmen Sie Chinakohl, Choy Sum oder Spinat. Mögen Sie keine Shiitake-Pilze, passt auch jeder andere Pilz.

Huhn in roter Parikasauce

Das Rezept für das farbenfrohe Geflügelgericht stammt von Madhur Jaffrey, Bestsellerautor und Spezialist für die indische Küche. Das Gericht wird komplett im Karhai gekocht (siehe Seite 83) – einer vielseitigen, dem chinesischen Wok verwandten Pfanne, perfekt zum Braten unter Rühren, zum Fritieren und langsamen Schmoren.

Für 4 Portionen

Utensilien

Kochmesser
Schälmesser
Mixer oder Blender
Gummi- oder Kunststoffspatel
Karhai oder Wok mit Deckel
Zitruspresse

Zutaten

1/2 große Zwiebel, grob gehackt
2,5-cm-Würfel frische Ingwerwurzel, grob gehackt
3 Knoblauchzehen
25g gebrühte Mandeln in Blättchen
2 rote Paprika, entkernt und grob gehackt
1 EL gemahlener Kreuzkümmel
2 TL gemahlener Koriander
1/2 TL gemahlener Kurkuma
1/8–1/2 TL Cayennepfeffer
2 TL Salz
7 EL Pflanzenöl, z. B. Sonnenblumen- oder Traubenkernöl
1 kg Hühnerteile, ohne Haut und in serviergerechte Stücke geteilt
150–250ml Wasser
2 EL Zitronensaft
1/2 TL grob gemahlener schwarzer Pfeffer
frische Korianderblätter zum Garnieren

1 Zwiebel, Ingwer, Knoblauch, Mandeln, Paprika, Kreuzkümmel, Koriander, Kurkuma, Cayennepfeffer und Salz in Mixer oder Blender geben. Pürieren, dabei nach Bedarf mit Spatel herunterdrücken, bis eine Paste entsteht.

2 Öl in – möglichst beschichteten – Karhai oder Wok gießen und auf mittlere Hitze schalten. Paste ins heiße Öl geben. 10–12 Minuten unter ständigem Rühren garen bzw. bis das Öl kleine Blasen wirft.

3 Hühnerfleisch mit 150ml Wasser, Zitronensaft und schwarzem Pfeffer zugeben. Vermengen und zum Kochen bringen. Zudecken, Temperatur reduzieren und 25 Minuten unter gelegentlichem Rühren köcheln, bis das Hühnerfleisch zart ist. Bei Bedarf etwas Wasser zugeben.

4 Direkt im Karhai auftragen oder umfüllen. Vor dem Servieren mit Korianderblättern garnieren.

Total abgetaucht

In den hier gezeigten Geräten wird mit siedendem Fett fritiert. So lassen sich die verschiedensten Speisen zubereiten, süße wie pikante – Fisch in Backteig, Pommes frites, Beignets, Fleischbällchen, spanische Churros, Falafel und Kibbeh aus dem Nahen Osten, asiatische Reisbällchen und knusprige Nudeln, indische Pakoras und Süßigkeiten, um nur einige Wenige zu nennen.

Fritieren kann man sehr unterschiedliche Speisen, daher ist es wichtig, dass das Kochgefäß keine Gerüche annimmt und sich einigermaßen leicht reinigen lässt. Da es beim Fritieren auf die richtige Temperatur ankommt, muss das Material des Fritiertopfs die Wärme gleichmäßig leiten und halten. Am wichtigsten ist aber die sichere Handhabung, denn eine große Menge siedendes Fett ist natürlich eine Gefahrenquelle.

1 Tempura-Pfanne Die schöne, schwere Eisenpfanne ist ein Geheimtip für makellos knusprige Tempura und andere fritierte Gerichte. Sie leitet die Wärme schnell und gleichmäßig und hält die Öltemperatur konstant auf 170–180°C. Die Pfanne hat einen Ausguss für das Öl und einen Rost, auf dem man Stücke zum Abtropfen und Warmhalten ablegt. Sie wird mit einem Paar Essstäbchen zum Kochen geliefert.

1

2

3

2 Pommes-frites-Topf Der Topf aus hochwertigem emaillierten Stahl nimmt weder Gerüche noch Fett an und lässt sich leicht reinigen. Er leitet die Wärme gut und ist für jede Brennstelle geeignet, auch für Induktionsherde. Das Fett tropft aus dem Drahteinsatz leicht ab; er hat ausziehbare Griffe, die man zum Abtropfen der Speisen auf die Topfgriffe setzt. Der Topf eignet sich auch zum Blanchieren von Gemüse.

3 Nestbacklöffel Geraspelte Kartoffeln oder andere stärkehaltige Speisen werden im äußeren Korb fritiert, der kleinere Korb presst den Inhalt auf Nestform zusammen. Der Innenkorb ist mit dem äußeren durch ein Scharnier verbunden, ein über beide Stiele laufender Ring hält beide zusammen. Die Stiele sind so lang, dass die Hand vor Fettspritzern geschützt ist.

4 Elektrische Friteuse Die rationell geformte Friteuse nutzt Stauraum effizient aus; ein ganzer Fisch passt glatt hinein. Sie besitzt wie alle elektrischen Friteusen einen Thermostat, filtert aber anders als die meisten die Speisereste in einen kühlen Bereich zwischen dem Heizelement und dem Topfboden. So bleibt das Öl länger klar und frisch. Außer dem Heizelement sind alle Teile spülmaschinengeeignet. Die Friteuse wird mit Deckel geliefert.

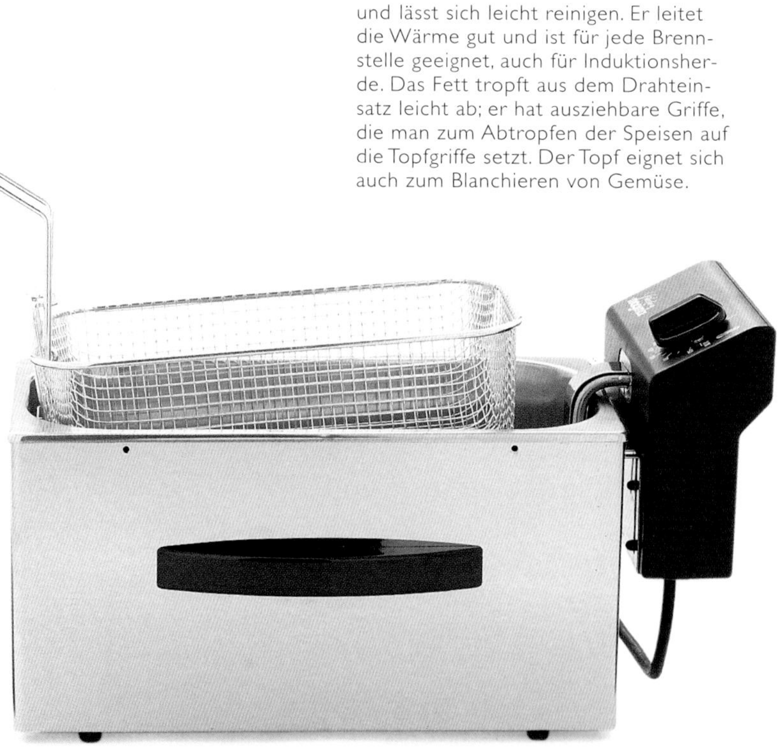

4

Fritieren Der Erfolg beim Fritieren ist von so vielen Variablen abhängig, dass es eigentlich eher eine Kunst als eine Technik ist. Art, Zustand und Temperatur des Öls, Art und Größe des Topfs, der Feuchtigkeitsgehalt der Speisen, ihre Porosität und Oberflächenbeschaffenheit, die Garzeit – all das beeinflusst die Qualität. Besonders wichtig ist die Art des Fetts oder Öls. Alle Fette und Öle zersetzen sich, sobald sie eine bestimmte Temperatur erreichen – einige können sich sogar entzünden. Sobald Sie rauchige Dämpfe sehen und riechen oder das Fett sich dunkel verfärbt oder kleine Partikel darin schwimmen, hat der Zersetzungsprozess begonnen. Den Punkt, an dem das geschieht, nennt man den »Rauchpunkt«. Butter und alle tierischen Fette haben einen niedrigen Rauchpunkt (etwa 190°C), deshalb verbrennen sie bei zu starker Hitze. Bei Pflanzenölen liegt der Rauchpunkt höher (etwa bei 230°C), bei Erdnussöl besonders hoch, deshalb eignet es sich am besten zum Fritieren.

Wenn Sie kein Thermometer besitzen, werfen Sie zum Überprüfen der Öltemperatur einen kleinen Brotwürfel hinein. Wird das Brot in einer Minute braun, hat das Öl die richtige Temperatur.

Über die Wiederverwendung von Öl streiten sich die Geister. Manche Köche dulden es stillschweigend, ich würde das aber nie tun, denn richtig fritieren kann man nur mit wirklich heißem Öl. Einmal auf hohe Temperatur erhitzt, zersetzt sich das Öl rasch, und der Geschmack leidet. Sollten Sie trotzdem Öl wieder verwenden, achten Sie darauf, dass es nicht zu heiß wird, und seihen Sie es nach Gebrauch gründlich durch.

Pommes frites

1 Nach dem Schneiden rohe Stücke 30 Minuten in kaltes Wasser legen, um überschüssige Stärke zu entfernen. Abgießen und trocken tupfen. Friteuse etwa zu einem Drittel mit Erdnuss- oder Sonnenblumenöl füllen. Öl auf 160°C erhitzen. Eine gute Hand voll rohe Fritten in den Drahtkorb legen und in 5 Minuten blassgolden fritieren.

2 Herausnehmen und Öltemperatur auf 190°C erhöhen. Fritten noch etwa eine Minute fritieren, bis sie goldgelb und knusprig sind. Gut abseihen und würzen.

Churros

3 Bei den traditionellen spanischen Churros wird Brandteig durch eine Spritztülle mit 1cm Durchmesser direkt in heißes Erdnuss- oder Sonnenblumenöl gespritzt. Bei 180°C in 2–3 Minuten goldbraun und knusprig fritieren. In Zucker wälzen und servieren. Toll zum Frühstück, in Kakao oder Kaffee getunkt.

Tempura

4 Für japanische Tempura taucht man dünne Gemüsescheiben oder große geschälte Garnelen in einen kurz durchgerührten Teig aus 2 Eigelb, 275ml Wasser und 200g Mehl. Zwei oder drei Stücke gleichzeitig in 180°C heißem Erdnuss- oder Sonnenblumenöl in Tempura-Pfanne oder Wok fritieren. Gegarte Tempura herausnehmen und auf dem Rost abtropfen lassen.

Durch die direkte Grillhitze werden die köstlichen Säfte in einer knusprigen Hülle versiegelt; es entsteht ein einzigartiger, intensiver Geschmack.

5

5 Flache Grillpfanne für den Herd Die schöne ovale Pfanne besteht aus elegantem, mattschwarzen Gusseisen. Sie ist aus einem Stück geschmiedet und hat einen niedrigen Rand, der das Wenden und Herausnehmen erleichtert. Die Pfanne kommt direkt vom Herd auf den Tisch; dazu gehört ein hitzebeständiger Untersetzer aus robustem Gummibaumholz.

6

6 Runder Drahtrost Der Rost mit Antihaftausrüstung wird auf dem Herd benutzt und ist praktisch zum Grillen von Chilischoten, Paprika, Zwiebelringen und anderem frischen Gemüse und zum Aufbacken von Fladenbrot und Tortillas. Die Holzgriffe werden nicht heiß. Der Rost hat einen Durchmesser von 25,5cm.

7

7 Flache Grillplatte Auf der 30-cm-Platte aus ionisiertem Aluminium grillt man Scones, Pfannkuchen und leckere überbackene Sandwiches. Auch Eier und Speck garen darauf rasch. Der Henkel lässt sich zum Verstauen flach herunterklappen.

8

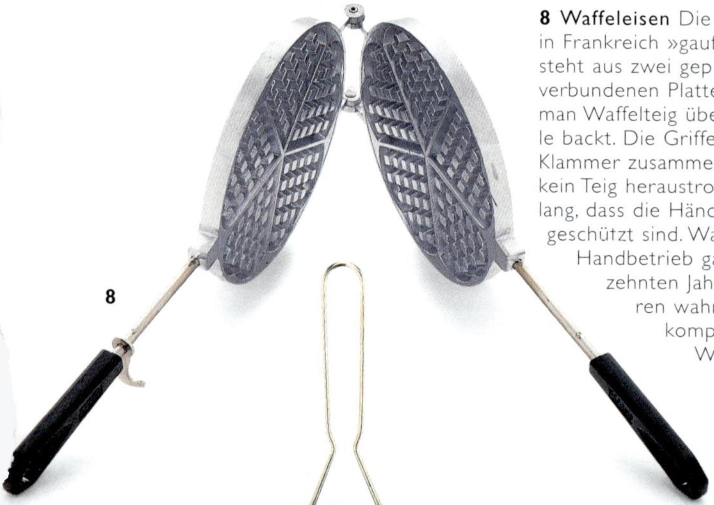

8 Waffeleisen Die schöne Metallform, in Frankreich »gaufrier« genannt, besteht aus zwei geprägten, mit Scharnier verbundenen Platten, zwischen denen man Waffelteig über einer Wärmequelle backt. Die Griffe werden mit einer Klammer zusammengehalten, damit kein Teig heraustropft, und sind so lang, dass die Hände vor der Hitze geschützt sind. Waffeleisen für den Handbetrieb gab es schon im fünfzehnten Jahrhundert; einige waren wahre Meisterstücke mit komplizierten Mustern, Wappen, magischen oder religiösen Symbolen.

9

9 Gerippte Grillpfanne Die flache, rechteckige Grillpfanne aus emailliertem Gusseisen wird auf dem Herd benutzt, hinterlässt appetitliche braune Streifen und hebt die Speisen leicht an, so dass sie nicht im Fett liegen. Mit der umlaufenden Rinne und dem breiten Ausguss lässt sich das Fett leicht abgießen. Der Stiel aus Stahldraht wird zum Verstauen über die Pfanne geklappt.

Gegrillter Tintenfisch mit Chilischoten

Mit ihrer inspirierten Interpretation ländlicher italienischer Küche haben Ruth Rogers und Rose Gray das Londoner River Café zu einem der gefeiertsten Restaurants der Welt gemacht. In diesem herrlich simplen Rezept gart der Tintenfisch blitzschnell in der Grillpfanne.

Für 6 Portionen

Utensilien	Zutaten
Kochmesser	6 Tintenfische, handgroß
Messer mit Wellenschliff	4–6 milde rote Chilischoten, entkernt und fein gehackt
Schälmesser	extra natives Olivenöl
kleiner Rührbesen	Meersalz und schwarzer Pfeffer
Grillpfanne, leicht eingeölt	2 EL Zitronensaft
Zange	225g Rucola
	3 Zitronen, geviertelt

1 Tintenfisch putzen: Körper aufschneiden, so dass ein flaches Stück entsteht. Innereien auskratzen, Tentakel belassen, aber Augen und Mund entfernen.

2 Mit Wellenschliffmesser Körperinnenseite in parallelen Linien in 1cm Abstand einritzen, dann dasselbe in Querrichtung, so dass ein Gittermuster entsteht.

3 Für die Sauce Chilischoten in Schüssel legen und Öl ca. 2,5cm hoch einfüllen. Abschmecken.

4 Für die Salatsauce 6 Esslöffel Olivenöl mit Zitronensaft verrühren. Abschmecken und mit dem Rührbesen glatt rühren.

5 Tintenfisch (einschließlich Tentakel) mit der eingeritzten Seite nach unten auf den heißen Herdgrill legen. Mit Salz und Pfeffer würzen. 1–2 Minuten grillen, dann wenden; sie rollen sich sofort zusammen, ein Zeichen, dass sie gar sind.

6 Rucola in Salatsauce geben. Auf jedem Teller einen Tintenfisch mit Tentakeln und etwas Rucola anrichten. Etwas Chili auf den Tintenfisch geben.

Grillen

Beim Grillen garen die Speisen in direkter Hitze, unter der Strahlungswärme des Grills oder direkt über der Flamme von Herd oder Holzkohlengrill. Der Garprozess muss so schnell erfolgen, dass die Säfte versiegelt werden und eine knusprige Kruste entsteht.

Grillen ist bei weitem nicht so einfach, wie es klingt – wer kennt nicht das Hähnchen mit der schwarzen Haut und dem rohen Innenleben? Zum erfolgreichen Grillen braucht man zarte, saftige Zutaten, eine starke Hitzequelle und, auf dem Herd, Pfannen, die sich rasch aufheizen und hohe Temperaturen aushalten.

Zum Grillen im Backofen braucht man eine schwere Metallpfanne mit Rost. Vielleicht reicht die aus, die mit dem Herd geliefert wurde, hat sie sich aber verzogen, lohnt es sich, eine neue anzuschaffen. Auch ofenfeste Backformen (siehe Seite 108–109) kann man unter den Grill stellen; sie sind ideal, wenn sich eine Kruste bilden soll oder man ein fast fertiges Gericht mit Käse überbacken will.

Zum Grillen auf dem Herd braucht man eine dicke, flache Gusseisenpfanne mit oder ohne Rippen. Ein Rechteck oder langgezogenes Oval ist am praktischsten: Es passt mehr hinein. Als Alternative zur flachen Grillpfanne gibt es Gusseisenpfannen mit niedrigem Rand, die wie Bratpfannen aussehen, aber viel schwerer sind.

1

1 Toaster Zwar kann man Brot auch unter dem Grill toasten, ein elektrischer Toaster arbeitet aber schneller und billiger. Dieses schlanke Edelstahlmodell toastet vier Scheiben auf einmal. Es hat nicht den üblichen Auswurfmechanismus – man steckt das Brot in eine Drahthalterung und holt es mit der Hand heraus.

2

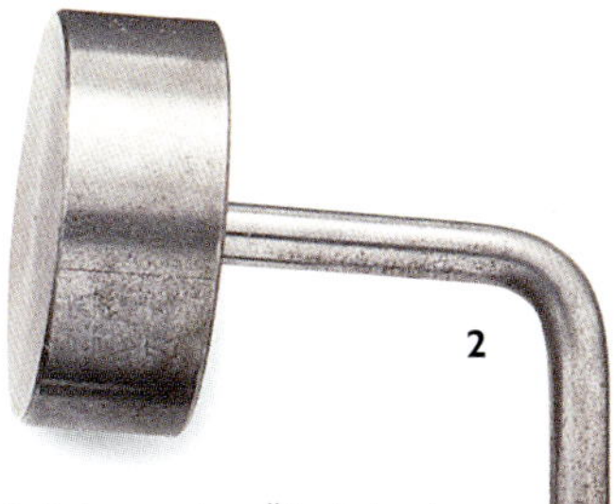

2 Salamander Ähnlich einem Brandeisen wird die kleine Eisenscheibe rotglühend erhitzt; man bräunt oder karamelisiert damit die Oberfläche bestimmter Speisen, vor allem Crème brûlée. Ein Grill erfüllt zwar den gleichen Zweck, der Salamander erhitzt jedoch nur die Oberfläche. So können Sie den sinnlichen Kontrast zwischen gekühlter, weicher Eiercreme und heißem, knusprigen Karamel genießen.

3

3 Lötlampe Im Laufe des in den achtziger Jahren einsetzenden Siegeszugs schwarzer, scharf gebratener Speisen zog die Lötlampe von der Werkstatt in die Küche um. Sie ist praktisch, wenn man Paprika und Tomaten häuten, Zucker karamelisieren, Fleisch anbraten oder fertigen Gerichten den modischen Schwarz-Touch verleihen will. Das elegante schwarze Modell zündet auf Knopfdruck, die Flamme lässt sich leicht justieren.

4

4 Wendbarer Grill Den Gusseisengrill im Westernformat (52,5 x 24 cm) benutzt man auf zwei Brennstellen oder auf dem Holzkohlengrill. Auf der gerippten Seite werden Steaks, Koteletts, Frikadellen, Fisch oder Gemüse mit sehr wenig Fett gebraten. Auf der glatten Seite gart man Rösti, Scones oder jede Menge gegrillte Sandwiches. Der Grill hat auf beiden Seiten eine Rinne, in die unerwünschtes Fett abfließt.

Angeheizt

Die Auswahl an Grillzubehör wird mit jedem Jahr größer. Denken Sie nicht nur über Platz, Aufstellung und Verstauen nach, sondern auch darüber, für wie viele Personen Sie grillen wollen. Ist die Brennstelle zu klein, wird der Grill zu voll und das Essen nicht gar, ist sie zu groß, verschwendet man Energie. Für vier bis sechs Personen braucht man etwa 30 x 30cm Grillfläche bzw. 35cm Durchmesser.

Holzkohle ist mit Abstand das beste Brennmaterial. Gas- und elektrische Grills sind zwar praktisch, der Geschmack ist aber nicht zu vergleichen. Anzünden, Anfachen, Zuschauen und Warten gehören zum Ritual. Nehmen Sie lieber unregelmäßig geformte Grillkohle als Briketts. Sie brennt leicht, entwickelt starke Hitze und verströmt einen angenehmen Duft. Noch besser riecht es, wenn man Rosmarinzweige auf die Kohlen streut, sobald das Essen auf dem Grill liegt. Wenn Sie nicht wollen, dass Ihr Essen nach Benzin schmeckt, benutzen Sie keine selbstentzündende Grillkohle.

Jeder Holzkohlengrill besteht aus zwei Teilen: einer Feuerschale für den Brennstoff und einem Rost für die Speisen. Zu vielen Modellen gehört ein Feuerrost, damit Luft unter dem Brennstoff zirkulieren kann, manche haben Schlitze zur Hitzeregulierung. Die Rosthöhe lässt sich in der Regel verstellen, um die Gartemperatur zu regulieren.

1

1 Langstielige Utensilien Sie brauchen Werkzeuge mit extra langem Stiel zum Begießen, Aufspießen und Wenden, die Ihre Hände vor der Hitze schützen. Die Zange hat eine starke Feder und geriffelte Griffflächen. Die Pfannenschaufel hat eine raffiniert abgeschrägte Kante, damit die Speisen nicht herunterrutschen. Mit dem Pinsel können Sie die Speisen gefahrlos mit Öl oder Marinade bestreichen, ohne dass etwas tropft oder in Brand gerät.

4

4 Einweggrill Nicht besonders stilvoll, aber toll fürs spontane Picknick. Ein Einweggrill ist in der Regel in 15–20 Minuten einsatzfähig und brennt bis zu zwei Stunden. Er reicht für zwei Steaks oder Koteletts oder mehrere Würste.

2

2 Ovaler tragbarer Grill Der derbe Gusseisengrill eignet sich gut zum Kochen im Freien. Der Rost lässt sich in zwei Höhen einhängen und ist so stabil, dass er einen Topf trägt; man kann damit also nicht nur grillen, sondern auch kochen. Eine Luftklappe reguliert die Hitzezufuhr, und der Klappdeckel ermöglicht das Nachfüllen von Brennstoff.

5 Griller Zum leichteren Wenden ganzer Teile. Vorher einölen, damit nichts anklebt.

3

3 Hibachi-Grill Der ursprünglich aus Japan stammende hübsche Gusseisengrill ist schwer, aber noch transportabel. Er hat kurze Beine, und Sie können ihn auf den Boden oder in Tischhöhe auf eine feuerfeste Unterlage stellen. Der Brennstoff liegt in einem Trog dicht am höhenverstellbaren Rost. Hibachis sind zwar praktisch und einfach zu bedienen, die Brennstelle ist jedoch klein, und das Feuer brennt nicht lange. Am besten eignen sie sich für kleine, schnell garende Stücke.

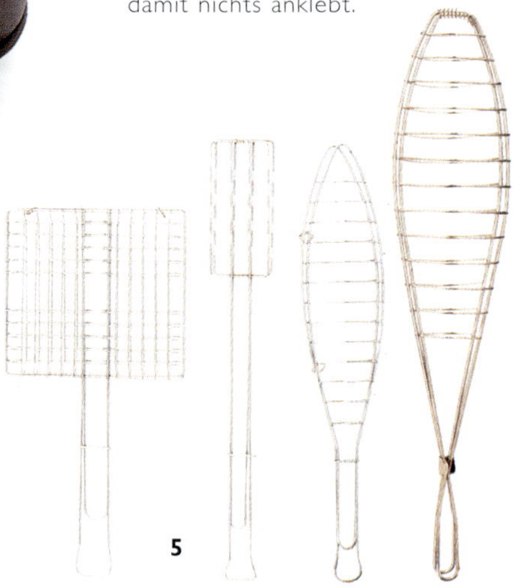

5

Kaufhilfe: Grillgeräte Zum Grillen reicht im Grunde auch ein Kuchengitter auf zwei Ziegelsteinen. Viele Jahre habe ich genau das benutzt, etwas Anderes konnte ich mir nicht leisten. Das Ergebnis war köstlich, jedenfalls aus damaliger Sicht. Ebenso simpel, aber ordentlicher ist ein Einweggrill; er besteht aus einem schweren Folienblech, Anzünder, Brennstoff und Rost. Sie brauchen nur noch ein Streichholz.

Tragbare gusseiserne Grillgeräte wie der Hibachi sind robust und leicht zu bedienen. Sie haben kurze Beine, und man kann sie auf dem Boden oder auf einer hitzebeständigen Unterlage in Tischhöhe benutzen.

Die Auswahl der Speisen ist bei kleinen tragbaren Grills zwangsläufig beschränkt. Wollen Sie einen Fisch im Ganzen oder ein Huhn am Spieß grillen, müssen Sie sich ein raffinierteres Gerät leisten. Frei stehende Grillgeräte haben einen offenen Grill, manchmal auch Windschutz, Haube und/oder Grillspieß. Es gibt sie mit Rädern oder abnehmbaren Beinen, manche Modelle sind transportabel, so dass man sie auch zum Picknick mitnehmen kann. Die Beine sollten so lang sein, dass Sie bequem arbeiten können; für den Rücken ist es weniger strapaziös, auf dem Boden zu hocken, als in halb gebückter Haltung über einem etwas zu niedrigen Gerät zu hantieren.

Die bauchigen Kesselgrills haben einen Domdeckel, der die Luft abhält und so das Brandrisiko verringert. Der Deckel leitet außerdem die Wärme auf die Speisen; sie werden schneller und gleichmäßiger gar, und auch größere Stücke lassen sich zufriedenstellend zubereiten. Bei Kesselgrills ist der Rost nicht verstellbar, die Grilltemperatur lässt sich aber durch Schlitze an der Feuerschale regulieren. Eine emaillierte Beschichtung ist haltbarer als die hitzebeständige Farbe mancher Modelle.

Beim Standgrill sitzt die Feuerschale über einem eingebauten Rauchabzug. Dieser wird mit Zeitungspapier gefüllt, das man durch ein Lüftungsloch anzündet, am besten mit einem langen Streichholz. Dadurch entsteht ein kräftiger Luftzug, und der Brennstoff entzündet sich rasch.

6

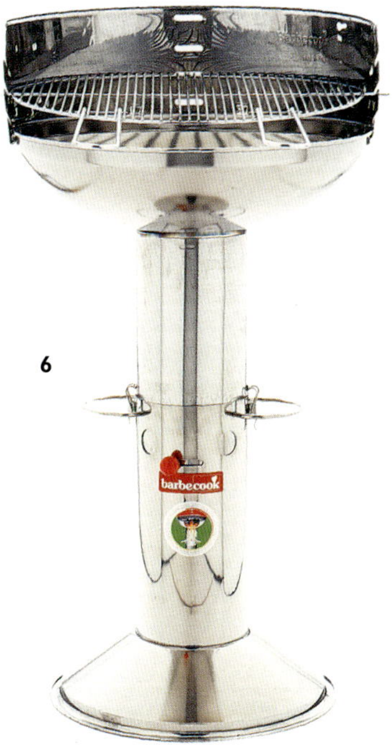

6 Standgrill Das glatte Edelstahlmodell sieht so gut aus, dass es selbst der designfixierteste Loftbewohner gerne auf seinem Balkon sehen wird. Unordentlich gehacktes Anmachholz ist unnötig; einfach die Zeitung von gestern in den Rauchabzug stecken und anzünden. Die Rauchschwaden könnten zunächst die Nachbarn ärgern, legen sich aber schnell. Der Grill hat Ventilationslöcher zur Temperaturregulierung und einen Windschutz mit drei Schlitzen, an denen sich die Rosthöhe verstellen lässt. Nachteile: Die Außenfläche wird sehr heiß und ist daher gefährlich für Kinder und Haustiere; der Grill ist hoch, die Standfläche relativ klein, er steht deshalb nur auf sehr glattem, ebenen Boden sicher.

7

7 Kesselgrill Der hervorragende Grill ist ein amerikanischer Klassiker, besteht aus rostfreiem emaillierten Stahl und hat ein Thermometer im Deckel, mit dem sich die Temperatur akkurat kontrollieren lässt. Bei geschlossenem Deckel werden die Schlitze geöffnet; die so entstehende Konvektionshitze erzeugt eine leckere, knusprige Kruste und siegelt die Säfte ein. Auf Knopfdruck fällt die Asche in einen Behälter unter der Feuerschale.

Richtig grillen

- Die Feuerschale möglichst mit Alufolie ausschlagen und mit Sand bestreuen. Er saugt Fettspritzer auf, und das Brandrisiko verringert sich.
- Grill ganz altmodisch mit Papier und Streichholz anzünden. Nach dem Anzünden die Holzkohle in Ruhe lassen, bis sie mit blassgrauer Asche überzogen ist. Erst dann mit dem Grillen beginnen.
- Zur Temperaturkontrolle hält man die Hand 15cm über den Grill und zählt. Spürt man nach 2–3 Sekunden die Hitze, ist das Feuer heiß genug für kleine, dünne Teile wie Würstchen, Spießchen und Fischfilets.
- Können Sie die Hand 4–5 Sekunden über den Grill halten, ist die Hitze richtig für größere Stücke mit längerer Garzeit wie Spare Ribs, Koteletts oder Hähnchenviertel.
- Können Sie die Hitze länger als 5 Sekunden aushalten, ist der Grill nicht heiß genug.
- Halten Sie Utensilien mit extra langem Stiel griffbereit. Sie brauchen Zange, Gabel, Spatel und Pinsel. Mit einem spitzen Messer probiert man, ob die Speisen gar sind.
- Benutzen Sie eine Extra-Zange ausschließlich dazu, rohes Fleisch und Geflügel auf den Grill zu legen.

Grillspießchen mit Meeresfrüchten

Die perfekte Sommermahlzeit ist dieses köstliche Rezept von Wolfgang Puck. Er gehört zu den einflussreichen Köchen, die mit ihrer gekonnten Mischung aus frischen einheimischen Produkten und klassischer französischer Technik neue Trends in der kalifornischen Küche geschaffen haben. Grillen Sie zuerst die Gemüse, und erhöhen Sie dann für die Meeresfrüchte die Grilltemperatur.

Für 6–8 Portionen

Utensilien

Kochmesser
Wiegemesser
große, flache Schale
Schälmesser
Mixer
6 Metallspieße, ca. 30cm lang

Zutaten

450g Schwertfisch oder Lachs in 2,5-cm-Würfeln
450g Jakobsmuscheln, große halbiert
450g große rohe Garnelen, ausgelöst und geputzt
Salz

Für die Marinade:
7 EL Olivenöl
2 EL frisch gemahlener schwarzer Pfeffer
4 EL fein gehackte Kräuter: Basilikum, Oregano, Thymian und Petersilie

Für die Aïoli mit Basilikum und getrockneten Tomaten:
75g in Öl eingelegte getrocknete Tomaten
2 EL gehacktes Basilikum
8 Knoblauchzehen oder eine Knoblauchzwiebel
2 EL Balsamico-Essig
7 EL extra natives Olivenöl
Salz und frisch gemahlener schwarzer Pfeffer

Für den Salat aus gegrilltem Gemüse:
225g Frühlingszwiebeln oder Lauchstangen, halbiert
225g kleine Karotten oder Maiskölbchen, halbiert
225g Zucchini, halbiert
225g japanische Auberginen, längs halbiert
2 rote Paprika, halbiert und entkernt
1 Fenchelknolle, der Länge nach in 1cm dicke Scheiben geschnitten
4 große Tomaten, halbiert und entkernt
Salz und frisch gemahlener schwarzer Pfeffer
225ml Olivenöl
1 EL fein gehackter Knoblauch
1 TL gemahlener Kreuzkümmel
7 EL Balsamico-Essig
7 EL gehackte frische Kräuter: Basilikum, Oregano, Petersilie und Thymian

1 Alle Marinadezutaten verrühren. Meeresfrüchte in große flache Schüssel legen und Marinade darüber gießen. 2–4 Stunden in den Kühlschrank stellen.

2 Für die Aïoli getrocknete Tomaten, Basilikum, Knoblauch und Balsamico im Mixer pürieren, bis die Mischung glatt ist. Bei laufendem Motor langsam Olivenöl zugeben und mit Salz und Pfeffer würzen. Kühl stellen.

3 Für den Gemüsesalat alle Gemüse mit Salz, Pfeffer und 100ml Olivenöl vermengen. Auf heißen Grill legen und grillen, bis sie zart und braun sind (manche brauchen länger). Vom Grill nehmen, abkühlen lassen und in 2,5cm lange Stücke schneiden. Tomaten in 1-cm-Würfel schneiden und zum Gemüse geben. Gemüse mit Knoblauch, Kreuzkümmel, Essig, Kräutern und restlichem Olivenöl vermengen.

4 Meeresfrüchte zum Grillen auf Spieße stecken, abwechselnd Garnelen, Jakobsmuscheln und Schwertfisch oder Lachs (ca. 175g pro Spieß). Spieße salzen.

5 Auf sehr heißem Grill Meeresfrüchte von jeder Seite etwa 4 Minuten grillen.

6 Zum Servieren Gemüsesalat auf Einzeltellern anrichten und einen Spieß darauf legen. Aïoli teilweise über Meeresfrüchte träufeln, den Rest separat reichen.

Leicht geräucherte gegrillte Wachteln
mit Ingwer, süßem Reiswein, Basilikum und Sesam

Im berühmten Londoner Restaurant Sugar Club kombiniert der brillante neuseeländische Koch Peter Gordon moderne britische Küche mit den köstlichsten Düften des Pazifikraums. Sein Wachtelrezept ist perfekt zum Grillen – in seinen Worten: »Wachteln sind toll zum Grillen; sie lassen sich gut in der Hand halten, und es tropft genau die richtige Menge Saft übers Kinn.« Ein Grill mit Deckel ist nicht unbedingt notwendig, verleiht den Wachteln aber leichten Rauchgeschmack.

Für 4 Portionen

Utensilien

- Küchenschere
- große Schüssel
- Schälmesser
- langstielige Zange oder Gabel
- Zitruspresse

Zutaten

- 8 Wachteln
- eine gute Hand voll Basilikumblätter plus einige Blätter, kleingeschnitten
- 3 EL plus 1 TL Sesamöl
- 2 TL Sesamkörner
- daumengroßes Stück frische Ingwerwurzel, sehr fein gehackt
- 3 Knoblauchzehen, fein gehackt
- 4 TL Thai-Fischsauce
- 4 TL Mirin (süßer Reiswein)
- 4 TL Weinessig
- 1 EL Rohrzucker
- Limettensaft nach Geschmack

1 Eine Wachtel mit der Brust nach unten in die Hand nehmen und Wirbelsäule mit Küchenschere herausschneiden (siehe »Stubenküken«, Seite 26). Wachtel in große Schüssel legen. Andere Wachteln ebenso vorbereiten.

2 Restliche Zutaten in die Schüssel geben, etwas Basilikum zurücklegen, und vermengen. Mit Frischhaltefolie abdecken und im Kühlschrank mindestens 6 Stunden marinieren. Etwa 2 Stunden vorm Grillen aus dem Kühlschrank nehmen, damit die Wachteln Zimmertemperatur annehmen.

3 Wenn die Grillkohle glüht, in der Mitte anhäufen. Wachteln plattgedrückt mit der Brust nach oben kreisförmig auf dem Rost um diesen heißen Hügel anordnen. Gegebenenfalls Deckel schließen; er fängt die Hitze und den Rauch auf. 6 Minuten garen, dann Deckel öffnen, Wachteln wenden, Deckel wieder schließen und weitere 5–8 Minuten garen.

4 Eine Wachtelkeule an dickster Stelle mit scharfer Messerspitze anstechen. Tritt klarer Saft aus, ist sie gar. Ist der Saft noch rosa, einige Minuten weiter garen, dann wieder anstechen.

5 Die fertigen Wachteln auf eine Platte legen und mit kleingeschnittenen Basilikumblättern und etwas Limettensaft anrichten.

Grillzubehör

Beim Garen auf hohen Temperaturen brauchen Sie langstieliges Werkzeug, um Ihre Hände zu schützen. Die Utensilien sollten gut in der Hand liegen und in der Form den Speisen und/oder der Pfannenform angepasst sein. Hängen Sie sie in Griffweite der Brennstelle auf. Kaufen Sie keine Utensilien mit Holz- oder lackiertem, angesetztem oder angenietetem Stiel. Jedes in einem Stück gearbeitete Metallteil ist leichter zu säubern und hält ein Leben lang.

1 Große Fischbackschaufel Mit diesem praktischen Werkzeug heben Sie einen Fisch im Ganzen aus der Pfanne. Die gebogene Schaufel hat eine leicht abgeschrägte Kante und gleitet leicht unter den Fisch, ohne die Haut zu verletzen. Durch die Perforation fließt das Fett ab.

2 Wokschaufel Das schnelle Rühren, Wenden und Anheben von Speisen beim Braten im Wok geht mit diesem schaufelförmigen Utensil ganz leicht. Es ist mit und ohne Perforation erhältlich.

3 Fischbackschaufel Das dünne, abgerundete Blatt behandelt Fisch und andere empfindliche Speisen schonend. Durch die Schlitze wird es biegsam, und beim Anheben läuft das Fett ab.

4 Federzange Die Edelstahlzange ist bei Profiköchen beliebt. Sie hat einen Federmechanismus und große Griffflächen mit Bogenkante, die die Speisen sicher festhalten.

5 Scherenzange Die nach innen gebogenen, pinzettenartigen Greifflächen machen diese Zange ideal zum Anheben und Wenden kleiner Stücke. Die kunststoffummantelten Griffe liegen gut in der Hand und werden nicht heiß.

6 Abgeschrägter Wender Das ergonomisch geformte Utensil gibt es in Rechtshänder- und Linkshänder-Ausführung.

7 Wender für Antihaftbeschichtung Pfannen mit Antihaftbeschichtung sind zwar robuster als früher, trotzdem ist es sinnvoll, einen Spezialwender zu benutzen. Dieser besteht aus Aluminium-Spritzguss und hat ein abgeschrägtes Blatt mit großen Schlitzen, durch die das Fett gut abläuft.

8 Bambus-Reisschaufel und -gabel Damit serviert man Reis oder vermengt ihn mit anderen Zutaten. Die dünn zulaufende Kante der Schaufel trennt Reiskörner, ohne sie zu zerdrücken.

9 Sieblöffel Ideal zum Herausheben von Pommes frites, sautierten Kartoffeln und allem Fritierten. Durch das grobe Drahtsieb fließt Öl rasch ab. Der Löffel macht sich auch als Schaumlöffel nützlich.

10 Pfannengabel Die fünfzinkige Gabel spießt Speisen behutsam auf.

Schmoren, Dünsten und Backen

Braten im Backofen

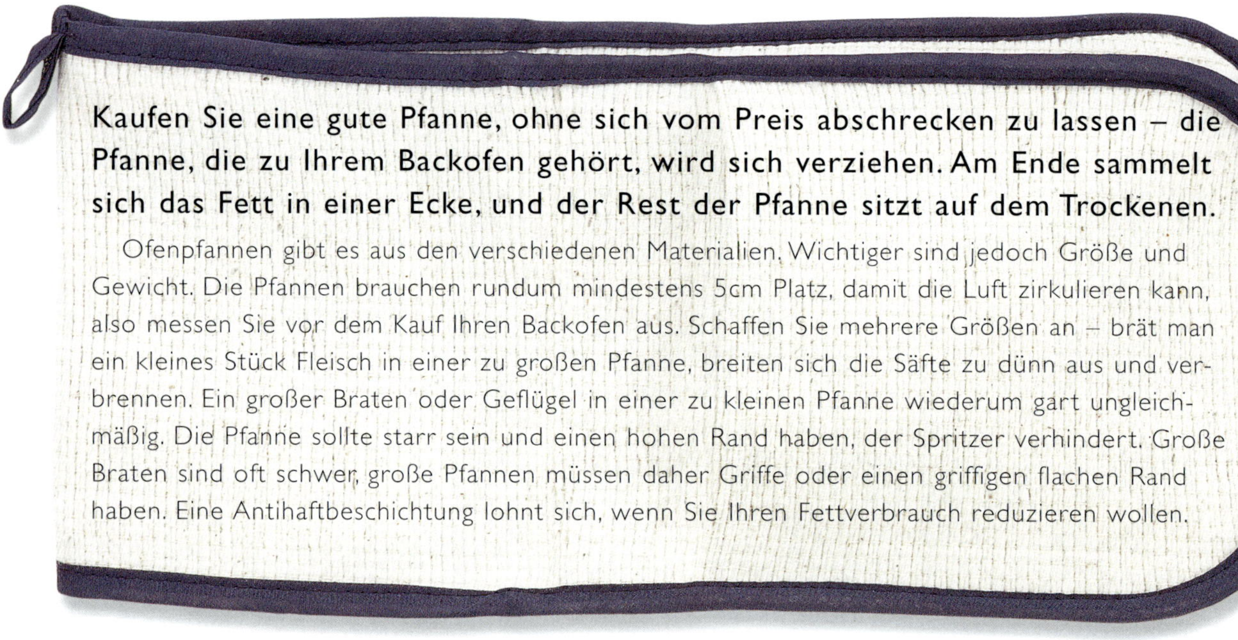

Kaufen Sie eine gute Pfanne, ohne sich vom Preis abschrecken zu lassen – die Pfanne, die zu Ihrem Backofen gehört, wird sich verziehen. Am Ende sammelt sich das Fett in einer Ecke, und der Rest der Pfanne sitzt auf dem Trockenen.

Ofenpfannen gibt es aus den verschiedenen Materialien. Wichtiger sind jedoch Größe und Gewicht. Die Pfannen brauchen rundum mindestens 5cm Platz, damit die Luft zirkulieren kann, also messen Sie vor dem Kauf Ihren Backofen aus. Schaffen Sie mehrere Größen an – brät man ein kleines Stück Fleisch in einer zu großen Pfanne, breiten sich die Säfte zu dünn aus und verbrennen. Ein großer Braten oder Geflügel in einer zu kleinen Pfanne wiederum gart ungleichmäßig. Die Pfanne sollte starr sein und einen hohen Rand haben, der Spritzer verhindert. Große Braten sind oft schwer, große Pfannen müssen daher Griffe oder einen griffigen flachen Rand haben. Eine Antihaftbeschichtung lohnt sich, wenn Sie Ihren Fettverbrauch reduzieren wollen.

1

1 Doppelte Grillhandschuhe Einteilige Grillhandschuhe sind leichter zu handhaben und zu finden als ein Paar. Die tiefen Taschen sind auf der Innenseite dreifach, auf der Außenseite doppelt gefüttert und schützen sogar, wenn man die Innenseite des Backofens streift.

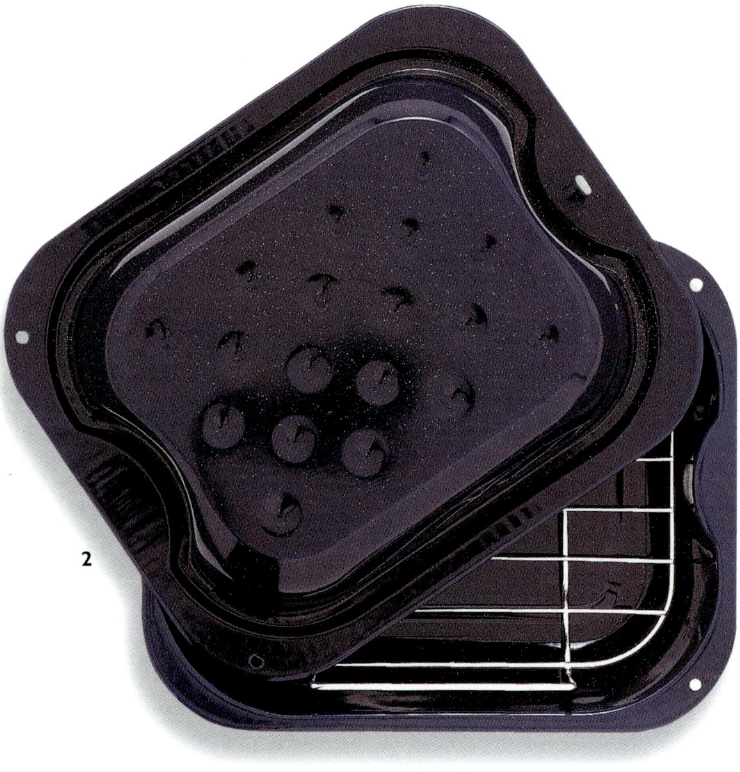

2

2 Emaillierte Schmorpfanne Bei der gut durchdachten, hochwertigen Schmorpfanne sitzen im Deckel kleine Vertiefungen. Darin sammelt sich Feuchtigkeit und tropft gleichmäßig auf das Fleisch, der Braten wird dadurch besonders saftig.

Das Fleisch liegt auf einem Stahlrost über dem Fett. Da das Fleisch völlig zugedeckt ist, wird die Oberfläche nicht knusprig. Mögen Sie es knusprig, nehmen Sie gegen Ende der Garzeit den Deckel ab.

3 Ionisierte Aluminiumpfanne Die strapazierfähige Schmorpfanne und das flache Bratblech (5) verziehen sich auch bei hohen Temperaturen garantiert nicht. Die harte Oberfläche ist selbst bei Metallutensilien kratzunempfindlich. Der Boden ist so massiv, dass er auch direkte Hitze von Brennstellen verträgt; man kann in der Pfanne also auch Saucen oben auf dem Herd zubereiten. Es gibt sie in verschiedenen Größen, und sie hält ein Leben lang.

4 Bratengabeln Mit zwei Bratengabeln lässt sich das Fleisch leichter von der Schmorpfanne auf die Servierplatte heben. Nehmen Sie Gabeln mit mindestens drei Zinken. Sind es weniger, könnte das Fleisch durchfallen.

3

4

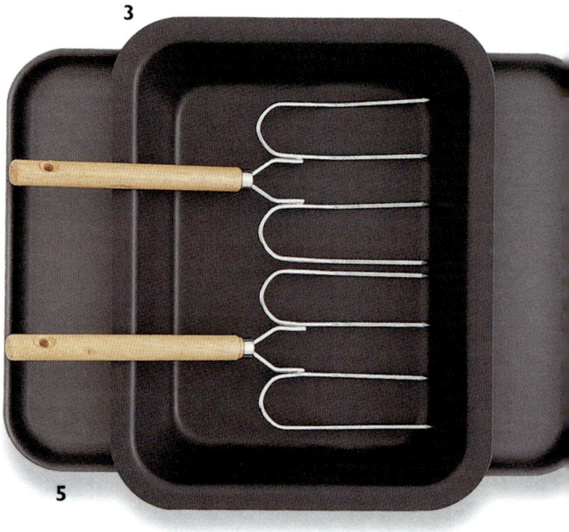

5

5 Bratblech aus ionisiertem Aluminium Das ideale Blech zum Schmoren von Gemüse. Auberginenscheiben, Zwiebelringe und Paprika zum Beispiel werden köstlich knusprig und feucht, wenn die trockene Ofenhitze ungehindert darüber zirkulieren kann. Auf der großzügig bemessenen Bratfläche hat das Gemüse viel Platz. Auf zu engem Raum dünstet es lediglich im eigenen Saft und bleibt enttäuschend blass.

6 Fettseparierer Da Fett beim Abkühlen nach oben steigt, lässt sich bei einem Gefäß mit unten angesetzter Tülle die Flüssigkeit abzapfen, das Fett bleibt zurück. Mit dem eleganten Porzellan-Separierer (links) gießt man an einem Ende aus der tief angesetzten Tülle den Bratensaft, aus einer hoch sitzenden Tülle am anderen Ende das Fett. Den funktioneller wirkenden Acryl-Fettseparierer (rechts) gibt es mit 1 l oder 360ml Fassungsvermögen; man benutzt ihn für Sauce, Suppe oder Brühe.

7 Hühnchenröster Mit diesem Gerät wird die Bratzeit reduziert, denn es leitet die Wärme direkt ins Geflügelinnere. Der Vogel wird gleichmäßig braun und knusprig, Fett und Säfte fließen nach unten in die Pfanne.

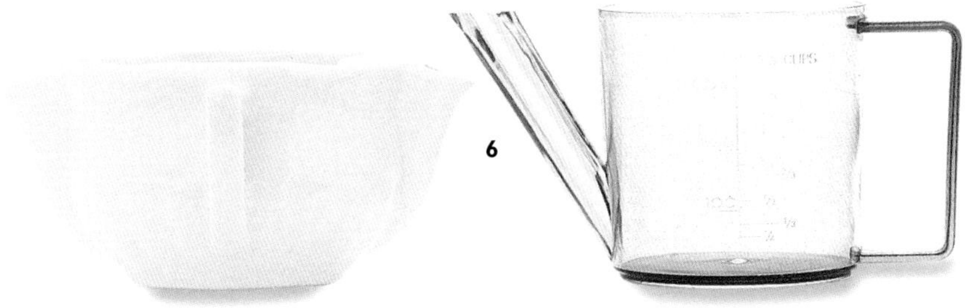

6

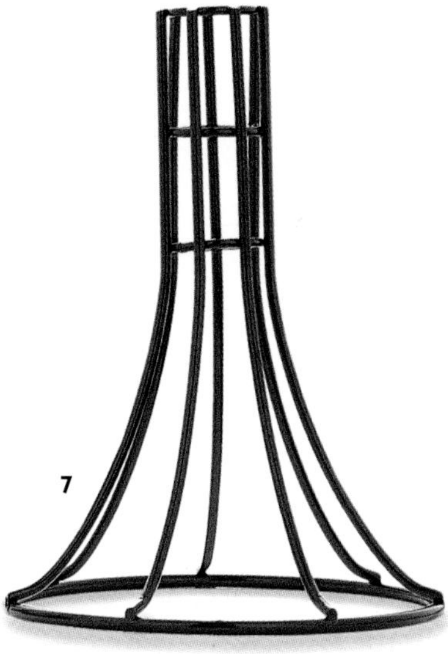

7

8

8 Dressiernadel Sie sieht aus wie eine riesige Stopfnadel, und durch das Öhr passt auch Bindfaden. Mit der Dressiernadel verschließt man Hautfalten und Öffnungen an Geflügel oder verschnürt den Braten zu einem kompakten Paket.

9 Emaillierte Bratenpfanne Die strapazierfähige Pfanne misst 38 x 26cm und eignet sich für größere Braten. Die stabilen Griffe erleichtern das Hantieren und lassen sich wegklappen, damit sie im Backofen keinen Platz wegnehmen. Mit dem Ausguss in einer Ecke gießt man Fett und Säfte gezielt ab. Die emaillierte Oberfläche ist glatt und leicht zu säubern.

11 Bratenspritze Mit der medizinisch anmutenden Glasröhre mit Gummiballon arbeitet man beim Schmoren oder Entfetten. Durch Druck auf den Ballon füllt man die Röhre mit Fleischsaft. Das Fett steigt nach oben, mit dem entfetteten Fleischsaft beträufelt man das Fleisch oder verarbeitet ihn zu Sauce. Die Maßeinteilung zeigt exakt an, wie viel Flüssigkeit sich in der Röhre befindet, was bei der Saucenherstellung nützlich sein kann.

9

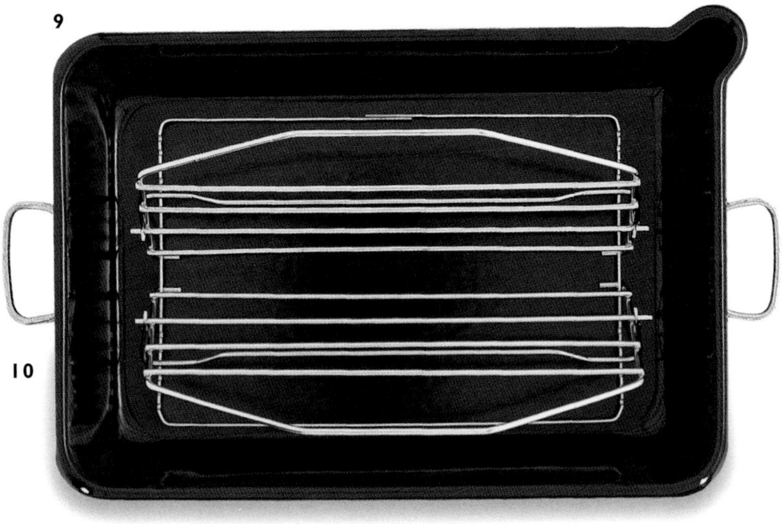

10

11

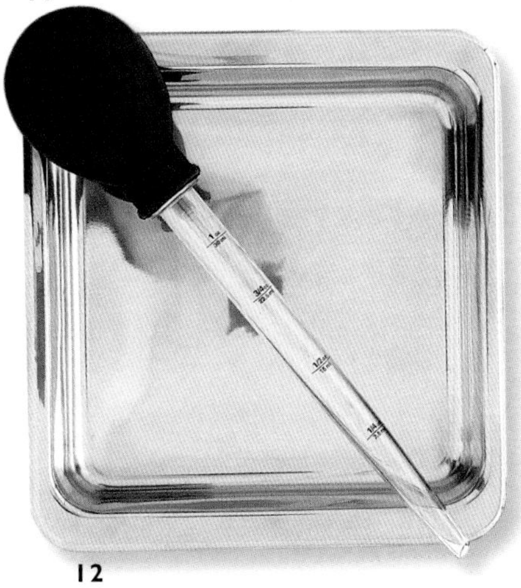

12

10 V-förmiger Bratenrost Auf dem verstellbaren Rost liegen Braten und Geflügel jeder Größe über dem Pfannenboden. Bei den üblichen flachen Rosten sitzt das Fleisch nur ein bis zwei Zentimeter über dem Boden; das nützt wenig, bereitet man sehr fette Braten wie Gänse oder Enten zu. Durch die V-Form »schwebt« das Fleisch nicht nur über dem Fett, es kann auch Luft darunter zirkulieren; das Fleisch gart schneller und gleichmäßiger, die Haut wird knuspriger.

12 Edelstahl-Minischmorpfanne Wer allein lebt, muss nicht auf den Bratengenuss verzichten. Die kleine Pfanne mit nur 20cm Seitenlänge ist für eine Person genau richtig. Zudem ist sie praktisch zum Schmoren von ganzen Zwiebeln, Roter Bete oder Rüben. Sie besteht aus hochwertigem Edelstahl und lässt sich auch unter dem Grill und auf dem Herd verwenden.

Schweinefleisch mit Kruste

Jamie Oliver gehört zu den talentiertesten jungen britischen Köchen, und dieses Rezept entspricht seinem munteren, geradlinigen Stil. Schweinefleisch ohne Knochen wird direkt auf dem Backofenrost geschmort, die Schmorpfanne darunter fängt die Säfte auf. Das Fleisch wird saftig mit unübertroffen knuspriger Kruste und einer köstlichen Sauce. Bitten Sie Ihren Fleischer, das Fleisch vom Knochen zu lösen und die Schwarte in etwa 5mm Abstand tief einzuschneiden. Lassen Sie für die Sauce die Knochen hacken.

Für 8 Portionen

Utensilien

Mörser und Stößel
große Schmorpfanne
mittelgroßes Schmorblech zum Anbräunen der Knochen
Alufolie
große Bratpfanne oder Topf für die Sauce
Holzlöffel
Sieb

Zutaten

1/2 Schweinelende, mit Knochen etwa 3kg
grobes Meersalz
1 EL gehackter frischer Rosmarin
1/2 EL Fenchelkörner
5 Knoblauchzehen
8 EL Balsamico-Essig
4 Lorbeerblätter
2 EL Olivenöl
Schweineknochen, gehackt
5 äußere Selleriestangen, grob gehackt
1 große Karotte, grob gehackt
1 große Zwiebel, grob gehackt

1 Schweinekruste mit etwas Salz und Rosmarin einreiben; Gewürze in die Schnittlinien drücken.

2 Mit Mörser und Stößel Fenchel, dann Knoblauch und restlichen Rosmarin zerdrücken. Mit dieser Mischung das Fleisch einreiben – nicht die Kruste, sonst verbrennt sie. Fleisch mit Balsamico, Lorbeerblättern und Olivenöl in große Schmorpfanne legen. Etwa 30 Minuten marinieren.

3 Backofen auf höchster Stufe vorheizen und Knochen bräunen. Schweinekruste noch einmal mit Salz einreiben.

4 Fleisch direkt auf den Rost legen und oben in Ofen einschieben. Gebräunte Knochen und Gemüse mit Marinaderest und 600ml Wasser in Schmorpfanne geben. Pfanne direkt unterm Fleisch in den Ofen schieben, damit beim Garen alle guten Säfte hineintropfen. Hier entsteht die Fleischsauce. Außerdem bekommt das Fleisch an der Unterseite hübsche dunkle Streifen.

5 Das Fleisch braucht etwa 1 Stunde zum Garen. Temperatur nach 20 Minuten auf 220°C/Gas Stufe 7 zurückschalten. Wenn das Fleisch gar ist, mit Rost aus dem Ofen nehmen und auf Folie stellen, um den Saft aufzufangen. Mindestens 10 Minuten ruhen lassen.

6 Für die Sauce Knochen, Flüssigkeit und Gemüse aus der Schmorpfanne in große Bratpfanne oder Topf geben. Etwas Wasser in die Schmorpfanne geben, denn unten in der Pfanne hat sich ein dicker Bodensatz gebildet. Auf dem Herd zum Kochen bringen, Bodensatz abkratzen und zu Knochen und Gemüse geben.

7 Sauce unter gelegentlichem Schwenken zum Kochen bringen. Öl oder Schaum von der Oberfläche abnehmen, dann durchseihen, Knochen und Gemüse wegwerfen. Nach Wunsch reduzieren und abschmecken.

Barbarie-Ente mit Honigglasur

Barbarie-Enten sind nicht so fett wie normale Enten und haben eine fleischigere Brust. Durch häufiges Einpinseln wird die Haut wunderbar knusprig mit dunklem Glanz. Lassen Sie die Ente mehrere Stunden trocknen; notfalls lässt sich der Prozess mit kalter Luft aus dem Fön beschleunigen. Schmeckt köstlich mit Lauch-Karotten-Julienne.

Für 3–4 Portionen

Utensilien

Seiher
Schälmesser
Mörser und Stößel
Ingwerreibe
Drahtrost auf flachem Teller
breiter, flacher Pinsel
Schmorpfanne, 30 x 24cm, mit Rost
Bratengabeln
Tranchiermesser
Geflügelschere
kleiner Topf

Zutaten

1 Barbarie-Ente, 1,6–1,8kg
20–25 dünne Orangenschalenstückchen, ca. 1cm lang
150ml klarer Honig
4 EL Reiswein oder trockener Sherry
4 EL Weißweinessig
4 EL Sojasauce
2 TL Fenchelkörner, fein gemahlen
4-cm-Stück frische Ingwerwurzel, gerieben
2 TL Sesamöl
200ml Enten- oder Hühnerbrühe, möglichst hausgemacht
Meersalz und frisch gemahlener schwarzer Pfeffer

1 Etwaige Fettklumpen aus dem Inneren entfernen. Ente in Seiher legen und rundum mit kochendem Wasser überbrühen. Gründlich mit Küchenpapier abtupfen. Fleisch mit Messerspitze überall gleichmäßig einstechen und mit Orangenschalenstückchen spicken. Ente auf Rost über Teller legen.

2 Honig in kleinen Messbecher gießen. Reiswein oder Sherry, Essig, Sojasauce, Fenchel, Ingwer und Sesamöl einrühren. Mit dieser Mischung Ente überall einpinseln, auch unter den Flügeln; Rest aufbewahren. Ente auf Rost an kühlem, luftigen Platz völlig trocknen lassen.

3 Backofen auf 220°C/Gas Stufe 7 vorheizen. Ente noch einmal einpinseln.

4 Ente mit Brust nach oben auf Rost in Schmorpfanne legen. 10 Minuten braten, dann wenden, wieder einpinseln und weitere 10 Minuten braten.

5 Temperatur auf 190°C/Gas Stufe 5 herunterschalten. Ente mit der Brust nach oben legen, einpinseln und 30 Minuten braten. Wenden und noch einmal 30 Minuten braten, dabei alle 10 Minuten einpinseln. Etwaige dunkle Stellen mit Folie abdecken.

6 Temperatur auf 200°C/Gas Stufe 5 heraufschalten und Ente mit Brust nach oben legen. Wieder einpinseln und noch 10 Minuten braten. Ente vorsichtig auf vorgewärmten Teller legen und an warmem Platz 10 Minuten ruhen lassen.

7 Beim Tranchieren Keulen und Flügel abtrennen, an den Flügeln etwas Brustfleisch lassen. Brustfleisch in zwei langen Stücken abtrennen, dann so in kleinere Stücke teilen, dass an jedem ein knuspriges Hautstück sitzt. Alle Ententeile in flache Servierschüssel legen und warm stellen.

8 Den beim Tranchieren ausgetretenen Saft in kleinen Topf gießen. Brühe und restliche Honigmischung dazu geben. Unter Sieden etwas reduzieren. Über Ententeile gießen und servieren.

Schmortöpfe und Bräter

Diese Töpfe sind das Rückgrat jeder Küche. In ihnen bräunen und köcheln aromatische Schmorgerichte und Eintöpfe, und es gibt sie in allen Formen und Größen. Die Materialien sind dieselben wie bei Töpfen (siehe »Materialkunde«, Seite 8), dazu kommt Keramik. Die Töpfe haben kleine, runde Griffe, keine Stiele, was vielleicht darauf hindeutet, dass der Koch weniger Muskelarbeit leisten muss.

Den idealen Topf kann man auf dem Herd oder im Backofen benutzen, und er sieht so gut aus, dass man ihn auch auf den Tisch bringen kann. Praktisch ist es, wenn zumindest einer der Töpfe vom Gefrierschrank in den Backofen wandern darf. Empfehlenswert sind zwei Kochtöpfe aus Gusseisen oder Edelstahl für den täglichen Gebrauch; ein 6-Liter-Topf reicht für 4–5 Personen, ein 3-Liter-Topf für 2–3. Auch eine flache Schmorpfanne mit Deckel lohnt sich für das große Wochenendfrühstück und für Schmorgerichte. Der Bräter ist ein Muss für Schmorbraten und Eintöpfe. Die Auswahl reicht vom 2-Liter-Topf bis zu einem wahren Fass von 12 Liter. Ein 8–9-Liter-Topf lohnt die Anschaffung – er lässt sich jederzeit auch für Suppe, Brühe oder sogar Nudeln benutzen.

1 Schmorpfanne Auf dem Herd oder im Backofen zu verwenden. Der Domdeckel begünstigt die Kondensation und sorgt für feuchte Wärme. Ohne Deckel dient die Schmorpfanne auch zum Braten. Sie besteht aus Edelstahl 18/10 mit einer dicken, über die Ränder hochgezogenen Aluminiumeinlage und leitet die Wärme rasch und gleichmäßig.

2 Bräter Klassische französische Gerichte wie »Moules marinières«, Eintöpfe und Schmorgerichte werden in diesen abgerundeten Töpfen mit leicht abgeschrägtem Rand zubereitet. Dieser besteht aus emailliertem Gusseisen und ist in vier Farben erhältlich.

1

2

3 Tagine Ein eigenwillig geformter dicker Tontopf, in dem man in Nordafrika das gleichnamige Gericht gart. Der Topf wird traditionell auf offenem Feuer benutzt. Man braucht sehr wenig Flüssigkeit, da der konische Deckel eine große, kühle Fläche bildet, auf der der Dampf kondensiert und dann nach unten in die Speise tropft. Durch die hohe Form wird der Deckel oben nicht heiß und lässt sich mit bloßen Händen anfassen.

Diese modifizierte Form von Tagine kann man auf dem Herd benutzen. Das emaillierte Gusseisenunterteil hält auch bei niedriger Temperatur eine gleichmäßige Wärme; es passt auf jede Brennstelle.

3

4

4 Schmortopf Der wunderschöne 6-Liter-Kochtopf besteht aus Edelstahl 18/10 mit Aluminiumeinlage zur optimalen Wärmeleitung. Die Einlage reicht über den gesamten Rand (siehe »Materialkunde«, Edelstahl, Seite 8). Zum Topf gehört ein Rost, mit dem sich Speisen leicht herausheben lassen. Er hat runde, nicht wärmeleitende Griffe und einen gut schließenden Deckel.

5 Kasserolle mit Antihaftbeschichtung Sie besteht aus Titan, die Oberfläche ist so hart, dass ihr auch Metallutensilien nichts anhaben. Der massive Boden bräunt bei hoher Temperatur, der Topf eignet sich aber ebenso zum sanften Köcheln. Der Glasdeckel ist hitzebeständig bis 260°C, darf also auch in den Backofen. Nicht für Induktionsherde geeignet.

5

Terminologie

O Braisieren Mit sehr wenig Flüssigkeit bei kleiner Hitze langsam in geschlossenem Kochgeschirr garen.

O Dünsten Im eigenen Saft ohne oder mit wenig Flüssigkeit und in der Regel ohne Fett garen.

O Schmoren Eine feuchte Garmethode, bei der die Speisen nach dem Anbraten mit wenig Flüssigkeit im zugedeckten Gefäß auf dem Herd oder im Ofen garen.

6 Emaillierter Bräter Der schwere, emaillierte Gusseisentopf, auch »Cocotte« genannt, hat einen hohen Rand und fasst beachtliche Mengen Fleisch, Gemüse und Flüssigkeit. Der schwere Deckel lässt sich mit einem Streifen Teig versiegeln oder leicht schräg stellen, so dass Dampf entweicht. Ein dicker Boden sorgt für gleichmäßige Wärmeleitung. Zum Anbräunen und für leise köchelnde Schmorgerichte.

6

7 Gusseiserner Bräter Den schönen Topf hat Björn Dahlström entworfen, und er ist auf dem besten Weg, ein moderner Klassiker zu werden. Wie der traditionelle Bräter hat er einen dicken, flachen Boden zum Anbraten und einen hohen Rand und fasst große Mengen Fleisch und Flüssigkeit. Der Rand ist leicht abgeschrägt und beschleunigt die Verdunstung.

7

8 Kasserolle aus gebürstetem Edelstahl Noch ein moderner Klassiker von Björn Dahlström, im gleichen minimalistischen Design wie der Bräter. Es gibt ihn für 5 oder 8 Liter, er besteht aus hochwertigem Edelstahl 18/10 mit dicker, bis zum Rand reichender Aluminiumeinlage, die im ganzen Topf für gute Wärmeleitung sorgt.

8

9 Hochglänzende Edelstahlkasserolle Bei diesem glänzenden Topf, einem Entwurf von Robert Welch, paart sich Schönheit mit Funktionalität. Der Boden hat eine dicke Kupfereinlage zur gleichmäßigen Wärmeleitung, die Griffe stehen aus Sicherheits- und Bequemlichkeitsgründen leicht vom Topf ab. Der Deckel wird für platzsparendes Verstauen und Stapeln umgedreht.

9

Tontöpfe

Neben Eisen gehört Ton zu den ältesten Topfmaterialien, die schon in primitiven Kulturen benutzt wurden, als man über dem offenen Feuer oder in heißer Asche kochte. Der Ursprung deutet darauf hin, dass diese anheimelnden Töpfe zum Köcheln auf kleiner Gasflamme oder im Backofen bestimmt sind. Unabhängig von der Form besteht ihr größter Vorteil darin, dass sie Hitze langsam und gleichmäßig absorbieren und die Speisen ohne Anbrennen gleichmäßig garen.

Alle Tontöpfe sind zerbrechlich; wie stabil sie sind, hängt von der Brenntemperatur ab: je höher die Temperatur, desto stabiler der Topf. Irdene Töpfe sind die zerbrechlichsten – und billigsten. Glasierte Tontöpfe sind nicht porös, leichter zu säubern und halten die Wärme besser. Eine unglasierte Oberfläche wiederum absorbiert Hitze schneller, wählen Sie also Töpfe mit unglasiertem Boden.

1 Bohnentopf/Fait-tout Der massive, geräumige 4-Liter-Topf macht seinem französischen Namen wirklich alle Ehre (»fait tout« heißt »macht alles«). Die bauchige Wandung erhöht das Volumen und die Kochfläche, der etwas engere Rand verlangsamt die Verdunstung. Der Topf hält Temperaturunterschiede aus und kann direkt aus dem Gefrierschrank in den Backofen gesetzt werden. Außerdem ist er spülmaschinenfest.

2 Marmite In der hohen, teilglasierten Marmite bereitet man traditionell herzhafte Eintöpfe wie Cassoulet oder Pot-au-Feu. Der gewölbte Deckel leitet die Kondensflüssigkeit in den Topf zurück und hält den Inhalt feucht. Durch den großen Durchmesser und geraden Rand entsteht eine große Oberfläche, so dass ohne Deckel die Verdunstung beschleunigt wird und sich der typische Cassoulet-Bodensatz bildet.

3 Ovale Terrinenform Das Oval ist die traditionelle Form für Terrinen oder Pâtés. Der fest schließende Deckel liegt auf dem Innenrand auf und verhindert, dass die Speisen austrocknen. Bei einigen Formen hat der Deckel ein Dampfabzugsloch. Die spülmaschinenfeste Form verträgt Temperaturen von minus 20°C bis 250°C.

4 Tontopf In diesem unglasierten Topf gart man köstlich feuchte Schmorgerichte im Backofen fast ohne Wasser und Fett. Vorm Kochen wird der ganze Topf in kaltem Wasser eingeweicht; dieses entweicht als Dampf, wenn der Topf heiß wird. Der Dampf kondensiert unter dem Deckel, und die Feuchtigkeit tropft auf die Speisen.

5 Runder Terracottatopf Der klassische, glasierte Topf mit geradem Rand wird bei 1050°C gebrannt, ist bruchresistent und unempfindlich gegen Temperaturschwankungen. Er ist ideal für Wintermahlzeiten zu zweit oder zum Aufwärmen kleiner Eintopfreste. Herzhafte überbackene Suppen, z. B. Zwiebelsuppe, kann man darin vom Backofen direkt auf den Tisch bringen.

Hühner-Tagine mit eingelegten Zitronen

Dieses wunderbar aromatische Rezept stammt von Claudia Roden, der bekannten Kochbuchautorin, der man nachsagt, sie habe »eigenhändig dem westlichen Gaumen die Küche des Nahen Ostens nahe gebracht«. Das Wort »Tagine« bezeichnet sowohl das Gericht als auch den Topf, in dem es gekocht wird. Mit dem Tagine-Topf (siehe Seite 102) gelingt es am besten, Sie können aber auch eine feuerfeste Kasserolle benutzen, in die das Huhn gerade hineinpasst. Eine Ton-Tagine könnte auf der Gasflamme springen; arbeiten Sie deshalb mit Schutzgitter, oder kochen Sie das Gericht im Topf vor, legen das Huhn dann in den Tontopf und garen es im Backofen fertig.

Für 4–6 Portionen

Utensilien

Reibe
Knoblauchpresse
Mörser und Stößel
Wiegemesser oder Kochmesser
Tagine bzw. runde oder ovale feuerfeste 4,5-Liter-Kasserolle
2 große Metalllöffel
Kochmesser

Zutaten

1 Huhn, ca. 1,8kg
1 Zwiebel, gerieben oder sehr fein gehackt
2 Knoblauchzehen, zerdrückt
1/4 TL Safranfäden, zerdrückt
1/2 TL gemahlener Ingwer
1 1/2 TL gemahlener Zimt
Salz und frisch gemahlener schwarzer Pfeffer
ein großer Bund Korianderblätter, geputzt und fein gehackt
ein großer Bund glatte Petersilie, geputzt und fein gehackt
Schale von 1 1/2 eingelegten Zitronen (siehe unten), geviertelt
75g grüne Oliven, zweimal je 30 Minuten in frischem Wasser gewässert, abgegossen und abgespült

1 Huhn mit allen Zutaten außer eingelegten Zitronen und Oliven in Tagine oder Kasserolle legen. Zur Hälfte mit Wasser bedecken (etwa 300ml) und bei mittlerer bis niedriger Hitze zugedeckt 1 Stunde köcheln lassen, Huhn mehrmals wenden und bei Bedarf Wasser zugießen.

2 Zitronenschale und Oliven zur Sauce geben und weitere 20 Minuten köcheln lassen bzw. so lange, bis das Huhn so zart ist, dass sich das Fleisch vom Knochen löst, und die Flüssigkeit eingekocht ist.

3 Huhn herausnehmen und auf flachen Teller legen. In serviergerechte Portionen zerteilen und auf Servierplatte oder Unterteil der Tagine legen. Mit Küchenpapier Fett von der Sauce absaugen. Sauce über Huhn gießen. Nach Wunsch mit Couscous servieren.

Eingelegte Zitronen Vier dickschalige Zitronen waschen und schrubben. Der Länge nach vierteln, aber so, dass die Teile am Stielende noch zusammenhängen. In jede Zitrone 1 Esslöffel Meersalz füllen. In sauberes Glasgefäß stecken, in das die Zitronen zusammengedrückt knapp hinein passen. Glas zuschrauben und drei oder vier Tage stehen lassen. Sie geben Saft ab, und die Schale wird weich. So stark wie möglich zusammendrücken und so viel frischen Zitronensaft zugeben, dass sie völlig bedeckt sind. Glas zuschrauben und an kühlem Platz mindestens einen Monat ziehen lassen. Vor Gebrauch Salz abspülen.

Rinderschmorbraten mit Wintergemüsen

Beim langen, langsamen, feuchten Garen im zugedeckten Topf wird auch ein billigeres Fleischstück so zart, dass es auf der Zunge zergeht. Das Fleisch wird erst angebraten und dann langsam mit Gemüsen und relativ wenig Flüssigkeit gegart. Es blubbert träge vor sich hin, reichert die umgebende Flüssigkeit an und lässt Ihnen Zeit, sich mit anderen Dingen zu befassen. Unmittelbar vorm Servieren wird das Gericht mit fein gehackter Petersilie, Zitronenschale und Knoblauch bestreut.

Für 4 Portionen

Utensilien

Schälmesser

Bräter oder Kasserolle, in die das Fleisch genau passt

Zange

Kochmesser

Pendelschäler

Zitrusreibe

Wiegemesser

konisches Sieb

4 Töpfe

Rührbesen

Tranchiermesser

Zutaten

1,6–1,8kg Rinderrollbraten, Keule oder Brust

4 dicke Knoblauchzehen in dünnen Scheiben, plus 1 kleine Knobläuchzehe, fein gehackt

etwa 20 Rosmarinblätter

2 EL Pflanzenöl

25g Butter

1 rote Zwiebel, fein gehackt

2 Selleriestangen, fein gewürfelt

2 Karotten, fein gewürfelt

1 kleiner Bund Thymian

1 Lorbeerblatt

2–3 Streifen dünn abgeschälte Orangenschale

350ml Rotwein

150ml Fleischbrühe, möglichst hausgemacht

Meersalz und frisch gemahlener schwarzer Pfeffer

fein abgeriebene Schale einer Zitrone

3 EL gehackte glatte Petersilie

1/2 EL Mehl

Als Beilage:

16 Babykarotten

12 kleine Kartoffeln, zu Ovalen geschnitzt

1 Wirsingkohl, geviertelt und in Streifen geschnitten

1 Stückchen Butter

a

b

c

1 Backofen auf 140°C/Gas Stufe 1 vorheizen. Fleisch gründlich abtrocknen und rundum mit scharfer Messerspitze einritzen. Mit Rosmarinblättern und Knoblauchscheiben spicken (a).

2 Pflanzenöl in Bräter oder Kasserolle mit schwerem Boden erhitzen. Fleisch im sehr heißen Öl von allen Seiten anbraten, mit Zange wenden (b). Fleisch auf Teller legen.

3 Hälfte der Butter in Topf geben. Wenn sie Blasen schlägt, Zwiebel, Sellerie und Karotten zugeben und in etwa 5 Minuten bei mittlerer Hitze weich garen.

4 Fleisch zusammen mit ausgetretenem Saft wieder in Topf geben. Thymian, Lorbeerblatt und Orangenschale zugeben, dann Wein und Brühe angießen (c). Die Flüssigkeit sollte das Fleisch höchstens zu einem Drittel bedecken. Mit Salz und frisch gemahlenem schwarzen Pfeffer würzen.

5 Flüssigkeit zum Kochen bringen, dann fest schließenden Deckel auflegen und in den Backofen stellen. 3–3 1/2 Stunden garen, dabei etwa alle 30 Minuten wenden.

6 Gegen Ende der Garzeit Zitronenschale, Petersilie und gehackten Knoblauch vermengen. Mehl und restliche Butter zu glatter Paste verrühren. Karotten, Kartoffeln und Kohl garen, bis sie zart, aber noch knackig und farbig sind. In separaten Töpfen warm stellen.

7 Fleisch aus dem Topf nehmen. Auf warmen Teller legen und an warmem Platz, lose mit Alufolie abgedeckt, 10 Minuten ruhen lassen.

8 Inzwischen von der Schmorflüssigkeit mit Küchenpapier Fett absaugen. Gemüse in Topf abseihen, mit Löffelrücken alle Flüssigkeit ausdrücken.

9 Abgeseihte Flüssigkeit zum Kochen bringen, aus dem Fleisch ausgetretenen Saft zugeben. Butter-Mehlpaste in kleinen Stücken unterrühren, so lange schlagen, bis die Sauce glatt ist.

10 Fleisch aufschneiden und Scheiben auf vorgewärmter Servierplatte anrichten. Sauce übers Fleisch gießen und mit einem Großteil der Petersilienmischung bestreuen.

11 Gemüse mit Butter aufwärmen, mit Salz und frisch gemahlenem schwarzen Pfeffer würzen und mit restlicher Petersilie bestreuen.

Auflauf- und Gratinformen

In diesen Formen bereitet man Speisen im Backofen zu oder überbackt heißen Käse, knackige Kartoffeln oder knusprige Brotkrumen. Gratinformen aus hochwertigen Materialien wie Porzellan oder Gusseisen sind gute Wärmeleiter und vertragen hohe Temperaturen. Man stellt sie auch gerne direkt auf den Tisch, weshalb sie in schönen Formen und Farben hergestellt werden.

1 Rechteckige Keramik-Gratinformen Die glasierten Formen sind so robust, dass man sie direkt vom Tiefkühlgerät in den Backofen stellen kann. Das Rechteckig nutzt den Platz in Backofen oder Gefrierschrank optimal aus, durch die leicht abgeschrägten Ränder vergrößert sich die knusprige Oberfläche. Ein dicker Rand erleichtert das Anfassen. Die große Gratinform ist so hoch, dass vier oder fünf Schichten Lasagne hinein passen. Die leicht abgerundete Innenseite erleichtert das Servieren.

2 Ovale Keramik-Gratinformen Sie haben die klassische Form für Gratins, sind aber so vielseitig, dass man sie auch als Servierschalen oder sogar zum Tranchieren kleiner Braten benutzen kann. Die Formen dürfen direkt vom Gefriergerät in den Backofen wandern. Sie leiten die Wärme gleichmäßig und halten sie gut, so dass die Speisen auch auf dem Tisch warm bleiben.

3 Porzellan-Souffléformen In den runden, hohen Formen mit geradem Rand ist der Souffléteig größter Hitze ausgesetzt. Dadurch gerinnt das Eiweiß, bevor die beim Aufschlagen eingearbeitete Luft entweichen kann. Durch die glatte Porzellaninnenseite geht der Teig gut auf. Es gibt die Form in mehreren Größen, die beliebteste fasst 0,9 Liter. Bei größeren Formen wird der Teig innen unter Umständen nicht richtig gar.

4 Eierpfanne aus emailliertem Gusseisen Die flache Form ist zum Garen von Eiern auf dem Herd oder im Backofen bestimmt. Der stark abgeschrägte Rand erleichtert das Servieren und Säubern, vor allem aber schafft er eine größere Oberfläche, so dass die Eier optimal der Hitze ausgesetzt sind und gleichmäßig garen.

5 Auflaufform aus emailliertem Gusseisen Mit dem hohem Rand eignet sie sich besonders gut für Eierspeisen mit Gemüse, zum Beispiel Spinat, oder für einzelne Lasagneportionen.

6 Porzellan-Auflaufförmchen Die glatten Formen mit geradem Rand benutzt man für einzelne Portionen Soufflé, gebackene Eiercreme oder Crème brûlée. Solche Eierspeisen gart man in einer bis zur halben Randhöhe mit heißem Wasser gefüllten Schmorpfanne. Die Förmchen haben einen leicht aufgerauhten Boden; so kann sich kein Vakuum bilden, und die Formen saugen sich nicht im Wasserbad fest.

7 Ovale Porzellan-Gratinformen Die klassischen weißen Gratinformen gibt es in mehreren Größen. Die bogenförmigen Griffe gehen in den Rand über, dieser ist nach außen gebogen, so dass eine größere Oberfläche entsteht.

8 Porzellan-Schokoladenschalen In den eleganten Schalen bereitet man traditionell reichhaltige Schokoladendesserts, aber auch gebackene Cremes.

Gratinformen sind flach, damit sie unter den Grill oder oben in den Backofen passen. Die Griffe sind klein und weisen nach außen, so dass die Speisen dicht unter dem Grill stehen können.

Empfehlenswert ist ein Satz rechteckiger oder ovaler Keramik-Gratinformen, denn sie dienen gleichzeitig als Servierschüsseln für Gemüse, Reis und Salate. Praktisch ist auch ein Satz mit sechs oder acht kleinen Auflaufförmchen für süße oder pikante gebackene Speisen und kleine Knabbereien.

9 Ton-Kartoffeltopf
Die poröse, unglasierte Tonform, in Frankreich »diable« genannt, lässt keine Feuchtigkeit entweichen und gart den Inhalt im Dampf. So bleiben Duft und Geschmack erhalten. Am besten funktioniert der Topf, wenn Größe und Form möglichst genau auf den Inhalt abgestimmt sind. Es gibt ihn in verschiedenen Formen für Geflügel oder Fisch.

10 Glasierte Tonformen
Die klassischen Formen für traditionellen, im Wasserbad gegarten Pudding. Der Teig wird mit Pergamentpapier abgedeckt, das man mit einer Schnur unter dem dicken Rand festbindet. Die Formen sind aber auch ideal für gekühlten Sommerpudding, außerdem kann man sie als Rührschüsseln benutzen.

11 Rechteckige Gusseisen-Terrinenform
In der Form gart und formt man die schwere Terrinenmischung aus fein gehacktem Gemüse, Fleisch oder Fisch. In Gusseisen gart die Speise langsam und gleichmäßig, durch die langgezogene Form lässt sich die Terrine in saubere, kleine Portionen schneiden.

12 Hackbratenform aus beschichtetem Stahl
Die zweiteilige Form hat einen perforierten Rippenboden. So kann die fetthaltige Flüssigkeit des Hackbratens abfließen. Die äußere Form dient auch als Brotbackform.

13 Aluminium-Puddingform
In den Formen werden altmodische Puddings im Wasserbad gegart, sie dienen aber auch als Sturzform für gekühlte Cremes und Mousses. Für Obstdesserts eignet sich Aluminium nicht, es sei denn, man schlägt es mit Pergamentpapier aus (siehe »Materialkunde«, Seite 8).

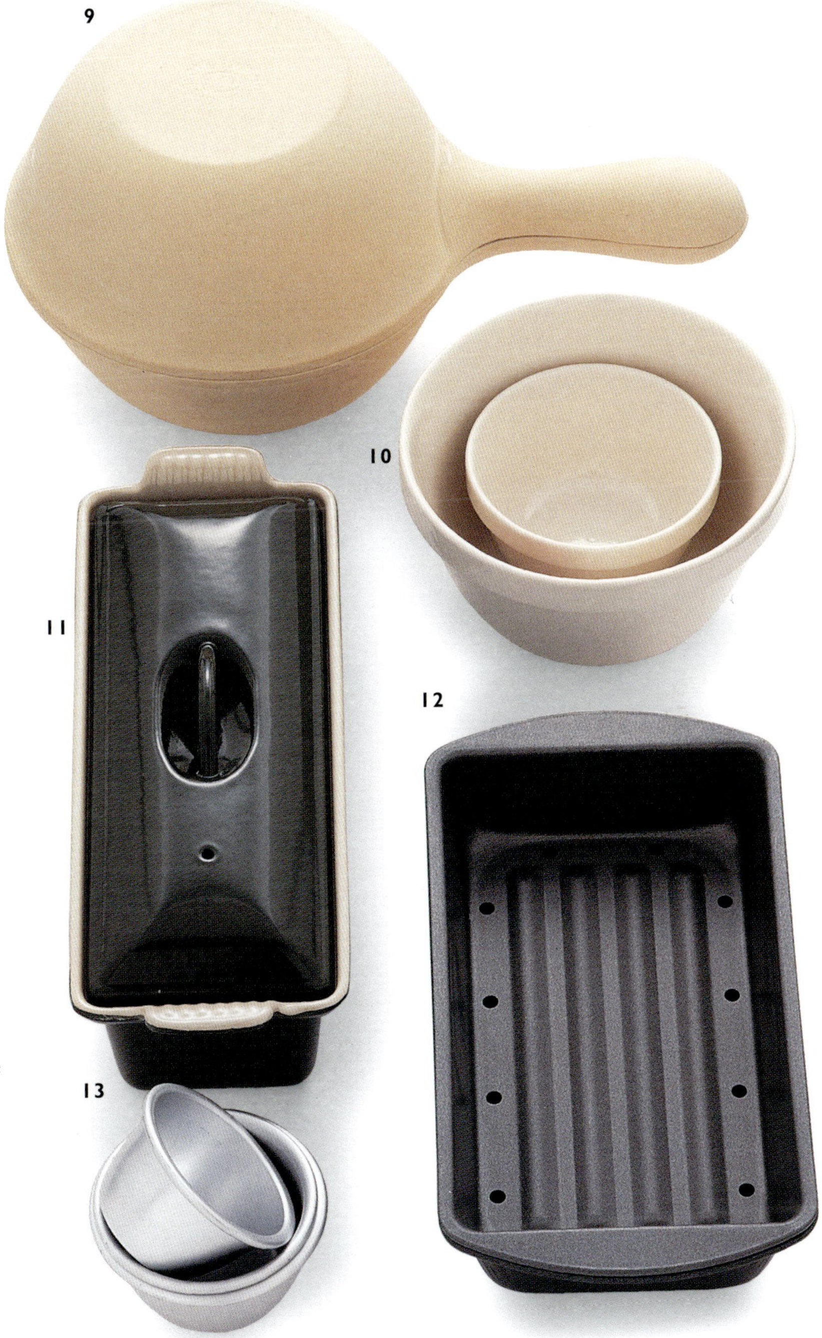

Gratin mit frischen Bohnen

Alice Waters ist eine der beliebtesten Köchinnen Amerikas. Ihre als »poetisch« und »leidenschaftlich« beschriebene Küche basiert auf der Vorstellung, dass optimaler Geschmack und Harmonie mit der Umwelt Hand in Hand gehen. Dieses Sommergericht ist typisch für ihre Küche. Sie brauchen eine etwa 5cm hohe Gratinform von 23 x 23cm. Nehmen Sie eine Bohnenmischung in verschiedenen Farben. Sie benötigen 900g–1,3kg mit Schoten, das sollte nach dem Auslösen etwa 450–500g ergeben. Es geht aber auch mit getrockneten Bohnen. Weichen Sie 225g Bohnen (bei Mischungen separat) über Nacht ein. Abgießen und in frischem Wasser stark kochend 20 Minuten garen. Wieder abgießen und bei Schritt 1 mit dem Kochen beginnen.

Für 4–6 Portionen

Utensilien

mittelgroße Töpfe für jede Bohnensorte

Seiher

Messbecher oder Schüssel

Kochmesser

Schälmesser

mittlere Bratpfanne

Holzlöffel

1,5-Liter-Gratinform

Zutaten

450–500g ausgelöste frische Bohnenkerne, z. B. Cannellini-, Flageolet- oder Borlottibohnen

Salz

6 EL Olivenöl

1/2 Zwiebel, fein gehackt

4 Knoblauchzehen, gestiftelt

1–2 Salbeiblätter, gehackt

125–150g Suppengrün, z. B. Karden, junge Broccoli-Triebe, Senfkraut oder Karottengrün, in Streifen geschnitten (nach Wunsch)

2 Tomaten, grob gehackt

8 EL geröstete Brotkrumen (siehe unten)

1 Bohnen in den Topf geben und 2,5cm hoch mit Wasser bedecken (frische Bohnenkerne absorbieren nur wenig Wasser). Nach dem Aufkochen salzen, 2 EL Olivenöl zugeben und Temperatur herunterschalten, bis sie nur noch köcheln. In etwa 30 Minuten weich kochen. Bohnen über Messbecher abgießen, Flüssigkeit aufheben.

2 Backofen auf 180°C/Gas Stufe 4 vorheizen. Während die Bohnen kochen, Zwiebel in 2 Esslöffel Olivenöl mit Knoblauch, Salbei und etwas Salz glasig dünsten. Nach Wunsch mit der Zwiebel einen kleinen Bund Suppengrün garen, dabei etwas Bohnenwasser zugeben.

3 Ist die Zwiebel gar, Tomaten zugeben, Temperatur erhöhen und noch ein bis zwei Minuten garen.

4 Bohnen in der Gratinform mit Zwiebeln, Tomaten und eventuell Suppengrün vermengen. Bohnenwasser zugießen, so dass sie knapp bedeckt sind. Abschmecken und restliches Olivenöl über das Gratin gießen.

5 Mit gerösteten Brotkrumen bestreuen und 45 Minuten backen. Ab und zu kontrollieren und Bohnenwasser zugeben, falls das Gratin zu trocken erscheint.

Geröstete Brotkrumen Backofen auf 150°C vorheizen. Rinde von altem Landbrot abschneiden. In kleine Stücke brechen und von Hand hacken oder im Mixer zerkleinern, je nach Verwendung auch in groben Stücken belassen. Mit einer Prise Salz und etwas Olivenöl vermengen. Krumen dünn auf Backblech verteilen. Goldbraun backen, dabei alle 10 Minuten wenden.

Teig-herstellung

Werkzeug für Pizza und Pasta

Der Teig für diese zeitlosen Lieblingsspeisen braucht kein Geheimrezept – nur Chemie, Geduld und Fingerspitzengefühl. Das wichtigste Utensil sind Ihre Hände. Alle anderen sind nur Hilfsmittel.

Am besten gelingt hausgemachter Pizzateig, wenn man die Pizza auf einem bei höchster Temperatur im Backofen vorgeheizten Pizzastein backt. Mit etwas Glück wird der knusprige Boden ebenso köstlich wie in der Gluthitze von Holzfeuer und Steinofen.

Das Selbermachen von Nudelteig ist zeitraubend, aber ausgesprochen entspannend und befriedigend. Das Ergebnis ist den so genannten »frischen« Nudeln im Supermarkt haushoch überlegen.

1 Perforierte Pizzapfanne Durch die Löcher dringen Hitze und Luft bis ins Teiginnere, und der Boden wird knuspriger als auf ungelochten Backblechen. Die Pfanne eignet sich besonders für große Pizzen.

2 Pizzastein Die dicke, unglasierte Keramikscheibe wird im sehr heißen Backofen vorgeheizt und entzieht dem Teig Feuchtigkeit; der Boden wird knusprig, aber nicht hart. Es gibt sie mit 32–40cm Durchmesser.

3 Pizzaschaufel Das flache Utensil hat eine dünn zulaufende Kante, die mühelos unter die Pizza gleitet, wenn man sie vom Stein abhebt. Es gibt auch Schaufeln aus Holz, sie werden weniger heiß.

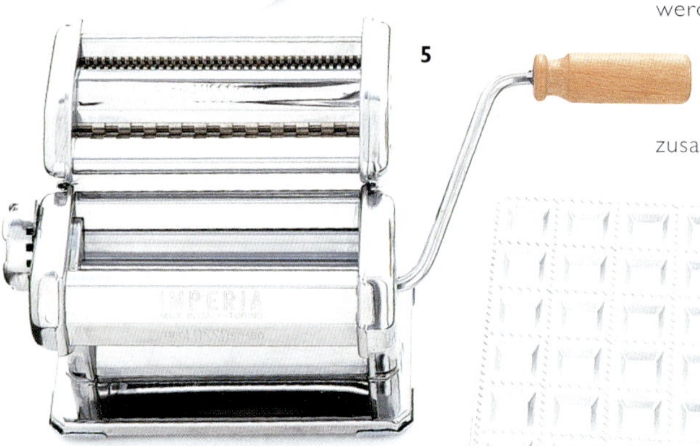

4 Raviolibrett Eine Form aus Aluminiumguss, in der alle 36 Ravioli gleich groß werden. Durch die flachen Ränder zwischen den Vertiefungen werden die Teigschichten zusammengedrückt.

5 Nudelmaschine Mit der handbetriebenen Nudelmaschien geht das Ausrollen und Ausschneiden schneller. Durch abgestufte Öffnungen wird der Teig auf die gewünschte Stärke ausgewalzt. Auswechselbare Schneideeinsätze zerteilen ihn in verschiedene Breiten.

6 Nudelhölzer Die hübschen Nudelhölzer sind tief eingekerbt, man schneidet damit den Teig per Hand in verschieden breite Streifen. Die Schneiden sind recht zerbrechlich und können bei unsachgemäßer Handhabung splittern.

7 Teigrädchen Ein hochwertiges, handgefertigtes Utensil mit zwei auswechselbaren Messingrädchen – eins glatt, eins mit Zackenrand für ausgezackte Bandnudeln oder Ravioli. Anders als bei massengefertigten Geräten haben die Räder scharfe, sehr sauber schneidende Klingen. Messing ist dick und schwer und wird bei Gebrauch nicht so heiß wie leichtere Materialien. Auch dadurch werden die Schnittflächen glatter.

8 Teigausstecher Wenn Sie Ravioli in Übergrößen mögen, ist dieser Ausstecher aus Aluminiumguss mit 6,5cm Kantenlänge der richtige für Sie.

Frische Pasta

Frischer Nudelteig ist nicht schwerer zu machen als Kuchenteig, vor allem, wenn Sie zum Ausrollen und Teigschneiden eine Maschine benutzen. Das Geheimnis liegt im Kneten und langsamen Ausdünnen. Sie müssen die Rollen Kerbe für Kerbe verstellen und dürfen keine überspringen.

Nudelteig spricht auf Wärme an, arbeiten Sie daher nie auf einer Marmor- oder Metallfläche. Benutzen Sie ein großes Holzbrett oder ein anderes glattes, relativ warmes Material. Sie brauchen viel Platz, um die Teigplatten auszulegen, und viele saubere, trockene Geschirrtücher als Unterlage.

Am besten gelingt Pasta mit italienischem »00«-Mehl, 100g auf ein Ei. Darüber hinaus lässt sich unmöglich voraussagen, wie viel Mehl man braucht – so viel, dass der Teig weder zu trocken noch zu klebrig wird. Fangen Sie also lieber mit weniger Mehl an – zugeben können Sie jederzeit.

Der Teig reicht für 4 bis 6 Portionen

Utensilien	Zutaten
großes Holzbrett	300g italienisches Mehl, Type »00«
Teigschaber	3 große Eier, Zimmertemperatur
handbetriebene Nudelmaschine	

1 Mehl auf Holzplatte schütten und Haufen mit Mulde in der Mitte formen. Eier in die Mulde geben und mit einer Gabel gleichmäßig verquirlen. Dann langsam Mehl in die Eier einarbeiten (a). Weiterrühren, bis Eier nicht mehr flüssig sind.

2 Mehlrand schnell über die Eier schieben, aber etwas Mehl übrig lassen, falls der Teig zu klebrig wird. Eier und Mehl zu einem glatten Teig verkneten, bei Bedarf restliches Mehl einarbeiten (b). Teig in Frischhaltefolie wickeln.

3 Mit dem Handballen gegen den Teig drücken, Teig zusammenklappen, halbe Drehung machen und wieder drücken (c). Auf diese Weise 15 Minuten kneten, bzw. bis der Teig seidig glatt und elastisch ist, dabei immer in dieselbe Richtung drehen.

4 Teig in mindestens sechs Teile schneiden, einen davon plattdrücken, die anderen einzeln in Frischhaltefolie wickeln. Das platte Stück auf ein Drittel zusammenklappen (d) und längs bei weitester Einstellung durch die Nudelmaschine geben (e). Drei- oder viermal wiederholen, dabei den Teig jedes Mal auf ein Drittel zusammenklappen. Die Teigplatte auf ein Geschirrtuch legen und andere Stücke ebenso auswalzen.

5 Rollen um eine Kerbe verstellen und alle Platten noch einmal durchwalzen, dieses Mal nicht zusammengeklappt. Noch eine Kerbe enger stellen und solange wiederholen, bis man bei der kleinsten Einstellung angekommen ist.

6 Zum Nudelschneiden Teig in 30cm große Platten schneiden und durch gewünschten Einsatz ziehen (f). Nudeln vorsichtig trennen und auf Geschirrtüchern auslegen.

7 Jeweils einige Nudeln zum Nest rollen und 24 Stunden trocknen lassen. In luftdichtem Behältnis aufbewahren.

Ricotta-Minze-Tortelloni

Marcella Hazan ist die Doyenne der italienischen Küche und eine der angesehensten Kochbuchautorinnen. Für ihre köstlichen Tortellini füllt sie Eiernudelteig mit Ricotta, Minze, Zwiebeln und Knoblauch. Eine mit Lorbeer aromatisierte Tomatensauce ist die perfekte Ergänzung. Die Sauce lässt sich ein bis zwei Tage im Voraus zubereiten; vor dem Anrichten wird sie leicht köchelnd aufgewärmt. Die Tortelloni kann man bereits morgens zubereiten, wenn man sie abends servieren will.

Für etwa 36 Tortelloni, als Vorspeise für 6 Portionen,
als Hauptgericht für 4 Portionen

Anmerkung Zum Füllen muss Nudelteig weich und klebrig sein, daher die Anleitung von Seite 113 folgendermaßen abwandeln: Jede Teigplatte erst ganz auswalzen, schneiden und füllen wie unten beschrieben, dann das nächste Stück bearbeiten.

1 Ricotta fest in eine Lage Mull wickeln und 30 Minuten abtropfen lassen wie beim Rezept für »Joghurtkäse« auf Seite 58. Ricotta in die Schüssel geben, Muskat, Minze, Eigelb, Salz und Pfeffer zugeben und gut verrühren.

2 Butter und Zwiebel in kleine Bratpfanne geben und Zwiebel auf mittlerer Hitze unter gelegentlichem Umrühren blassgelb dünsten. Knoblauch zugeben und unter häufigem Rühren etwas blasser gelb als die Zwiebel dünsten. Pfanneninhalt in Ricottamischung geben und mit Holzlöffel gleichmäßig unterrühren.

3 Teig nach Anleitung auf Seite 113 mit Eiern, Mehl und zusätzlich mit Milch herstellen, dann verrühren und kneten. Teig in vier Stücke schneiden und ein Stück wie beschrieben ausrollen, zusammenklappen und ausdünnen bis zur feinsten Einstellung. Restlichen Teig mit Frischhaltefolie abdecken.

4 15cm breiten, langen Teigstreifen auf sauberes Geschirrtuch legen. In 6cm Abstand kirschgroße Kleckse Füllung darauf geben, 3cm von einer langen Seite entfernt (a).

5 Dann freie Seite über die Füllung klappen und Kante auf Kante legen (b). Luft mit Handkante herausdrücken und Kanten sanft, aber fest zusammendrücken. Kante mit gezacktem Teigrädchen beschneiden und verschließen, dann Rädchen quer zwischen den Füllungen durchführen (c). Kanten mit Fingerspitzen zusammendrücken, dann Tortelloni auf Geschirrtüchern auslegen; sie dürfen sich nicht berühren.

6 Nun restliche Teigstücke ebenso verarbeiten. Man kann die Tortelloni sofort oder nach einigen Stunden kochen.

7 Für die Sauce 25g Butter und 1½ Esslöffel Öl bei mittlerer Hitze in mittelgroßer Bratpfanne erhitzen. Zwiebel unter Rühren goldgelb garen. Lorbeerblätter zugeben und einige Sekunden garen, dann Tomaten, Salz und Pfeffer zugeben. Leicht köchelnd unter gelegentlichem Rühren etwa 15–20 Minuten garen, bis sich das Fett absetzt.

8 Tortelloni im großen Topf mit kochendem Salzwasser garen, dabei 1 Esslöffel Olivenöl zugeben. Gart man sie einige Stunden nach der Zubereitung, brauchen sie etwas länger als sehr frische. Nach etwa 3 Minuten probieren, gegebenenfalls noch weiter garen, bis sie zart, aber noch bissfest sind. Mit Schaum- oder Seihlöffel herausholen und vorsichtig in den Seiher legen (d).

9 Die abgetropften Tortelloni sofort in vorgewärmte Servierschüssel geben und vorsichtig mit 15g Butter, Tomatensauce und geriebenem Parmesan vermengen. Sofort auftragen.

Utensilien

Mull
Holzlöffel
großer Krug oder Schüssel
Rührschüssel
Muskatreibe
kleine Bratpfanne
mehrere große Geschirrtücher
handbetriebene Nudelmaschine mit 15-cm-Rollen
gezacktes Teigrädchen
Küchenmesser
mittlere Bratpfanne
Nudeltopf
Schaum- oder Seihlöffel
Seiher
Parmesanreibe

Zutaten

Für die Füllung:
225g Vollmilch-Ricotta
1/8 TL frisch geriebener Muskat
4 TL gehackte frische Minzeblätter
1 Eigelb
Salz und frisch gemahlener schwarzer Pfeffer
15g Butter
2 EL fein gehackte Zwiebel
1/2 TL gehackter Knoblauch

Für den Teig:
150–200g italienisches Mehl, Type »00«
2 große Eier, Zimmertemperatur
1 EL Milch

Zum Kochen und für die Sauce:
25g Butter für die Sauce, 15g zum Anrichten
1 1/2 EL extra natives Olivenöl für die Sauce, 1 EL für die Nudeln
1/2 kleine Zwiebel, fein gehackt
4 Lorbeerblätter
350g große, feste, reife Tomaten, abgezogen, entkernt und gehackt
Salz und frisch gemahlener schwarzer Pfeffer
50g frisch geriebener Parmigiano Reggiano

Der Duft und die Konsistenz frischer Hefe, das rhythmische Kneten, die perfekte Rundung des aufgegangenen Teigs und die Verwandlung in einen appetitlichen, knusprigen Laib – all das macht das Brotbacken zum sinnlichsten aller kulinarischen Vergnügen.

a

b

c

d

Schwedisches Dillbrot

Eric Treuille und Ursula Ferrigno haben zusammen ein erfolgreiches Brotbackbuch verfasst und geben beide Backkurse – Ursula in ihrem Geburtsland Italien und Eric an der Books for Cooks Cookery School in London. Ihr Rezept für schwedisches Dillbrot ist schlicht und superb zugleich. Das Brot, angereichert mit Frischkäse, Butter und Eiern und mit Dill aromatisiert, hat eine lockere Krume und goldene Kruste mit gerösteten Zwiebelstückchen.

Für 1 Brot

Utensilien

- kleine und große Schüsseln
- Sieb
- Holzlöffel
- Mehlstreuer
- Backpinsel
- antihaftbeschichtete Brotbackform, 19 x 12 x 9cm
- Kuchengitter

Zutaten

- 2 TL Trockenhefe
- 100ml lauwarmes Wasser
- 500g kräftiges weißes Mehl
- 1 TL Salz
- 2 EL gehackter frischer Dill
- 150g Frischkäse, Zimmertemperatur
- 2 Zwiebeln, grob gehackt
- 25g ungesalzene Butter, Zimmertemperatur, plus etwas Butter zum Einfetten der Form
- 1 Ei, verquirlt

1 Hefe in die kleine Schüssel mit Wasser streuen. 5 Minuten warten, dann verrühren, bis sie sich aufgelöst hat.

2 Mehl und Salz in große Schüssel sieben. Eine Mulde in die Mitte machen und Dill, Frischkäse, Zwiebeln, Butter, Ei und Hefewasser zugeben. Alle Zutaten mit Holzlöffel zu steifem, klebrigen Teig verrühren.

3 Teig auf leicht bemehlte Holzplatte geben. Zur Kugel formen, dann plattdrücken. Teig zu sich hin zusammenklappen.

4 Teig mit Handballen von sich weg drücken (a). Gleichzeitig Teig mit der anderen Hand leicht zu sich hin drehen und langsam im Kreis drehen. Weiter mindestens 10 Minuten zusammenklappen, drücken und drehen, bis der Teig seidig glatt ist.

5 Teig in saubere Schüssel legen und mit Geschirrtuch zudecken. In etwa 1 1/2 Stunden auf doppelte Größe aufgehen lassen.

6 Brotbackform mit Butter einfetten. Teig durchkneten, dann 10 Minuten ruhen lassen.

7 Teig mit leicht bemehlter Handfläche platt drücken, um eventuelle Gasbläschen heraus zu drücken (b). Gleichmäßig drücken, damit die runde Form erhalten bleibt. Eine Seite zur Mitte klappen. Leicht andrücken.

8 Andere Seite so nach innen klappen, dass sich die beiden Seiten in der Laibmitte überlappen (c). Äußeren Rand vorsichtig der Länge nach festdrücken, damit die Teile zusammenhalten.

9 Teig mit zusammengeklappter Seite nach unten auf Arbeitsfläche legen. Zu gleichmäßiger Dicke formen. Teig hoch heben, Enden unterschlagen und mit zusammengeklappter Seite nach unten in gefettete Form legen (d). Mit Geschirrtuch zudecken. Etwa 1 1/2 Stunden gehen lassen, bis der Teig 1cm über den Formrand ragt.

10 Backofen auf 180°C/Gas Stufe 4 vorheizen. Brot 45 Minuten bis 1 Stunde backen, bis es dunkel golden ist und hohl klingt, wenn man von unten darauf klopft. Auf das Kuchengitter stürzen und abkühlen lassen.

Brotbackformen

Brotteig ist so fest, dass er auch auf dem flachen Backblech in Form bleibt, in der Backform hat man jedoch mehr Kontrolle über Form und Festigkeit. Eine offene, rechteckige Form begrenzt Boden und Seiten des Brotlaibs, die Oberseite kann jedoch aufgehen und eine Kruste bilden. In geschlossenen Formen geht das Brot weniger stark auf und wird fester.

Wenn Sie im Brotbacken ein Neuling sind, schaffen Sie zunächst zwei oder drei rechteckige, mittelgroße Formen an – wenn Sie ein Brot backen, warum nicht gleich zwei oder drei? Später kaufen Sie vielleicht eine größere Form, vielleicht auch Baguette- oder Briocheformen.

Rechteckige Formen sollten fest verschweißte Nähte und einen verstärkten Bördelrand besitzen. Bei Waffelböden hängt der Teig weniger leicht an. Auch eine Antihaftbeschichtung tut gute Dienste, ist allerdings keineswegs narrensicher und nutzt sich mit der Zeit ab. Es lohnt sich immer, antihaftbeschichtete Formen mit Öl einzupinseln oder einzusprühen.

Wenn Sie regelmäßig Brot backen, lohnt es sich, strapazierfähige Profi-Backformen anzuschaffen. Sie verziehen sich nicht, und mit der Zeit bildet sich eine glatte Patina, so dass man sie nicht mehr einfetten muss. Brotbackformen gibt es in verschiedenen Größen. Die Form sollte knapp über die Hälfte gefüllt sein, wenn man den Brotteig einlegt.

1 Briocheform In der Form mit dem abgeschrägten Bogenrand backt man Brioche, ein weiches Gebäck mit Butter und Eiern. Die Ränder sind höher als der Bodendurchmesser; so geht der Teig gut auf, ist großflächig der Hitze ausgesetzt, und die Ränder werden schnell fest. Die Form gibt es in sieben Größen von 7,5 bis 20cm Durchmesser.

1

2

3

4

2 Antihaftbeschichtete Brotbackformen Die massiven Formen haben verstärkte Ecken, robuste Bördelränder und zwei Lagen Antihaftbeschichtung. Es gibt sie in zwei Größen: 17 x 11 x 8cm und 19 x 12 x 9cm.

3 Antihaftbeschichtete Baguetteform In der fein perforierten Form ist Platz für zwei mittellange Baguettes. Wollen Sie eine längere Form kaufen, messen nach, ob sie in Ihren Backofen passt.

4 Scharnierform Bei der Form aus verzinntem Stahl klappen die Seiten auf, zieht man die Stifte heraus, und der Laib lässt sich mühelos herausnehmen. Sie ist auch für Kuchen geeignet.

Brotbackformen: Materialien Geschwärzter Stahl wird auf sehr hoher Temperatur erhitzt; so entsteht eine besonders glatte, oxidierte, einigermaßen rostresistente Oberfläche. Stahl ist ein ausgezeichneter Wärmeleiter. Verzinnter Stahl hat, wie der Name schon sagt, eine Beschichtung aus Zinn. Brotbackformen aus verzinntem Stahl muss man vor Gebrauch sorgfältig spülen und abtrocknen. Aluminium ist leicht und ein herragender Wärmeleiter, aber nicht sehr robust. Deshalb werden Brotbackformen aus Stahl manchmal mit einem Aluminiumüberzug versehen.

Kuchenformen und -bleche

Kuchenbacken ist eine präzise Kunst, bei der es auf das akkurate Abwiegen, die Temperatur und die Größe der Form ankommt. Formen mit demselben Volumen können unterschiedliche Abmessungen haben – manche sind breit und flach, andere schmal und hoch. Ein Teig, der schnell in einer flachen Form garen soll, gelingt in einer zu tiefen Form nicht richtig.

Zur Grundausstattung gehören zwei runde, flache 20-cm-Formen für Biskuitteig, eine hohe Form mit 23 oder 25cm Durchmesser für Früchtekuchen, und vielleicht eine 23-cm-Springform, aus der sich Kranzkuchen und Desserts leicht lösen. Bleche mit 12 Vertiefungen sind praktisch für Muffins, kleine Kuchen und Törtchen. Zur Materialauswahl siehe »Material für Brotbackformen«, Seite 117.

1 2

1 Förmchenreihen Die kleinen Einzelförmchen hängen zum leichteren Hantieren zusammen. Zur Wahl stehen Schiffchen, Rechtecke, Löffelbiskuitformen und vieles mehr. Wenn Sie erst eine Sorte haben, wollen Sie wahrscheinlich eine ganze Sammlung.

2 Folien- und Papierformen Praktisch für leichten, schnell gar werdenden Teig, für Verwendung auf dem Backblech oder in den Vertiefungen von Muffinformen. Wenn man die Kuchen erst vor dem Verzehr herausnimmt, trocknen sie in den Papierformen nicht aus. Kinder lieben es, sie abzupellen.

3 Brötchenbackblech Die antihaftbeschichtete Form mit 12 Vertiefungen ist ideal für kleine Kuchen, Törtchen und Mini-Quiches. An den gerippten Griffen lässt sich das Blech leichter in den Backofen schieben.

4

4 Yorkshire-Pudding-Backblech Konstruiert wie das Brötchenbackblech, aber mit vier flachen Vertiefungem mit glattem Boden, für Einzelportionen der unvermeidlichen britischen Beilage Yorkshire Pudding. Auch für kleine Biskuittörtchen, Torten und Quiches.

3

5 6

5 Kuchengitter Auf einem Drahtrost mit Füßen kühlen Kuchen schneller ab, weil der Dampf auf allen Seiten entweichen kann. Sehr empfindliche Kuchen könnten durch den Draht leiden, deshalb den Rost zunächst mit Pergamentpapier abdecken. Das Papier absorbiert den entweichenden Dampf.

6 Muffinform Die Luft kann zwischen den einzelnen Vertiefungen im schweren Gusseisenblech schnell zirkulieren, so dass der Teig rasch aufgeht und gart. Die schrägen Seiten schaffen mehr Oberfläche, so dass der Teig gehen und die Feuchtigkeit verdunsten kann.

7 Guglhupfform Durch das Rohr gelangt Hitze in die Kuchenmitte, und der Teig findet beim Aufgehen an einer zusätzlichen Fläche Halt. Das Rohr ragt über den Rand; dreht man die Form zum Abkühlen um, kann die Luft darunter zirkulieren. Manche Formen haben am Rand kleine Füße, damit sie umgedreht besser stehen.

8 Hohe, runde Kuchenformen Schwerer Früchtekuchenteig hat eine lange Garzeit, deshalb sollte man ihn in einer hohen, schweren Form backen, damit er nicht verbrennt. Diese Formen haben einen abnehmbaren Boden und einen verstärkten Bördelrand, damit sie sich nicht verziehen.

7

8

10

9

11

9 Springform Unentbehrlich für empfindliche Kuchen, die sich schwer aus der Form lösen. Öffnet man die Klammer, löst sich der Rand vom Boden und gibt einen perfekt geformten Kuchen frei. Die strapazierfähige Form besteht aus schwerem Stahl und hat innen und außen eine robuste Antihaftbeschichtung. Dazu gehört ein Kranzboden, ideal für die verschiedensten Rührkuchen.

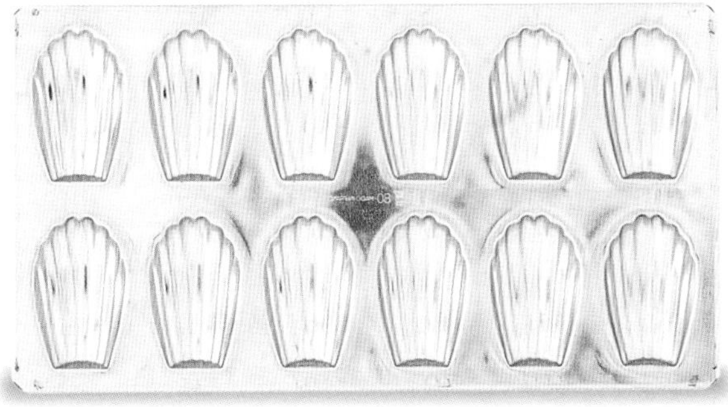

12

10 Biskuitblech Die extrem flache, rechteckige Form wurde speziell für die dünnen Biskuitplatten entwickelt, die man zu Biskuitrollen verarbeitet. Sie besteht aus schwerem, verzinnten Stahl, der die Wärme schnell und gleichmäßig leitet und sich nicht verzieht.

11 Flache Kuchenform Für schnell garende Mischungen wie Biskuitteig. Am besten kauft man gleich zwei. Die Form hat zwar eine Antihaftbeschichtung, muss aber trotzdem eingefettet werden.

12 Madeleine-Blech Durch die muschelförmigen Vertiefungen bekommt die Hitze eine größere Angriffsfläche. So geht der Teig in der Mitte schneller auf, und es entsteht die typische Madeleineform.

Torten- und Pie-Formen

Köstlich, knusprig und goldbraun gelingt der Tortenboden am besten in einer Metallform mit Bogenrand und abnehmbarem Boden. Manche Köche arbeiten mit einem Metallring ohne Boden, der direkt aufs Backblech gesetzt wird. Tortenformen aus Porzellan mit Bogenrand sehen zwar gut aus, absorbieren die Hitze aber langsamer als Metall, so dass der Boden weniger knusprig wird.

Die praktischsten Größen für Tortenformen sind 23 und 25cm. Falls Sie mit großen Gästescharen rechnen, sollten Sie über eine 30-cm-Form nachdenken. Für Quiches ist eine Form mit hohem Rand praktisch. Wenn Sie gerne Pies mögen, lohnt sich die Anschaffung von tiefen und flachen Keramik-Pie-Formen oder einer metallenen Pie-Form für spontane Backaktionen.

Starre Metall-Backbleche sind unentbehrlich für kleine Gebäckstücke und handgeformte Brote. Außerdem versorgen sie Porzellanformen mit zusätzlicher Unterhitze, so dass der Boden schneller gart. Stellen Sie nie zwei gleichzeitig in den Ofen – das obere verhindert, dass die Wärme über dem unteren zirkuliert, und das Ergebnis sind unregelmäßig gegarte Speisen. Kaufen Sie das größte Blech, das in Ihren Backofen passt, es müssen jedoch rundherum 5cm Platz zur Luftzirkulation bleiben.

1 Hohe Tortenformen mit Bogenrand Bei diesen Metallformen wird durch die Bogenränder die Angriffsfläche für die Hitze fast verdoppelt. So wird der Teig schneller fest. Durch die hohen Ränder wird der Teigrand besonders stabil, das ist günstig für grobe Füllungen auf Sahne- oder Eierbasis. Der Boden lässt sich abnehmen (siehe 2).

2 Flache Tortenformen mit Bogenrand Die Formen sind ideal für Obstkuchen mit Guss oder flache Torten mit Cremefüllung. Es gibt sie in Größen von 11 bis 31cm. Wie bei den hohen Formen lässt sich der Boden zum einfacheren Herauslösen abnehmen. Beim Umsetzen auf die Servierplatte braucht man den Boden nicht abzunehmen.

1

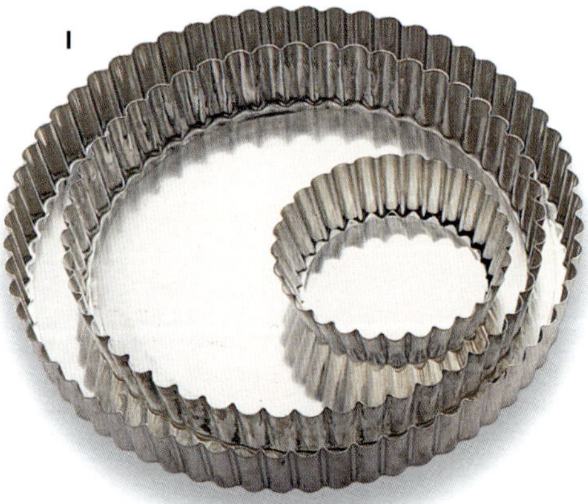

2

3

4

3 Antihaftbeschichtete Biskuitbodenform In der robusten Form mit erhöhtem Mittelteil backt man altmodische Biskuitkuchen, die üppig mit Schlagsahne und Obst beladen werden. Der Boden wird aus der Form gelöst und umgekehrt verwendet, hat also einen höheren Rand. Durch den Waffelboden lässt sich der Kuchen leichter herauslösen.

4 Tarte-Tatin-Form Die elegante Form aus Kupfer mit Edelstahlbeschichtung ist ideal für Tarte Tatin, einen »verkehrt« gebackenen Apfelkuchen. Kupfer ist ein hervorragender Wärmeleiter und lässt den sirupartigen Saft schnell karamelisieren. Der breite Boden und der flache Rand schaffen eine große Oberfläche, so dass die Tarte bis in die Mitte gleichmäßig gart.

5 Tiefe Pie-Form Eine jener makellos gestalteten Formen, die von Generation zu Generation weitervererbt werden. Sie besteht aus dicker, glasierter Keramik, und die Hitze wird gleichmäßig bis in die Mitte geleitet, ohne dass die Kruste verbrennt. Am breiten, flachen Rand findet die obere Teigschicht Halt und schließt dicht ab, die sanft gerundete Innenseite macht das Herauslösen und Säubern leichter.

6 Pie-Vogel Der Porzellanvogel soll die obere Teigschicht beschweren und den Dampf ableiten, der ansonsten die Kruste aufweichen würde. Durch den leicht ausgebogten Fuß steigt der Dampf nach oben und entweicht durch den Schnabel. Der Schnabel muss weit offen stehen. Es gibt aber auch spezielle Trichter, die demselben Zweck dienen.

7 Flache Pie-Form Wie die tiefe Pie-Form (5) besteht auch dieses klassische Stück aus dicker, glasierter Keramik mit flachem Rand zum Verschließen gedeckter Pies. Die runde, flache Form macht sie vielseitig – sie eignet sich außerdem als Gratinform und ist so elegant, dass man darin auch Gemüse, Salat oder Obst servieren kann.

5

6

7

8

9

8 Pie-Formen Die schönen, traditionellen Formen aus verzinntem Stahl sind für flache, gedeckte Kuchen oder Obstkuchen bestimmt. Es gibt sie in verschiedenen Größen, von der Single-Portion bis zur Familiengröße von 30cm.

9 Antihaftbeschichtete Pie-Form mit Einsatz Zur Form gehört ein praktischer Locheinsatz, den man statt »Bohnen« (siehe Seite 126) beim Backen von ungefüllten Pastetenhüllen benutzt.

10

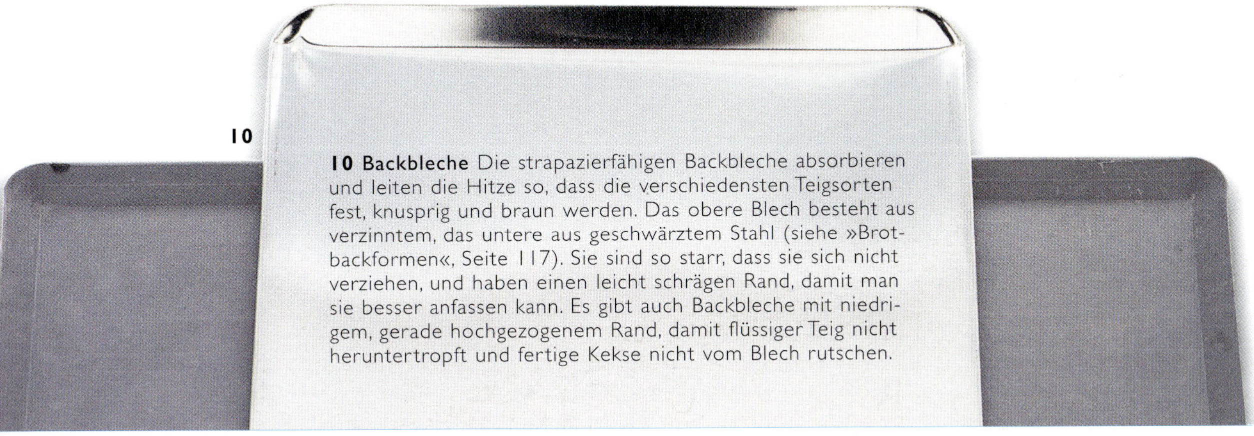

10 Backbleche Die strapazierfähigen Backbleche absorbieren und leiten die Hitze so, dass die verschiedensten Teigsorten fest, knusprig und braun werden. Das obere Blech besteht aus verzinntem, das untere aus geschwärztem Stahl (siehe »Brotbackformen«, Seite 117). Sie sind so starr, dass sie sich nicht verziehen, und haben einen leicht schrägen Rand, damit man sie besser anfassen kann. Es gibt auch Backbleche mit niedrigem, gerade hochgezogenem Rand, damit flüssiger Teig nicht heruntertropft und fertige Kekse nicht vom Blech rutschen.

Lauch-Pfeffer-Kuchen

Eine besondere Köstlichkeit ist dieser Kuchen mit lockerem Mürbeteigboden. Damit er knusprig gelingt, wird der Teig so dünn wie möglich ausgerollt und bei hoher Temperatur direkt auf dem Blech gebacken. Die Lauchstangen müssen klein und dünn geschnitten sein, damit sie schnell gar werden. Die grünen Pfefferkörner passen wunderbar zu Lauch und Käse.

Für 4–6 Portionen als leichte Mahlzeit

Utensilien	**Zutaten**
Mehlsieb	225g ungebleichtes Mehl
Rührschüssel	je 1/4 TL Salz und Zucker
Nudelteigmischer	150g Butter
grobe Reibe	3 EL Eiswasser
Mörser und Stößel	100g Cheddar
Kochmesser	100g Mozzarella
Küchenmesser	1 1/2 TL getrocknete grüne Pfefferkörner
Mehlstreuer	Salz
Teigrolle	3 kleine Lauchstangen, zusammen ca. 250g
Backblech	50g Pancetta
kleiner Tellerbesen	Salz
Backpinsel	2 TL frische Thymianblätter
	verquirltes Eigelb zum Glasieren

1 Mehl, Salz und Zucker in Schüssel sieben. Mit Nudelteigmischer (nach Wunsch) Hälfte der Butter einarbeiten, bis der Teig krümelig wird (a). Restliche Butter kurz untermengen, aber nicht vollständig einarbeiten. Wasser unterheben, so dass ein weicher Teig entsteht. In Frischhaltefolie wickeln und 1 Stunde in Kühlschrank legen.

2 Käse grob reiben. Pfefferkörner mit Mörser und Stößel zerdrücken. Lauch putzen, der Länge nach halbieren, dann quer in 2cm dicke Scheiben schneiden. Man benötigt 175g geschnittenen Lauch. Pancetta in mundgerechte Stücke schneiden.

3 Backofen auf 240°C/Gas Stufe 9 vorheizen. Teig auf bemehlter Fläche so dünn wie möglich zu 31 x 31cm großem Quadrat ausrollen (b). Teig vorsichtig über Teigrolle drapieren und auf dass Backblech legen (c). Kanten sauber beschneiden.

4 Rundum 1,5cm frei lassen und Käse gleichmäßig über Teig streuen. Mit Pfefferkörnern und etwas Salz bestreuen, dann Lauchstücke gleichmäßig verteilen. Pancetta und Thymian darüber verteilen.

5 Teigränder nach oben biegen, so dass die Füllung etwas Halt bekommt, und Ecken in Falten legen. Ränder mit Eigelb bestreichen.

6 20 Minuten backen, bis der Teig goldgelb und der Lauch leicht gebräunt ist. Heiß oder lauwarm servieren.

Backzubehör

Backen ist ein langwieriger Prozess. Man braucht Werkzeug zum Kneten, Ausrollen, Schneiden, Ausrädern, Pinseln und Schaben. Vieles davon kann man zwar mit den Händen machen, diese Werkzeuge machen Ihnen jedoch das Leben leichter, und das Ergebnis wirkt sauberer.

Eine Teigrolle, auch Nudelholz genannt, ist ein Muss. Sie sollte sich glatt anfühlen und länger als das ausgerollte Teigstück sein. Metall-Teigrollen sind kälter als hölzerne, da Holz jedoch ein schlechter Wärmeleiter ist, bleibt auch ein Nudelholz relativ kühl. Die Teigrolle sollte schwer genug sein, ohne dass Sie übermäßig viel Druck ausüben müssen. Griffe sind in der Handhabung zwar bequemer, dadurch wird aber die Ausrollfläche kleiner, oder die Teigrolle gerät so lang, dass sie schwer zu verstauen ist.

1 Teigschaber Ein traditionelles Utensil, mit dem man Teig ausgemessen und in gleiche Stücke geteilt hat. Heute wird es vor allem als Schaber benutzt, ist aber auch praktisch, um zu prüfen, ob ein Stück die richtige Größe hat.

2 Teigrädchen Das Rad mit Bogenkante schneidet Zackenränder an Kuchenteig, Bandnudeln und Ravioli. Der Fingerschutz verhindert, dass man auf die Schneide abrutscht.

3 Gitterschneider Ein gutes Werkzeug für die Zubereitung von Gitterkuchen. Man rollt den Schneider über den Teig, und die gezahnten Räder zerschneiden diesen in unterbrochenen Linien. Teig vorsichtig anheben und auseinanderziehen, damit sich das Gitter entfaltet.

4 Streichpalette Zum gleichmäßigen Verteilen und Glattstreichen von Teig und Glasuren. Anfeuchten, damit nichts anhängt.

5 Nudelteigmischer Hiermit arbeiten Sie Fett unter das Mehl, wenn Sie es mit den Fingerspitzen nicht schaffen.

6 Backpinsel mit Naturborsten Die Borsten reichen auch in kleine Spalten und bestreichen Flächen gleichmäßig. Die Pinsel sind unentbehrlich zum Bestreichen von Teig, zum Bemehlen oder Einfetten von Formen.

Teigausstecher
7 Zu diesem begehrenswerten Profi-Set gehören Ausstecher in jeder erdenklichen Größe. Damit lassen sich nicht nur aus dem Teig Kreise ausstechen, sondern auch aus festfleischigem Gemüse, Ananas, Aspik und hartgekochten Eiern.
8 Hausbackener wirkt dieser Dreiersatz Keksformen. Nach Gebrauch sorgfältig spülen und abtrocknen, damit sie nicht rosten.
9 Bei diesem Doughnut-Ausstecher mit Doppelring sitzt das Loch immer exakt mittig, was mit zwei einzelne Ringausstechern nicht immer gelingt.

10 Marmorbackbrett Kühler, glatter Marmor ist die ideale Unterlage zum Teigausrollen. Man braucht nur wenig Mehl, damit der Teig nicht festklebt.

11 Teigrolle/Nudelholz Bei diesem 38-cm-Profigerät wird keine Fläche an Griffe verschwendet.

12 Aluminium-»Bohnen« Die kleinen Metallgewichte verhindern, dass Pastetenteig beim Backen Blasen wirft oder schrumpft. Sie werden dicht in einem mit Folie ausgeschlagenen Gefäß verteilt, besonders am Rand, und mit der Folie abgehoben, sobald der Teig fest ist.

Formen und Verzieren

Gut in Form

Geformte Speisen wie Mousses, Cremes und Gelees sind Relikte aus geruhsameren Zeiten, als Gerichte noch allmählich fest werden und abkühlen durften. Solche Speisen, süße wie pikante, sind grundsätzlich weich und zart, und die moderne Küche mit ihrer Vorliebe für schnell Gegartes und kräftige, eindeutige Aromen hat sie vielleicht ein wenig verdrängt.

Trotz wechselnder Trends haben Dessertformen durchaus ihren Platz in der heutigen Küche, und sei es nur für den Wackelpudding zum Kindergeburtstag. Nicht zu vergessen ist die wichtigste aller Formen – der Eiswürfelbehälter. Lebensmittelformen können dekorativ oder funktionell sein, hoch oder flach, gemustert oder schlicht. Häufig bestehen sie aus Metall, etwa Aluminium oder Kupfer; wo es auf konstante Hitze oder Kälte ankommt, verwendet man Glas oder Porzellan. Pralinenformen bestehen aus Weißblech, Kunststoff oder Gummi. Bei Fisch- oder Fruchtformen weist die dekorative Gestalt der Form auf den Inhalt hin.

Für hohe oder verzierte Formen muss die Teig- oder Dessertmischung fester sein als für flache, da bei ersteren der Inhalt leichter zusammenfällt oder in den Ecken hängen bleibt. Je glatter und flacher die Form, desto einfacher ist das Stürzen.

1

1 Riesen-Eiswürfelbehälter Der Eiswürfelbehälter ist flexibel, so dass man die Würfel einzeln herausnehmen kann; dazu gehört ein Untersetzer, damit er im Gefrierschrank gerade steht.

2 Fischform In der vielseitigen Form kann man eine Fischmousse für Erwachsene wie einen orangefarbenen Wackelpudding für Kinder zubereiten.

2

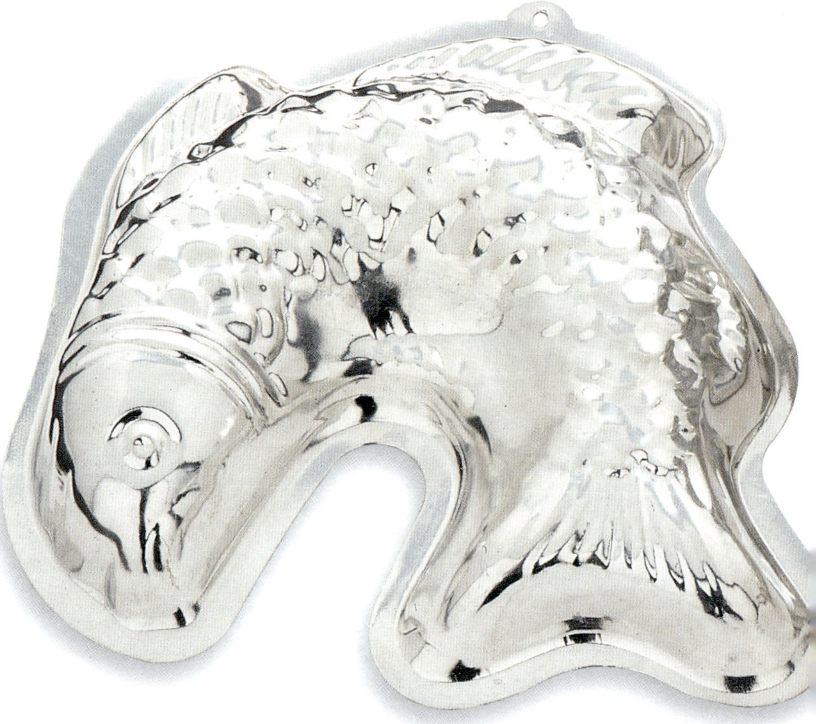

3

3 Ringformen In den nahtlosen Aluminiumformen backt man Savarins und Babas – reichhaltige Hefekuchen, die nach dem Backen mit Sirup oder Rum getränkt werden. Der Kuchen wird so serviert, wie er gestürzt wurde, die Mulde in der Mitte wird hoch mit Schlagsahne und/oder Obst gefüllt. Die breite, flache Rinne und das dicke Mittelrohr leiten optimal die Hitze, so dass der Teig beim Aufgehen rasch gar wird. Ringformen lassen sich auch für Mousses, Cremes oder Reis verwenden.

4 Eisbombenform Die Kugelform mit abgerundeter Spitze hat einen gut schließenden Deckel, der die Bildung von Eiskristallen verhindert.

5 Charlotteform Die eimerförmige Aluminiumform wird mit gebuttertem Brot oder Löffelbiskuit ausgelegt und dann mit Fruchtpüree oder Mousse gefüllt. Durch die nach außen abgeschrägten Seiten lässt sie sich leichter auslegen und nach dem Stürzen besser abnehmen. Eine Charlotte wird entweder gekühlt serviert oder gebacken und heiß aufgetragen. Aluminium leitet besonders gut – sowohl Hitze als auch Kälte.

4

6 Dariolefórmchen Die kleinen Aluminiumformen sind gute Wärme- oder Kälteleiter. Man bereitet darin kleine Babas (nur halb füllen, damit der Teig vor dem Backen aufgehen kann), kleine Biskuitpuddings, Aspik und Crème caramel.

7 Herzform Ein Utensil für romantische Köche, ideal für süße oder pikante Speisen zum Valentins-, Mutter- oder Hochzeitstag.

6

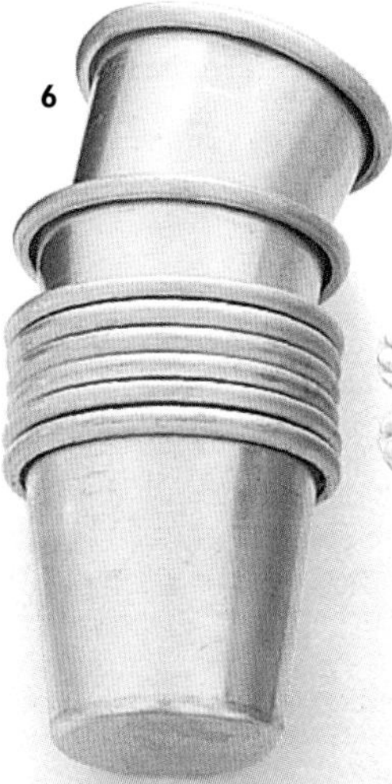

5

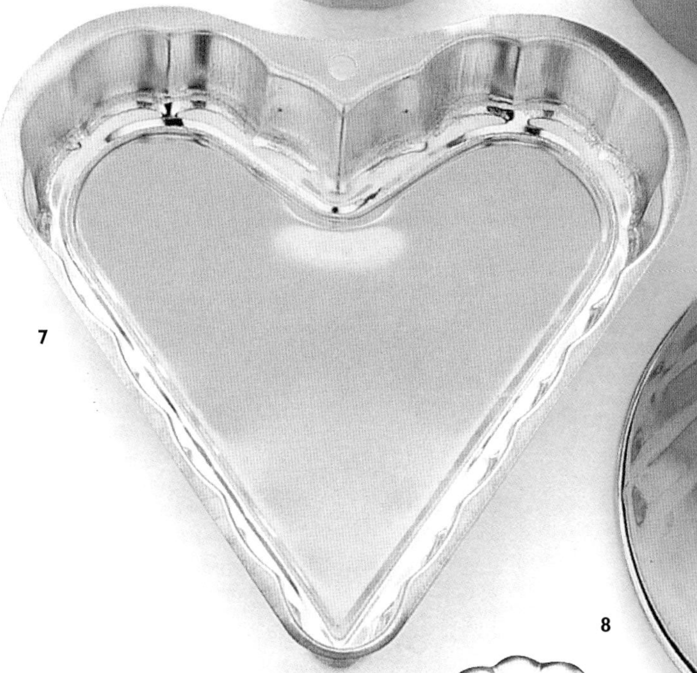

7

8

8 Gelee-/Puddingformen In die Aluminiumformen sind dekorative Muster geprägt, die gut zu Gelee oder Pudding passen. Kontrollieren Sie vorher, ob die Form gerade steht, damit der Inhalt nicht überläuft, während er fest wird.

Pressen und Spritzen

Manche Speisen verlangen eine spezielle Verzierung – zum Beispiel aus Zuckerguss, oder mit geprägten Motiven.

Diese Utensilien pressen Teige in eine flache Form und prägen oder versiegeln sie gleichzeitig. Keines dieser Geräte muss man unbedingt besitzen. Es macht aber Freude, damit zu arbeiten, und sie kosten nicht die Welt.

1

2

3

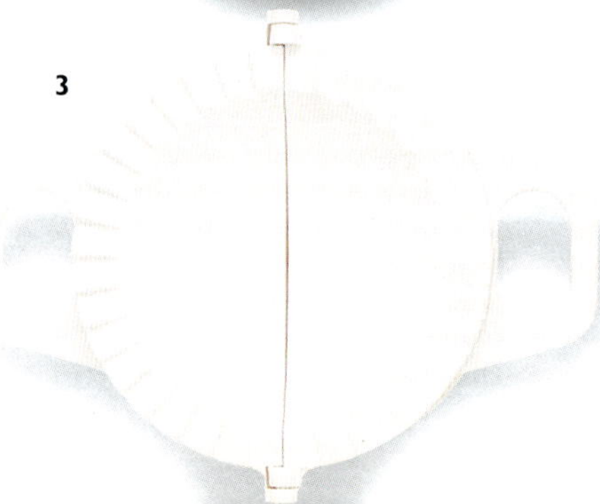

1 Burger-Presse Diese Presse aus Aluminiumguss produziert absolut runde Hamburger. Sie drückt zudem Luftblasen heraus, durch die beim Wenden Risse entstehen würden.

2 Tortilla-Presse Drückt man den Griff dieser Presse herunter, formen zwei Aluminiumguss-Scheiben einen kleinen Klecks Masa-Harina-Teig zu einer papierdünnen Tortilla.

3 Teigtaschenformer Fleisch-, Obst- oder Gemüse-Taschen sind mit dieser halbrunden Kunststoffpresse leicht herzustellen; sie werden in einem Arbeitsgang geformt, geprägt und versiegelt.

4 Spritzbeutel Spritzbeutel benutzt man mit einer Spritztülle für halbflüssige, aber nicht zerfließende Substanzen. Die Beutel sind sehr weich und reagieren auf leichten Druck. In Profi-Qualität bestehen sie aus wasserdichtem Nylon und werden an der Schlaufe zum Trocknen aufgehängt.

4

5

6

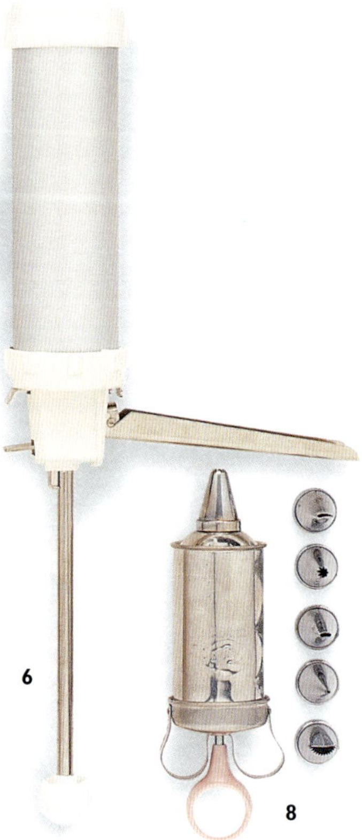

7

8

7 Spritztüllen In Verbindung mit Spritzbeutel oder Tortenspritze formen diese konischen Tüllen die durchgedrückte Masse. Es gibt sie aus Metall, Nylon oder Kunststoff und in vielen Größen und Formen. Je schärfer und klarer die Ränder, desto sauberer wird das Muster. Sie können damit Schriftzüge oder Ornamente wie Sterne, Rosetten, Schleifen oder Muscheln aufbringen.

8 Tortenspritze Der Zuckerguss wird von einem Kolben durch Zylinder und Tülle gedrückt; der Kolben sitzt an einem durch den Deckel laufenden Mittelstab.

5 Model Der aus Ahornholz geschnitzte Model prägt Shortbread, dem klassischen schottischen Mürbeteiggebäck, ein traditionelles Distelmotiv auf. Das feste Ahornholz eignet sich besonders für feine Schnitzmuster und formt einen sauberen Abdruck.

6 Kekspresse Kekse zu formen war noch nie so einfach wie mit dieser Aluminiumpresse. Der Teig wird von dem Kolben durch einen Vorsatz getrieben, so dass makellose Kekse in verschiedenen Formen entstehen.

Messen

Maße und Gewichte

Es ist noch gar nicht so lange her, dass Rezepte mit exakten Mengenangaben arbeiten. Früher hieß es lediglich, man solle »etwas« von einer Zutat nehmen, eine Hand voll von diesem und eine Prise von jenem zugeben. Heute hingegen verfallen wir ins andere Extrem und sind wahrscheinlich übergenau. Kompliziert wird die Sache, wenn in einem Kochbuch Mengenangaben nach Gewicht, im nächsten nach Volumen gemessen werden, letzteres noch dazu entweder in ganzen, halben, Viertel- und Achtellitern, in Milliliter oder gar in Tassen.

In amerikanischen Rezepten findet man bei Zutaten meist Massen- oder Volumenangaben, obwohl das Abwiegen nach Gewicht akkurater und in manchen Fällen einfacher ist. Wie soll man zum Beispiel eine Tasse Tomaten messen? Oder eine Tasse von Substanzen, die nicht ohne Weiteres in einen Messbecher passen? In anderen Ländern gelten für feste oder trockene Zutaten Gewichtsangaben, bei flüssigen Zutaten wird das Volumen angegeben. Kleine Mengen trockener Zutaten werden ebenfalls nach Volumen in Tee- oder Esslöffeln abgemessen.

Messutensilien sind nicht teuer, und es lohnt sich, eine Waage und eine Reihe Messbecher mit unterschiedlichen Maßeinteilungen anzuschaffen, vor allem, wenn man Rezepte aus verschiedenen Ländern kocht.

Außerdem lohnt es sich, mehrere Sätze Messlöffel anzuschaffen, und sei es nur, damit man nicht jedes Mal einen einzelnen Löffel abwaschen muss, wenn man klebrige oder fettige Zutaten abmisst.

Bei Waagen hat man die Wahl zwischen Balken-, Feder- und elektronischen Waagen. Balkenwaagen sehen toll aus, sind aber umständlich in der Handhabung. Am präzisesten sind elektronische Waagen, man muss allerdings immer die Batterien auswechseln. Federwaagen sind einfach zu handhaben, müssen aber stabil gebaut sein – sobald die Feder bricht, sind sie wertlos.

Denken Sie beim Kauf von Messbechern daran, dass hohe, schmale Becher exakter abmessen als weite. Im schmaleren Gefäß beansprucht der Inhalt mehr Höhe, die Abstände zwischen den Maßeinteilungen auf dem Rand sind daher größer. Je höher der Abstand zwischen den Messstrichen, desto leichter lässt sich ablesen, wann der Inhalt ein bestimmtes Niveau erreicht. Durchsichtige Becher sind praktischer als undurchsichtige, da man den Inhalt auf Augenhöhe sehen kann.

1 Balkenwaage Die schöne Waage im traditionellen Design arbeitet mit Schwerkraft: Wiegen die Zutaten in der Schale das Gleiche wie die Gewichte, steht der Balken waagerecht. Balkenwaagen sind präzise und robust gebaut, aber nicht so leicht zu handhaben wie Feder- oder elektronische Waagen. Außerdem sind sie etwas sperrig und sollten am besten auf der Arbeitsplatte stehen.

2 Elektronische Waage Die peinlich akkurate, hochmoderne Waage sieht so gut aus, dass sie in jede Designerküche passt. Sie hat nur einen kleinen Nachteil: Der Schalter zum Umstellen von englischer auf metrische Anzeige sitzt an der Fußunterseite – bei anderen Modellen sitzt der Umstellknopf leicht zugänglich oben.

1

2

Messbecher

3 Unentbehrlich in der Küche: Mit den hohen Polypropylen-Bechern misst und gießt man alles Mögliche, vom geschlagenen Ei bis zu großen Brühemengen. Sie sind robust und vertragen kochende Flüssigkeiten. Es gibt sie für 1/2, 1 und 2,2 Liter.

4 Der weite 2-Liter-Becher aus Polypropylen dient auch als Rührschüssel. Besonders praktisch ist er für Zutaten, die gerührt und dann in abgemessenen Mengen ausgegossen werden.

5 Ein kleiner Pyrex-Becher ist praktisch, um heiße Brühe von einem Gefäß in ein anderes zu gießen. Er ist hitzebeständig, leicht zu säubern und nimmt weder Fett noch Geruch an.

6 Messbecher für trockene Zutaten Auf die Innenseite des Aluminiumbechers sind Messskalen gedruckt, die das Volumen trockener Zutaten in Gewichtsangabe übersetzen. Zudem sind amerikanische Cups und Pints, englische Cups, Pints und Gills sowie Milliliter aufgedruckt. Auf der Außenseite stehen die metrischen/englischen Entsprechungen. Preiswert, lustig und sehr nützlich.

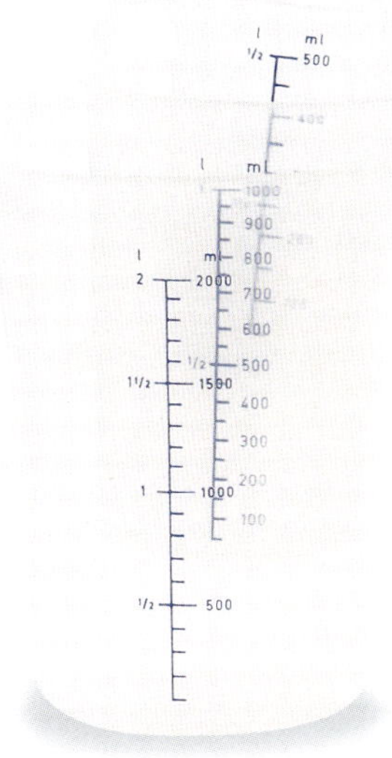
3

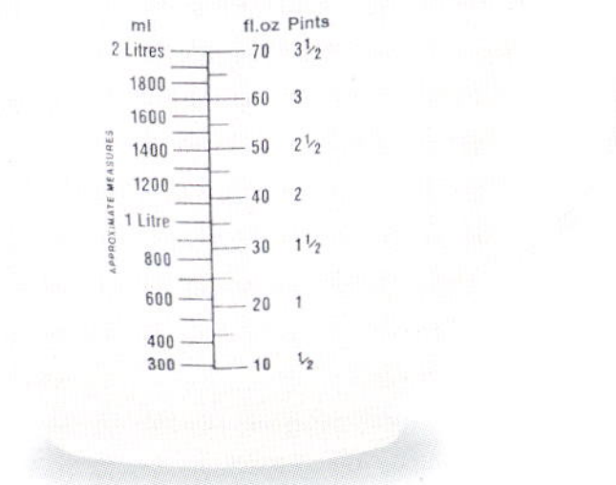
4

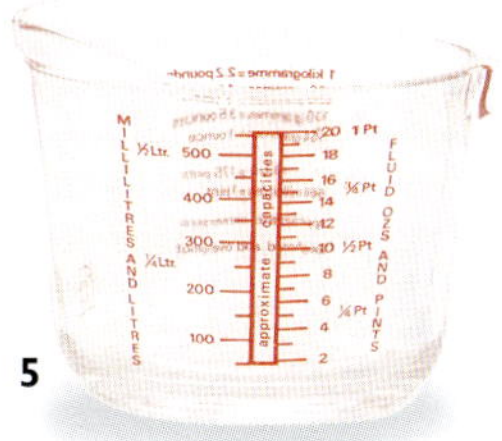
5

6

7 Europäische Messbecher Die hübschen Messbecher für Flüssigkeiten bestehen aus Aluminium und haben fingerfreundliche Griffe. Es gibt sie für 50, 100 und 250ml.

7 8 9 10

8 Amerikanische Cups Mit den Edelstahl-Cups misst man Flüssigkeiten ab. Der oberste Messstrich sitzt knapp unter dem Gefäßrand, damit nichts überläuft. (Messgefäße für trockene Zutaten werden »mit Berg« gefüllt und dann mit dem Messer glattgestrichen.) Sie fassen 1/4, 1/3, 1/2 und 1 Cup (Tasse).

9 Britische Messlöffel Die praktischen Kunststofflöffel sind so schmal, dass man damit auch in Gewürzgläser reicht. Im Satz sind auch die selten zu findenden Maße für 1/8 Teelöffel und 1/2 Esslöffel enthalten.

10 Amerikanische Messlöffel Die Messlöffel aus schwerem Edelstahl sind unverwüstlich. Zum Satz gehört auch der seltene 1/8 Teelöffel.

11 Diätwaage Diese Waage ist ein Muss für Kalorienzähler, denn sie wiegt auch sehr kleine Portionen und zeigt genau an, ob ein Stückchen Schokolade 5 oder 10 Gramm wiegt.

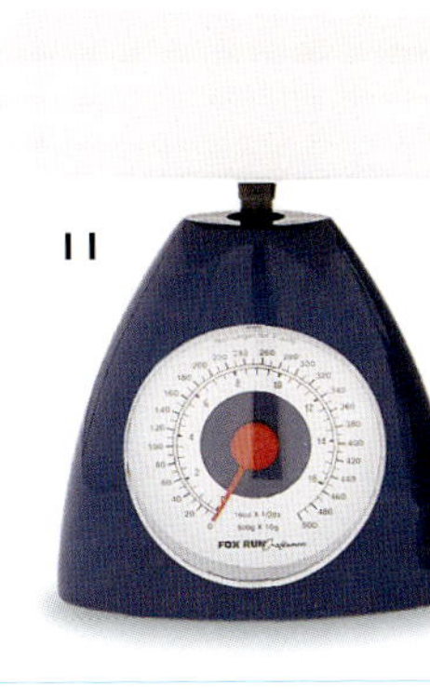
11

12

12 Federwaage Die schöne und praktische Edelstahlwaage wiegt bis zu 4kg Zutaten – etwa 1/2kg mehr als die meisten Küchenwaagen. Auf der Skala lassen sich metrische und englische Maße bis zur 20-Gramm- oder 1-ounce-Einteilung klar ablesen.

Temperatur und Zeit

Grade und Minuten sind wichtig. Ein paar Sekunden können geröstete Mandeln in schwarze Krümel verwandeln, ein paar Grad einen saftigen Schmorbraten austrocknen. Bei jedem Gericht lohnt es sich, die Backofentemperatur mit einem Thermometer zu kontollieren. Thermostate sind bekanntermaßen unakkurat; die tatsächliche Temperatur weicht häufig von der eingestellten ab.

Säulenthermometer (mit einer Glasröhre mit Gradeinteilung) sind präziser als Federthermometer (mit Zeiger). Wollen Sie dennoch ein Federthermometer kaufen, achten Sie darauf, dass es robust verarbeitet ist, denn die Feder geht leicht kaputt.

Auch für die Sicherheit sind Thermometer wichtig. Manche Nahrungsmittel wie Schweinefleisch, Huhn und Mahlzeiten aus der Mikrowelle müssen eine bestimmte Innentemperatur erreichen, damit schädliche Bakterien zerstört werden. Hier sind Fleisch- und Mikrowellenthermometer unentbehrlich. Kühl- und Gefrierschränke dürfen eine bestimmte Temperatur nicht überschreiten, auch hier lohnt sich die Anschaffung eines Kühl-/Gefrierschrankthermometers.

Ein Timer mit lauter Glocke erinnert vergessliche Köche daran, nach Speisen zu sehen. Unentbehrlich ist ein Timer auch, wenn man mehrere Gerichte gleichzeitig kocht oder einen Backofen hat, der keine Gerüche nach außen leitet und einen somit nicht warnt, wenn etwas anbrennt.

1

2

3

4

1 Fett-/Zuckerthermometer Das gut verarbeitete Thermometer benutzt man für Süßigkeiten oder beim Fritieren. Die Sonde wird in die kochende Flüssigkeit getaucht und mit einer Federklammer am Topfrand festgehalten. Am Thermometer sitzt eine verstellbare rote Klammer; so lässt sich leichter ablesen, ob der Zeiger die korrekte Stellung erreicht hat.

2 Bratenthermometer Wann Fleisch gar ist, kann dieses Thermometer anzeigen. Man steckt die Spitze der Sonde bis dicht an den Mittelpunkt. Das Fleisch ist gar, wenn der Zeiger auf die entsprechende Anzeige rückt. Wie das Fett-/Zuckerthermometer hat es eine verstellbare Klammer.

3 Backofenthermometer mit Federmechanismus Beim Aufheizen des Ofens dehnt sich eine Metallfeder aus und bewegt den Zeiger. Dieses Teil ist stabil verarbeitet und wird in den Backofen gehängt oder gestellt. Der breite Fuß kann nicht durch den Rost rutschen.

4 Kühlschrank-/Gefrierschrankthermometer Das Thermometer zeigt die optimalen Temperaturen für Kühl- und Gefrierschrank an.

5 Digitales Sondenthermometer Praktisch sind die digitale Anzeige und die umklappbare Sonde. Das Thermometer hat eine beeindruckende Temperaturskala – von minus 49,9 bis plus 199,9°C.

6 Mikrowellenthermometer Beim Abtauen oder Garen in der Mikrowelle ist es wichtig, dass die Speisen die nötige Sicherheitstemperatur erreichen. Das Kunststoffthermometer ist so konstruiert, dass man es tief in die Speisen stechen kann. Mit dem dazu gehörenden Metallspieß bohrt man Tiefgekühltes vor dem Einstechen des Thermometers an.

5
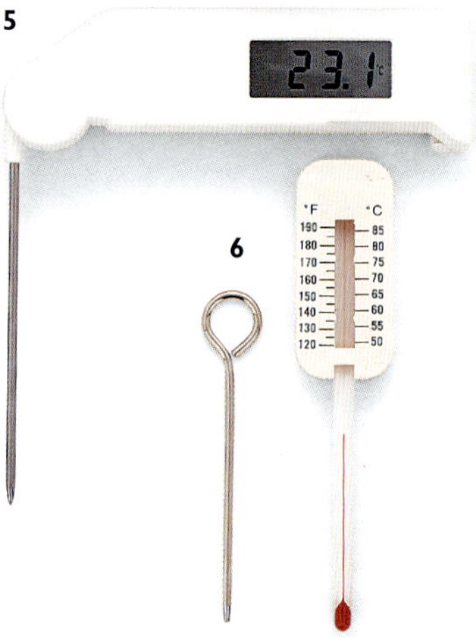

6

7

7 Wasser-/Schokoladenthermometer Die Skala geht bis zu 60°C – optimal zum Temperieren von Schokolade – dem Prozess von Erhitzen und Abkühlen, mit dem man emulgierte Fette stabilisiert. Mit dem Thermometer lässt sich außerdem die Wassertemperatur überprüfen, wenn es sieden, aber nicht kochen soll – zum Beispiel im Wasserbad.

8
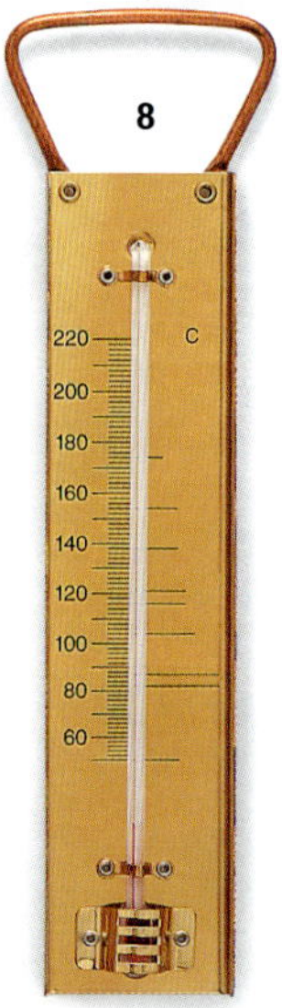

8 Zucker-/Marmeladenthermometer Das Thermometer ist unentbehrlich zur Herstellung von Süßigkeiten und Marmelade. Es zeigt den Punkt der Sterilisation sowie die Stadien beim Marmelade- und Sirupkochen an (nicht abgebildet).

9
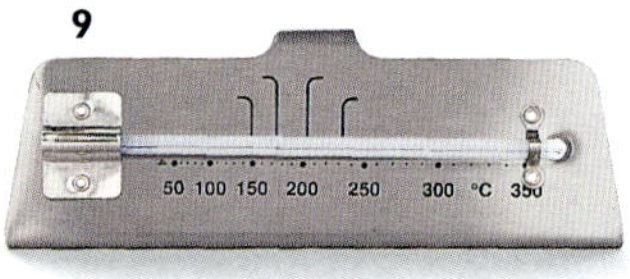

9 Backofenthermometer Dies ist der zuverlässigste Typ. Es zeigt nicht nur die Temperatur, sondern auch Wärmezonen an, hat eine durchsichtige Glasröhre und wird in den Ofen gestellt.

10 Elektronischer Timer Bei diesem leicht zu bedienenden Timer dreht man die Scheibe vor- oder rückwärts auf die gewünschte Zeit und drückt auf den Knopf. Er klingelt durchdringend und lässt sich ganz nach Bedarf anklammern, aufhängen, hinstellen oder mit Magnet befestigen.

11 Kurzzeitwecker Der kompakte 60-Minuten-Timer mit lauter Glocke ist gut zu hören. Ebenso gut ist er zu bedienen. Man hängt ihn per Magnet oder an der Öse auf, und wenn man sich weiter von der Küche entfernt, kann man ihn am Band um den Hals tragen.

12 Eieruhr Der klassische, mit Schwerkraft arbeitende Timer, ein Entwurf von Robert Welch, ist das Richtige für Menschen, die ihre Eier exakt drei Minuten kochen. Ein emailliertes Gusseisengehäuse schützt das Glas.

10

11

12

Eierkochen

Am besten gelingen Eier, wenn man sie ins kalte Wasser legt und die Zeit stoppt, sobald das Wasser zu kochen beginnt.
Nach einer Minute beginnt das Weiße zu gerinnen, das Eigelb ist aber noch kaum warm. Für das Dressing bei Caesar's Salat benutzt man ein Ein-Minuten-Ei.

Nach drei Minuten ist das Weiße leicht geronnen und cremig, das Gelbe ist heiß, aber noch flüssig. Französische Köche nennen dies ein »œuf mollet«. Dies ist das klassische Frühstücksei, in das man seine Brotstreifen einstippt; bei Eiern Florentiner Art wird es auf einem Spinatbett angerichtet.

Nach sechs Minuten sind das Weiße und Gelbe fest, das Gelbe ist in der Mitte aber noch leicht cremig. Halbiert oder geviertelt ergeben diese Eier eine hübsche Garnitur. Die Eierhälften kann man füllen – das Gelb herausnehmen, mit Gewürzen nach Wunsch verrühren und wieder ins Ei füllen.

Nach zehn Minuten sind das Weiße und Gelbe hart und von einer dünnen, dunklen Linie getrennt. Das Weiße und Gelbe lassen sich jedoch für Garnituren getrennt durch ein Sieb streichen – etwa für Kalbsschnitzel oder gehackte Leber nach jüdischer Art.

Marmelade und Konfitüre Marmeladen und Konfitüren gelieren bei knapp unter 105°C, wenn sich der gelöste Zucker mit der Säure und dem in den Früchten enthaltenen Pektin verbindet. Zum Testen gibt man einen kleinen Klecks der frisch gekochten Marmelade oder Konfitüre auf eine gekühlte Untertasse und tippt nach einigen Minuten mit der Fingerspitze daran – hat sich eine Haut gebildet, ist sie geliert.

Zuckersirup Wenn man Zucker in Wasser kocht, verdunstet Wasser, und der Sirup wird dicker. Das ist nützlich bei der Herstellung von Süßigkeiten und bei Rezepten, für die man Sirup in unterschiedlicher Konzentration braucht. Lässt man eine kleine Menge Sirup in Eiswasser tropfen, bildet sich entweder eine weiche (bei 115–118°C) oder harte Kugel (bei 120–122°C).

Karamel Karamel ist auf eine Temperatur von 165–175°C erhitzter Zuckersirup; dann verfärbt er sich mittel- bis dunkelgoldbraun und bekommt einen köstlichen Toffeegeschmack. Der Sirup darf beim Kochen nicht gerührt werden, wohl aber leicht geschwenkt. Sobald der Karamel die richtige Farbe hat, stellt man den Topf in kaltes Wasser, damit er durch die Topfhitze nicht weiter bräunt.

Aufbewahren

Zudecken

Nahrungsmittel sollte man immer zudecken. Lässt man sie offen stehen, sind sie nicht nur Schimmel und Bakterien ausgesetzt (das passiert selbst im Kühlschrank) – Luft, Wärme und Licht zerstören auch wertvolle Nährstoffe. Um Ihrer Gesundheit willen sollten Sie also passende Behältnisse benutzen.

Ganz oben auf der Liste steht eine Kollektion von luftdichten Polypropylen-Dosen. Kaufen Sie mehrere Größen und Formen: hohe, flache, große und kleine, und denken Sie daran, dass quadratische und rechteckige Dosen den vorhandenen Platz besser nutzen als runde.

Ebenso unentbehrlich sind Alu- und Frischhaltefolie. Beide sind praktisch, um Dinge fest einzuwickeln oder Schüsseln zuzudecken. Plastikbeutel braucht man für Butterbrote und für all das, was man in einem flexiblen Behältnis aufbewahren will.

Vorratsgläser sehen schön aus, schließen aber nicht luftdicht, und der Inhalt ist nicht lichtgeschützt. Sie eignen sich nur für nicht Verderbliches wie getrocknete Nudeln oder Hülsenfrüchte. Gewürze und getrocknete Kräuter sollte man lichtgeschützt in luftdichten Behältern aufbewahren. Auch Nüsse und Vollkornmehl brauchen luftdichte Gefäße, denn die darin enthaltenen Fette können ranzig werden. Sie müssen außerdem vor Hitze geschützt werden, bewahren Sie sie also nicht im Schrank neben einem Heizungsrohr oder der Arbeitsplattenbeleuchtung auf.

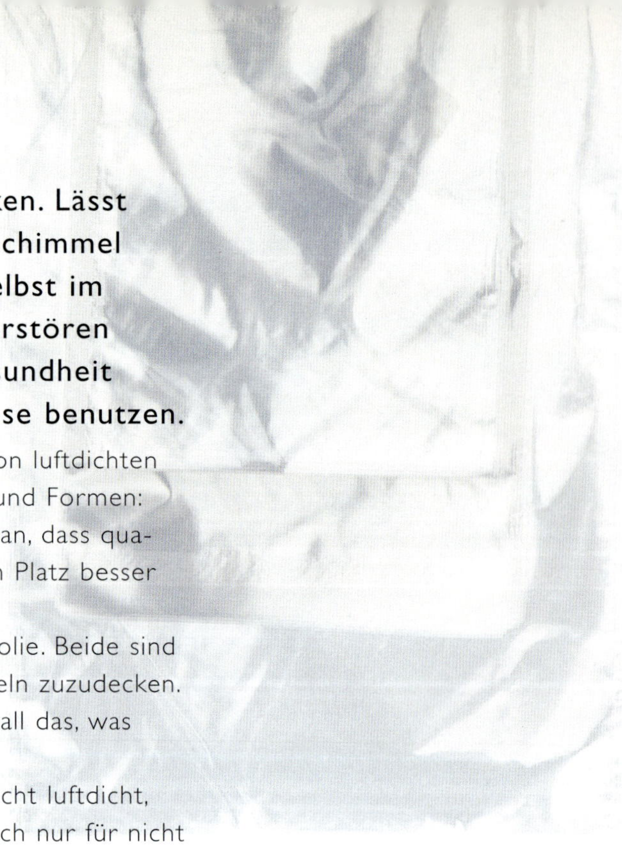

1

1 Plastikbeutel Unentbehrlich im Haushalt, nicht nur für Butterbrote. Im Plastikbeutel trocknen Obst und Gemüse im Kühlschrank nicht aus. Kräftige Beutel lassen sich auch als Gefrierbeutel verwenden.

2 Alufolie Mit der Folie schützt man nicht nur Speisen und Töpfe während des Kochens, sondern verpackt Lebensmittel auch luftdicht. Die Folie ist flexibel; auch unregelmäßige Formen wie Brathähnchen lassen sich darin einwickeln. Alufolie hält außerdem belegte Brote frisch und verhindert, dass weiche oder krümelige Füllungen herausfallen. Im Gegensatz zu Frischhaltefolie schwitzt Käse in Alufolie nicht. Kaufen Sie eine möglichst kräftige Folie – die dünnere ist zwar billiger, reißt aber leichter, und was Sie an Geld sparen, vergeuden Sie an zerrissener Folie.

2

3

4

4 Aluschalen In den vielseitigen Behältnissen aus schwerer Alufolie kann man Speisen einfrieren, transportieren oder aufwärmen. Der flexible Rand wird über einen flachen Pappdeckel gefaltet, der auf der abgeflachten Kante aufliegt. Die Alubehälter sind zwar wiederverwendbar, haben aber wegen des anfälligen Deckels eine begrenzte Lebenszeit.

5 Alubeutel Der kräftige, flexible Alubeutel mit Plastikfutter ist ideal zum Einfrieren von Flüssigkeiten wie Suppe.

5

3 Frischhaltefolie Mit dieser Ffolie wickelt man Speisen fest ein oder deckt Schüsseln zu. Normale Frischhaltefolie sollte nie in direkten Kontakt mit fetthaltigen Nahrungsmitteln wie Butter oder Speisen in Öl (z. B. Thunfisch) kommen, da schädliche Substanzen aus der Folie in die Speisen gelangen könnten. Wenn Sie Frischhaltefolie in der Mikrowelle benutzen, darf sie keinen direkten Kontakt mit den Speisen haben, es sei denn, die Packung trüge den Aufdruck »Mikrowellengeeignet«.

6 Käseglocke Käse muss kühl und luftig aufbewahrt werden. Unter dieser Glasglocke bleibt Käse auf Zimmertemperatur feucht und frisch. Die Holzplatte hat rundum eine Rille, in der die Glocke fest sitzt.

Drahtglocken
7 Als es noch keine Kühlschränke gab, schützte man Fleisch mit einer ovalen Drahtglocke vor Staub und Fliegen. So konnte die Luft um das Fleisch zirkulieren, und es blieb länger frisch als in einer fest sitzenden Verpackung.
8 Der quadratische Nylonschirm schützt alle Speisen, die darunter Platz haben. Benutzt man ihn nicht, lässt er sich zusammenklappen.

6

7

8

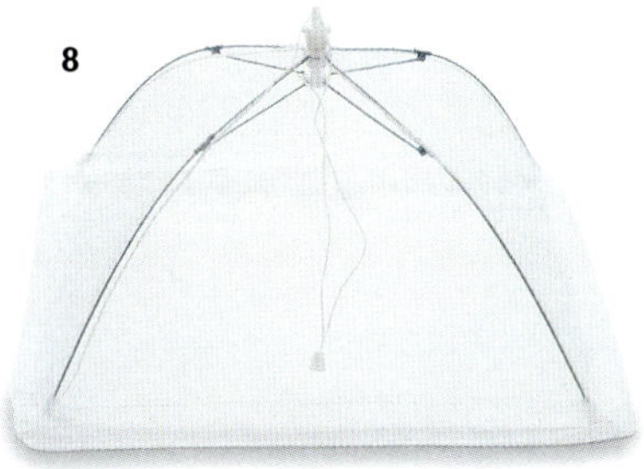

9 Vorratsbehälter Die schönen Behälter werden aus glasiertem Steingut gefertigt und traditionell zum Einlegen von Gänse- und Schweinefleisch benutzt. Sie sind zwar nicht luftdicht, aber lichtundurchlässig. Am besten eignen sie sich für in Flüssigkeit eingelegte Speisen – Oliven in Öl oder Gurken in Salzlake – sowie für Bratenfett und Schmalz.

10 Knoblauchdose Knoblauchzwiebeln brauchen Luft, damit sie nicht schimmeln, und Lichtschutz, damit sie nicht vorzeitig keimen. In dieser Dose bekommen sie beides.

11 Weckglas Manche Nahrungsmittel halten sich monatelang, wenn man sie vakuumverpackt in einem sterilisierten Behältnis in einer Lösung aufbewahrt, die Bakterien abhält – Säure, Salzlake oder Öl. Dieses klassische Glasbehältnis lässt sich im Backofen sterilisieren, der Deckel wird durch Gummiring und Drahtklammer verschlossen.

12 Butterdose Ein hohes Behältnis ist praktisch, um ein Stück Butter außerhalb des Kühlschranks zu schützen. Diese Porzellan-Butterdose sieht so gut aus, dass man sie auch auf den Tisch stellen kann.

13 Edelstahlbehälter Das luftdichte Gefäß hat einen fest schließenden Deckel und ist praktisch zum AufbeOwahren von Kuchen, Keksen oder Müsli. Es sieht so elegant aus, dass man es auch auf der Arbeitsplatte stehen lassen kann.

9

10

11

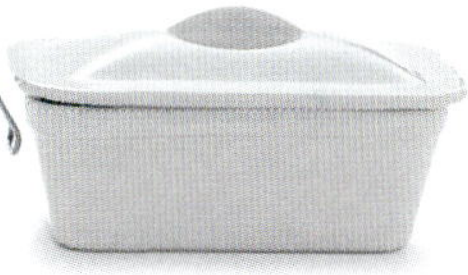

12

13

14 Vorratsdosen Die vielseitigen Polypropylen-Dosen eignen sich für Kühl-, Gefrier- und Vorratsschrank, fürs Picknick oder Lunchpaket und zum Aufwärmen von Speisen in der Mikrowelle. Die Deckel schließen luft- und geruchsdicht ab und erleichtern das Stapeln.

14

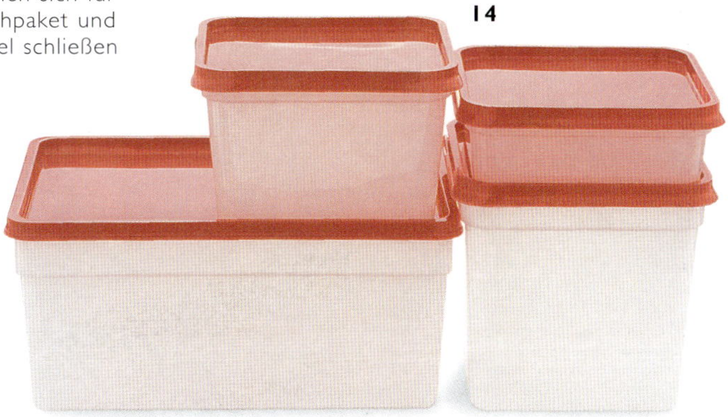

15

16

15 Emaillierter Brottopf Der traditionelle Brottopf besteht aus robustem emailliertem Stahl. Er ist nicht luftdicht, denn Brot muss trocken und luftig aufbewahrt werden. Die Krümel sollte man alle paar Tage entfernen, damit sich kein Schimmel bildet.

16 Emaillierte Dose Behältnisse wie diese sind nicht luftdicht, eignen sich aber zur Aufbewahrung von Lebensmitteln, die man schnell verbraucht und immer griffbereit haben will, etwa Zucker, Tee und Kaffee.

Quellennachweise

Im folgenden Verzeichnis sind die im Buch abgebildeten Produkte nachgewiesen. Wo es möglich war, sind die Hersteller angegeben, die dann über die Adressen der Hersteller, Vertriebe und Einzelhändler (Seite 141) zu kontaktieren sind.
Sind die Hersteller unbekannt, wurde der Einzelhandel angegeben, über den sie zu erwerben sind.
Einige Produkte stammen von dem amerikanischen Versandhaus Sur La Table mit Bestellservice (Tel +1 (0800) 243 08 52).

Seite

10 1 Brotmesser, 2 Kochmesser, 3 Officemesser, 4 Tomaten/Sandwichmesser, 5 Küchenmesser und 6 Schälmesser von Zwilling J. A. Henckels; 7 Messerblock von Victorinox

11 8 V-förmiger Messerschärfer von Taylor's Eye Witness; 9 Keramikstab von David Mellor; 10 Wetzstahl von Global

12 1 Schneidebrett aus Holz von David Mellor, Polyäthylenbretter von Divertimenti; 2 Tranchiermesser und -gabel von Le Creuset

13 3 Schinken-/Räucherlachsmesser von Lion Sabatier; 4 Tiefkühlmesser von Gustav Emil Ern; 5 Filiermesser und 6 Ausbeinmesser von Zwilling J. A. Henckels; 7 Käsemesser und 8 Parmesanmesser von David Mellor; 9 Grapefruitmesser von Rösle; 10 Austernmesser von Wüsthof Dreizack; 11 Hackmesser von Global; 12 und 13 japanische Messer von Yoshikin

16 1 Gemüseschäler und 2 britischer Schäler von David Mellor; 3 Y-förmiger Schäler von Good Grips; 4 Zestenmesser von Rösle, 5 Fadenschneider/Julienereißer von David Mellor; 6 Pizzaschneider von Rösle; 7 Käsehobel von Wüsthof Dreizack; 8 Bohnenschneider aus Kunststoff von Krisk; 9 Bohnenschneider aus Gusseisen von Porkert; 10 Eierschneider von Kitchens

17 11 Gemüsehobel Mandoline aus Edelstahl von Matfer; 12 Gemüsehobel Mandoline aus Holz, 13 Wiegemesser und 14 Wiegemesser mit Mörser von David Mellor; 15 Pommes-frites-Schneider von Zyliss; 16 Grätenzange von Divertimenti; 17 Fischschupper von Fox Run

24 1 Haushaltsschere von Pages; 2 Küchenschere von David Mellor; 3 Geflügelschere von Kitchens; 4 Apfelausstecher und 5 Gemüseausstecher von Pedrini; 6 Ananasausstecher/schneider von Vacu Products; 7 Melonenausstecher und 8 Kirschentsteiner von Fenwicks

25 9 Bambusspieß von Fenwicks; 10 Kebabspieß, 11 Rouladennadeln und 12 Backkartoffelspieß von Fox Run; 13 blauer Dosenöffner von Lakeland; 14 Chromöffner von Pedrini; 15 amerikanischer Korkenzieher von Screwpull® Le Creuset; 16 Korkenzieher aus Edelstahl von Pedrini; 17 Hebelkorkenzieher von Screwpull® Le Creuset; 18 Universalöffner von Lakeland

28 1 Küchenmaschine von KitchenAid; 2 Mixer von Magimix; 3 Stabmixer von Braun

29 4 Blender von Waring; 5 Entsafter von Braun; 6 Universal-Küchenmaschine von Bosch; 7 Handrührgerät von Kenwood

32 1 Keramikgewürzmühle von Trudeau; 2 Crushgrind® Gewürzmühle von T. & G. Woodware; 3 Fleischwolf von Porkert; 4 Metallmühlen von Divertimenti; 5 Holzmühlen von William Bounds

33 6 elektrische Kaffeemühle von Krups; 7 Handkaffeemühle von Habitat; 8 Parmesanmühle von Pages; 9 Muskatmühle von William Bounds; 10 Metallmörser und 11 Keramikmörser von Kitchens; 12 japanische Mörser der Autorin

36 1 Porzellanreibe von Fox Run; 2 Zitrusreibe von Sveico; 3 flache Reiben von Rösle; 4 Standreibe von Sveico; 5 Microplane® Reibe von Grace Manufacturing; 6 Muskatreibe von Pages; 7 Trommelreibe von Fox Run

38 1 Tomatenpresse von Habitat; 2 Fleischklopfer von Fox Run; 3 Knoblauchpresse von Bodum; 4 Gemüsestampfer der Autorin; 5 Passiergerät/Passetout und 6 Kartoffelpresse von Divertimenti; 7 Kartoffelstampfer von Good Grips

39 8 kegelförmiger Nussknacker von Kitchen Craft®; 9 Stempelnussknacker von Kitchens; 10 Nusszange von Pedrini; 11 Hummer-/Krabbenzange von David Mellor; 12 kegelförmige Zitruspresse von Lakeland; 13 Zitruspresse von Good Grips; 14 Glaszitruspresse von David Mellor; 15 Zitruspresse aus Chrom von Divertimenti

42 1 Schlichte Glasschüssel von Bodum; 2 9-teiliger Duralex-Satz von Lakeland; 3 Edelstahlschüsseln von Rösle; 4 Kupferschüssel von David Mellor; 5 Melaminschüssel von T. & G. Woodware; 6 Keramikschüssel von Mason Cash

43 1 Holzlöffel, 2 Buchenlöffel und 3 Buchsbaumlöffel von David Mellor; 4 langstieliger Löffel von Pages; 5 Metall-Kochlöffel von David Mellor; 6 Draht-Kochlöffel von Rösle; 7 Schaufel von David Mellor; 8 Eisformer von Fox Run

44 1 Dressinglöffel und 2 Dosierlöffel von Rösle; 3 Suppenkelle von David Mellor; 4 Chinesischer Woklöffel von Typhoon; 5 Gummispatel und 6 Teigschaber von Divertimenti; 7 farbige Kunststoffspatel von Le Creuset; 8 Holzspatel von David Mellor

46 1 Schneebesen, 2 Schlagbesen, 3 Quirlbesen, 4 Spiralbesen, 5 Becherbesen und 6 Tellerbesen, alle von Rösle

54 1 Streuer von George East; 2 Trommelsieb von T. & G. Woodware; 3 Mehlsieb von Ekco

55 4 Nylonsieb von Fenwicks; 5 und 6 großes und kleines Sieb von Rösle; 7 Spitzsieb mit Stößel von Pages

56 1 Mull von Ekco; 2 Edelstahlseiher von Rösle; 3 langstieliger Seiher von David Mellor; 4 emaillierter Durchschlag von George East

57 5 Abschütthilfe von Divertimenti; 6 Schaumlöffel von Paul Mitton/H. Faith; 7 Teesieb und 8 konisches Sieb von Rösle; 9 flacher Schaumlöffel von David Mellor; 10 Sieblöffel von Pages; 11 Seihlöffel von Divertimenti; 12 Drahtsieb von SEFAMA; 13 Salatschleuder von Zyliss

64 1 Aluminium-Stielkasserolle von Berndes; 2 Edelstahl-Stielkasserolle von Cuisinox

65 3 Stielkasserollen aus ionisiertem Aluminium von Calphalon; 4 Milchtopf von Meyer

66 1 Suppentopf mit Nudeleinsatz: Le Pentole Topf von ICM; 2 Dampfkochtopf von Kuhn Rikon; 3 Turmkochtopf: Le Pentole Pfanne von ICM; 4 Kupfer-Stielkasserolle von Divertimenti

67 5 Einkochtopf von Divertimenti; 6 Aluminium-Stielkasserolle mit schrägem Rand von Mermaid; 7 Stielkasserolle aus ionisiertem Aluminium mit schrägem Rand von Calphalon; 8 Bain Marie von Lakeland; 9 Butterpfännchen von Rösle

69 1 Polenta-Topf von Sur La Table; 2 Schlagkessel und 3 Zuckerkocher von Mauviel; 4 Saucenpfanne von All-Clad; 5 Käsefonduetopf von Emile Henry

72 1 Kaffeemaschine von Krups; 2 Perkolator von Cuisinart; 3 Milchschaumtopf von Divertimenti; 4 traditioneller Espressobereiter von Pezzetti; 5 Designer-Espressobereiter von Aero; 6 Pressstab-/Pressfilterkanne von Fox Run

73 1 Flötenkessel von Alessi; 2 Wasserkocher von Bodum; 3 traditioneller Kessel von Le Creuset; 4 Porzellanteekanne von Lakeland; 5 Glasteekanne von Bodum

74 1 Couscous-Topf von LI International; 2 dreistöckiger Turmkochtopf von Cuisinox; 3 Bambuskörbe von Typhoon

75 4 Reiskugel von Kaufhof; 5 Dünsteinsatz von Lakeland; 6 Christmas-Pudding-Dünster und 7 Reformsieder von Fox Run; 8 Spargeltopf und 9 Fischtopf von David Mellor; 10 Eierkochtopf von Lakeland; 11 Universal-Dämpfeinsatz von Cuisinox

80 1 runde Bratpfanne von David Mellor; 2 Wok von Typhoon; 3 quadratische Bratpfanne von David Mellor; 4 Edelstahl-Sauteuse: Le Pentole Pfanne von ICM

81 5 Spritzschutz von Ekco; 6 hart ionisierte Aluminiumpfanne von Meyer; 7 Stahl-Omelettepfanne von Rösle; 8 Profipfanne von Meyer

82 1 Crêpe/Pfannkuchenpfanne und 2 ovale Pfanne von Matfer; 3 Fajita-Pfanne von Calphalon; 4 Blini-Pfanne von Matfer

83 5 Törtchenpfanne von Lodge; 6 Karhai von William Levene; 7 Paella-Pfanne von Meyer; 8 Kastanienpfanne von Fox Run

86 1 Tempura-Pfanne von Habitat; 2 Pommes-frites-Topf von Divertimenti; 3 Nestbacklöffel von Wirax; 4 elektrische Fritöse von Magimix

89 1 Toaster und 2 Salamander von David Mellor; 3 Lötlampe von Kitchen Craft; 4 wendbarer Grill von Lodge

90 5 flache Grillpfanne von Typhoon; 6 runder Drahtrost von Sur La Table; 7 flache Grillplatte von David Mellor; 8 Waffeleisen von SEFAMA; 9 gerippte Grillpfanne von David Mellor

92 1 Gabel, Wender und Zange von Good Grips, Pinsel von Fox Run; 2 tragbarer Grill von Lodge; 3 Hibachi-Grill und 4 Einweggrill von Woolworth; 5 Griller von Fox Run

93 6 Standgrill von SAEY; 7 Kesselgrill von Weber-Stephen Products

96 1 grosse Fischbackschaufel von Divertimenti; 2 Wokschaufel von Meyer; 3 Fischbackschaufel von Rösle; 4 Federzange von Lakeland; 5 Scherenzange von Fox Run; 6 abgeschrägter Wender von Rösle; 7 Wender für Antihaftbeschichtung von David Mellor; 8 Bambus-Reisschaufel und -gabel von Typhoon; 9 Sieblöffel und 10 Pfannengabel von Rösle

98 1 doppelte Grillhandschuhe, 2 emaillierte Schmorpfanne und 3 ionisierte Aluminiumpfanne von Lakeland; 4 Bratengabeln von George East; 5 Bratblech von Lakeland

99 6 Fettseparierer aus Porzellan von David Mellor, Acryl-Fettseparierer von Fox Run; 7 Hühnchenröster von Fox Run; 8 Dressiernadel von Pages; 9 emaillierte Bratpfanne von Divertimenti; 10 V-förmiger Bratenrost von Fox Run; 11 Bratenspritze von Ekco; 12 Edelstahl-Minischmorpfanne von Lakeland

102 1 Schmorpfanne von All-Clad; 2 Bräter und 3 Tangine von Le Creuset; 4 Schmortopf von All-Clad

103 5 Kasserolle mit Antihaftbeschichtung von SKK Küchen- und Gasgeräte; 6 emaillierter Bräter von Le Creuset; 7 gusseiserner Bräter und 8 Kasserolle aus gebürstetem Edelstahl von Hackman; 9 hochglänzende Edelstahlkasserolle von Taylor's Eye Witness

104 1 Bohnentopf/Fait-tout von Emile Henry; 2 Marmite von Gres et Poteries de Digoin; 3 ovale Terrinenform von Emile Henry; 4 Tontopf von Lakeland; 5 runder Terrakottatopf von Gres et Poteries de Digoin

108 1 rechteckige und 2 ovale Keramik-Gratin-Form von Emile Henry; 3 Porzellan-Souffléformen von Apilco; 4 Eierpfanne und 5 Auflaufform aus emailliertem Gusseisen von Le Creuset; 6 Porzellan-Auflaufförmchen, 7 ovale Porzellan-Gratinformen und 8 Porzellan-Schokoladenschalen von Apilco

109 9 Tonkartoffeltopf von Gres et Poteries de Digoin; 10 glasierte Tonformen von Mason Cash; 11 rechteckige Gusseisen-Terrinenform von Le Creuset; 12 Hackbratenform aus beschichtetem Stahl von Pages

112 1 perforierte Pizzapfanne von George East; 2 Pizzastein von Lakeland; 3 Pizzaschaufel von Fox Run; 4 Raviolibrett, 5 Nudelmaschine von Imperia; 6 Nudelhölzer, 7 Teigrädchen, 8 Teigausstecher von der Autorin

117 1 Briocheform von Matfer; 2 antihaftbeschichtete Brotbackform von Lakeland; 3 antihaftbeschichtete Baguetteform von Fox Run; 4 Scharnierform von Le Creuset

120 1 Förmchenreihen von Metalurgica; 2 Folien- und Papierformen von Fox Run; 3 Brötchenbackblech; 4 Yorkshire-Pudding-Backblech von Kaiser; 5 Kuchengitter von Wirax; 6 Muffinform von Sur La Table

121 7 Guglhupfform von der Autorin; 8 hohe, runde Kuchenformen von Tathams Tinware; 9 Springform von Kaiser; 10 Biskuitform von Le Creuset; 11 flache Kuchenform von Kaiser; 12 Madeleine-Blech von Pages

122 1 hohe und 2 flache Tortenformen mit Bogenrand von Le Creuset; 3 anithaftbeschichtete Biskuitbodenform von Kaiser; 4 Tarte-Tatin-Form von Mauviel

123 5 tiefe Pie-Form von Mason Cash; 6 Pie-Vogel von ICTC; 7 flache Pie-Form von Lakeland; 8 Pie-Formen von Sur La Table; 9 antihaftbeschichtete Pie-Form mit Einsatz von Lakeland; 10 oberes Backblech von David Mellor, unteres Backblech von Bourgeat

126 1 Teigschaber von Lakeland; 2 Teigrädchen, 3 Gitterschneider und 4 Streichpalette von Pages; 5 Nudelteigmischer von Lakeland; 6 Backpinsel mit Naturborsten von Kaiser; 7 Teigausstecher von Pages; 8 Keksformen, 9 Doughnut-Ausstecher und 10 Marmorbackbrett von Fox Run; 11 Teigrolle/Nudelholz von Lakeland; 12 Aluminium-Bohnen von Matfer

128 1 Riesen-Eiswürfelbehälter von Lékué Articulos Menaje; 2 Fischform von David Mellor; 3 Ringformen von Bradford Metal Spinning Co

129 4 Eisbombenform von David Mellor; 5 Charlotteform von Le Creuset; 6 Darioleförmchen von der Autorin; 7 Herzform von David Mellor; 8 Gelee/Puddingform von Metalurgica, kleine Form von Fox Run

130 1 Burger-Presse und 2 Tortilla-Presse von der Autorin; 3 Teigtaschenformer von Fox Run; 4 Spritzbeutel von Staines Catering Equipment; 5 Model von David Mellor; 6 Kekspresse von Lakeland; 7 Spritztüllen und 8 Tortenspritze von George East

132 1 Balkenwaage von Divertimenti; 2 elektronische Waage von Soehnle

133 3, 4 Messbecher von Stewart; 5 Pyrex-Becher von Ekco; 6 Messbecher für trockene Zutaten von George East; 7 europäischer Messbecher von der Autorin; 8 amerikanische Messbecher und 9 britische Messlöffel von Lakeland; 10 amerikanische Messlöffel von Sur La Table; 11 Diätwaage von Fox Run; 12 Federwaage von Typhoon

134 1 Fett/Zucker- und 2 Bratenthermometer von Fox Run; 3 Backofenthermometer von Kuhn Rikon; 4 Kühlschrank-/Gefrierschrankthermometer und 5 digitales Sondenthermometer von Pages; 6 Mikrowellenthermometer von George East; 7 Wasser-/Schokoladenthermometer von Matfer; 8 Zucker-/Marmeladenthermometer und 9 Backofenthermometer von Brannan

135 10 elektronischer Timer und 11 Kurzzeitwecker von Lakeland; 12 Eieruhr von Robert Welch Designs

138 1 Plastikbeutel, 2 Alufolie, 3 Frischhaltefolie, 4 Aluschalen und 5 Alubeutel von Lakeland

139 6 Käseglocke von Divertimenti; 7 Drahtglocken von Wirax; 8 Nylonschirm von Fox Run; 9 Vorratsbehälter und 10 Knoblauchdose von Renault; 11 Weckglas von Lakeland; 12 Butterdose von ICTC; 13 Edelstahlbehälter von Rösle; 14 Vorratsdosen von Lakeland; 15 emaillierter Brottopf und 16 emaillierte Dose von George East

Adressen zu Herstellern, Vertrieb und Einzelhandel

Die folgende Liste kann zusammen mit den Quellennachweisen von Seite 140 benutzt werden, um einzelne Artikel zu erwerben, die in diesem Buch beschrieben sind.
Um Auskunft über den für Sie nächst gelegenen Einzelhändler zu erhalten, wenden Sie sich an den Hersteller.
In den meisten Fällen sind Informationen auch über die Homepages zu finden, weshalb diese – soweit recherchierbar – hier mit angegeben sind. Unterhalten die Hersteller in Deutschland, Österreich oder der Schweiz keine eigenen Vertretungen, sind die Adressen der Hauptniederlassungen angegeben.
Auf der Suche nach bestimmten Küchenutensilien lohnt es sich häufig auch, die Küchenabteilungen gut sortierter Kaufhäuser aufzusuchen, darunter Kaufhof, Karstadt, Habitat oder Ikea.

Alessi
ALESSI Deutschland GmbH
Große Elbstraße 68
22767 Hamburg
Tel +49 (040) 386 00 00
Fax +49 (040) 38 60 00 38
www.alessi.de

All-Clad Metalcrafters
424 Morganza Road
Canonsburg PA 15317
USA
Tel +1 (0800) 255 25 23

Apilco Yves Deshoulières
in Deutschland über: *Raffelberg Kollektion*
Graurheindorfer Straße 68
53111 Bonn
Tel +49 (0228) 985 31
Fax +49 (0228) 985 31 16
www. raffelberg.com
Abels Handelsbüro
Wassergasse 35
88662 Überlingen
Tel +49 (07773) 92 00 86 87
Fax +49 (07773) 92 00 88

Heinrich Berndes Haushaltstechnik GmbH & Co.KG
Wiebelsheidestrasse 55
Postfach 1280
59702 Arnsberg
Tel +49 (02932) 47 50
Fax +49 (02932) 47 51 62
www.berndes.de

BODUM® GmbH
Postfach 1164
24559 Kaltenkirchen
Tel +49 (04191) 998 30
Fax +49 (04191) 29 69
www.bodum.com

Bosch Haushaltsgeräte
Robert Bosch GmbH
Postfach 106050
70049 Stuttgart
Tel +49 (0711) 81 10
www.bosch.com

Bourgeat
BP 19 – 38490 Les Arbrets
Frankreich
Tel +33 (04) 76 32 14 44
Fax +33 (04) 76 32 25 96
www.bourgeat.fr

Bradfort Metal Spinning Co.Ltd.
Bradware Industrial Prak, Leonard Street
Bingley, Yorkshire BD 16 IDP
Großbritannien
Tel +44 (01274) 51 19 11

S. Brannen & Sons Ltd.
8 Leconfield Industrial Estate
Cleator Moor CA25 5QE
Großbritannien
Tel +44 (01946) 81 04 13
Fax +44 (01946) 81 66 25

Braun GmbH
Verbraucherreferat
Postfach 1150
61466 Kronberg
Tel +49 (06173) 300
Fax +49 (06173) 30 28 75
www.braun.de

Calphalon Corporation
über *Frank Van Laar – Potten und Pannen*
Nachtegaalstraat 94
3581 AP Utrecht
Niederlande
Tel +31 (030) 231 89 98
Fax +31 (030) 231 89 39
www.calphalon.com

Cuisinart
150 Milford Road
East Windsor NJ 08520
Großbritannien
www.cuisinart.com

Cuisinox
über *ICTC*
The intercontinental Cooking & Tableware Co. Ltd.
3 Caley Close, Sweet Briar Road
Norwich NR3 2BU
Großbritannien
Tel +44 (01603) 48 80 19
webmaster@cuisinox.com

David Mellor
4 Sloane Square, London SW1W BEE
Großbritannien
Tel +44 (020) 77 30 42 59

Divertimenti
PO Box 6611
London SW 15 2WG
Großbritannien
Tel+44 (020) 82 46 43 00
www.cucinadirect.com

Ekco Housewares
Kontakt in Deutschland:
Geroldshauser Str. 37
97271 Kleinrindenfeld
Tel +49 (09366) 992 50
Fax +49 (09366) 992 52
www.ekco.com

Emile Henry
71110 Marcigny
Frankreich
Tel +33 (03) 85 25 50 50
Fax +33 (03) 85 25 13 38
www.emilehenry.com

Fox Run Craftsmen
Stonedale Road
Stonehouse
Glos Gl 10 3SA/GB
Großbritannien
Tel +44 (01453) 82 83 33
Fax +44 (01453) 82 58 17

Georges East Housewares Plc.
29 Highstreet
West Wickham, Kent BR4 OLP
Großbritannien
Tel +44 (02087) 77 04 44

Global
UK Importeur: *I. Grunwerg Ltd.*
Silversteel House, 29–49 Rockingham Street
Sheffield S1 4 EA
Tel +44 (0114) 275 67 00

Good Grips (Oxo Good grips)
Kontakt in Deutschland:
Loogestieg 8
20249 Hamburg
Tel +49 (040) 46 09 46 06
Fax +49 (040) 46 09 46 00
www.oxo.com

Grace Manufacturings
über *ICTC*
The International Cooking & Tableware Co.Ltd.
3 Caley Close, Sweet Briar Road
Norwich, NR3 2BU
Großbritannien
Tel +44 (01603) 48 80 19

Gres et Poteries de Digoin
41, 1 rue de la Verne
71160 Digoin
Frankreich
Tel +33 (03) 85 53 18 11
Fax. +33 (03) 85 88 91 77

Gustav Emil Ern
über *M. Gilbert (Greenford) Ltd., Gilbert House*
1 Warwick Place, Warwick Road
Borehamwood, Herts WD 6 1 UA
Großbritannien
Tel: +44 (02087) 31 37 00

Habitat
Habitat Promotion
Postfach 5463
65729 Eschborn
www.habitat.net

Hackman (=Designor Oy Ab)
Arabia – Hackman – iittala –
Rörstrand Hämeentje 135
00560 Helsinki
Finnland
Tel +35 (08) 204 39 11
Fax +35 (08) 204 39 51 60
www.designer.com

ICM Spa
Via don Minzoni 1
25066 Lumezzane (Brescia)
Italien
Tel +39 (030) 897 90 11

ICTC
The intercontinental Cooking & Tableware Co. Ltd.
3 Caley Close, Sweet Briar Road
Norwich NR3 2BU
Großbritannien
Tel+44 (01603) 48 80 19

Imperia Trading
Corso Moncenisio 107
10057 S- Ambrogio di Torino
Italien
Tel +39 (011) 956 13 77

Wilhelm F. Kaiser
Postfach 1164
65570 Diez
Tel +49 (06432) 91 50
Fax +49 (06432) 91 51 99

Kenwood Ltd.
New Lane
Havant, Hants PO9 2NH
Großbritannien
Tel +44 (01705) 47 60 00

KitchenAid
Nijerheidslaan 3, Box 5
1853 Strombeek-Bever
Belgien
Tel +32 (022) 63 33 58
Fax +32 (022) 63 33 86
www.kitchenaid.com

KitchenCraft®
Kitchen Craft Cabinetry
1180 Springfield Road
Winnipeg, Manitoba R2C2Z2
Tel +1 (204) 80 04 63 97 07
www.kitchencraft.com

Kitchens
4–5 Quiet Street
Bath BA1 2JS
Großbritannien
Tel +44 (0117) 973 96 14

Krisk
über *R. G. Benett & Co. Ltd*
60 Colney Road
Dartford, Kent DA1 1HU
Großbritannien
Tel +44 (01322) 22 42 58

Robert Krups GmbH
Heresbachstr. 29
42719 Solingen
Tel +49 (0212) 38 72 26
Fax +49 (0212) 38 75 87
www.krups.de

Kuhn Rikon
über *Grossmann Service Center*
Feldbergstrasse 21
79650 Schopfheim
Tel +49 (0762) 267 45 10
Fax +49 (0762) 26 19 00

Lakeland
Alexandra Buildings
Windermere, Cumbria LA23 IBQ
Großbritannien
Tel + 44 (01539) 48 81 00
www.lakelandlimited.com

Le Creuset
Le Creuset GmbH
Zeppelinstrasse 9
73274 Notzingen
Tel +49 (07021) 974 90
Fax +49 (07021) 48 02 14

Lékué®Articulos Menaje
in Deutschland über: *Lurch GmbH & Co.KG*
Schinkestrasse 7
31137 Hildesheim
Tel +49 (05121) 74 99 10
Fax +49 (05121) 749 91 50
www.lekue.es

Lion Sabatler
Lodge Manufacturing Company
6th Street at Railroad, P.O Box 380
South Pittsburg, Tennesee 37380
USA
Tel +1 (0423) 837 71 81

Mason Cash & Co.Ltd.
Pool Street, Church Gresley
Swadlincote DE11 8EQ/GB
Großbritannien
Tel +44 (01283) 21 75 21
Fax +44 (01283) 55 00 23
www.masoncash.com

Matfer
9, 11 rue du tapis vert
93260 Les Lilas
Frankreich
Tel +33 (01)43 62 50 40
Fax +33 (01)43 62 50 82
www.matfer.com

Mauviel in Deutschland bei:
Manufactum, Hiberniastrasse 5, 45731 Waltrop
Gourmet Francais, Kieselstr. 2, 41472 Neuss
Hagen Grote, Gahlingspfad 53, 47803 Krefeld
Der Küchenmeister, Kölner Ladenstadt, 50667 Köln
Küche & Keller, Falkenturmstr. 8, 80391 München
Margiye Marquard, Hauptstr. 9, 21447 Handorf
Feinschmecker Seminar, Neptunweg 9, 82205 Gilching

Head Office und Fabrik
B. P. 28 – Route de Caen
50800 Villedieu-les-Poêles
Frankreich
Tel +33 (02) 336 00 31
Fax +33 (02) 33 50 74 55
www.mauviel.com
Mermaid®
Samuel Groves
PO Box 1452
Hockley, Birmingham B18 5RG
Großbritannien
Tel +44 (0121) 554 20 01
Metalurgica
über *Paul Mitton & Co./ H. Faith*
Unit 7, Trident Way International Trading Estate
Brent Road
Southall, Middlesex UP2 5LF
Großbritannien
Tel +44 (0208) 574 18 88
Meyer Consumer Relations
2001 Meyer Way
Fairfield, CA 94533
Großbritannien
Tel +44 (0800) 388 38 72
Moulinex
Moulinex Deutschland
42717 Solingen
Tel +49 (0212) 38 74 00
Fax +49 (0212) 38 76 19
www.moulinex.com
Pages
121 Shaftsbury Ave
London WC2H 8AD
Großbritannien
Tel +44 (0207) 565 59 59
www.pagescatering.co.uk
Paul Mitton & Co./ H. Faith
Unit 7, Trident Way International Trading Estate
Brent Road,
Southall, Middlesex UP2 5LF
Großbritannien
Tel +44 (0208) 574 18 88
Pedrini PPL S. p. A.
Via Campagnole 10–12
25062 Concesio
Italien
Fax +39 (0302) 75 40 39
www.pedrini.it
Pezzetti
über *Thomas Plant (Birmingham) Ltd.*
93–99 Holloway Head
Birmingham BI IQS
Großbritannien
Tel +44 (0121) 653 60 00
Porkert
Firmenanschrift:
Thámova 24
186 21 Prag 8
Tschechische Republik
Tel +42 (02) 232 62 14
Fax +42 (02) 232 62 21
porkert@mbox.vol.cz
Renault
über *ICTC*
The intercontinental Cooking & Tableware Co. Ltd.
3 Caley Close, Sweet Briar Road
Norwich NR3 2BU
Großbritannien
Tel +44 (01603) 48 80 19
Rösle Metallwarenfabrik GmbH & Co KG
Johann Georg-Fendt-Str. 38
87616 Marktoberdorf
Tel +49 (08342) 91 20
Fax +49 (08342) 91 21 90
www.roesle.de

SAEY
Industrielaan 4
9501 Kortrijk, Heule
Belgien
Tel +32 (056) 37 15 15
Sefama
über *CB Agencies*
St. Urbanusweg 62
5914 Venlo
Niederlande und
246, chemin des Pommières
69400 Villefranche
Frankreich
Tel +33 (04) 74 09 40 20
Fax +33 (04) 74 09 40 21
www.sefama.fr
SKK Küchen- und Gasgeräte GmbH
Nettetaler Straße 172–180
41751 Viersen
Tel +49 (02153) 891 03
Soehnle Waagen GmbH
Postfach 1265
71535 Murrhardt
Tel +49 (07192) 281
Fax +49 (07192) 286 01
www.soehnle.de
Staines Catering Equipment
Brent Road Southall,
Middlesex UB2 5LG
Großbritannien
Tel +44 (0208) 574 23 22
The Stewart Company
Stewart House, Waddon Marsh Way, Purley Way
Croydon CR9 4HS
Großbritannien
Tel +44 (0208) 686 22 31
Sveico
33591 Gnosjö
Schweden
Tel +46 (0370) 32 50 05
Fax +46 (0370) 32 50 39
www.sveico.se
T. G. Woodware
Old Mill Road
Portishead, Bristol BS20 7BX
Großbritannien
Tel +44 (01275) 84 18 41
Fax +44 (01275) 84 18 00
www.tgwoodware.com
Tathams Tinware
The Metal Box Works, Unit 20, Forest Business Park, Sout Access Road, Walthamstow,
London E17 8BA
Großbritannien
Tel +44 (020) 85 20 52 06
Fax +44 (020) 85 20 52 11
Taylor's Eye Witness
Milton Street
Sheffield, S3 7WJ
Großbritannien
Tel +44 (01142) 72 42 21
Fax +44 (01142) 75 41 87
http://www.harrison-fisher.co.uk
Trudeau
1600 Eiffel St. Boucherville
Montreal PQ J4B
Kanada
Tel +1 (450) 655 74 41
Fax +1 (450) 655 19 34
www.trudeau.com
Typhoon Products
in Deutschland über *Scott Taylor Marketing*
c/o Mittelstr 14
56579 Hardert
Tel +49 (02634) 98 00 60
Fax +49 (02634) 98 00 61
www.typhooneurope.com

Vacu Products
Unit 32615, Roshock Trading Estate,
Droitwich, Worcestershire WR9 0LR
Großbritannien
Tel +44 (01299) 25 04 80
Victorinox
Postfach 1211
Döttingerstrasse 12
79761 Waldshut-Tiengen
Tel +49 (07751) 31 04
Fax +49 (07751) 28 32
www.victorinox.ch
Waring
über Robot Coupe (UK) Ltd
2 Fleming Way
Isleworth, Middlesex TW7 6EU
Großbritannien
Tel +44 (0208) 232 81 71
www.waringproducts.com
Weber-Stephen Products Ltd.
200 East Daniels Road
Palatine, IL 60067–6266,
Großbritannien
Tel +44 (0847) 202 26 50
Fax +44 (0847) 202 27 97
www.weberstephen.com
William Bounds Ltd.
über *The International Cooking & Tableware Co.Ltd.*
3 Caley Close, Sweet Briar Road
Norwich NR3 2BU
Großbritannien
Tel +44 (01603) 48 80 19
William Levene Ltd.
167 Imperial Drive,
Harrow, Middlesex HA2 7JP
Großbritannien
Tel +44 (0208) 868 43 55
Fax +44 (0208) 429 36 68
Wirax Wirewares Ltd.
Warstock Road Kings Heath
Birminham B14 4RW
Großbritannien
Tel +44 (01214) 74 22 12
Wüsthof Dreizack
Kronprinzenstrasse 49
42655 Solingen
Tel +49 (0212) 206 70
Fax. +49 (0212) 20 67 48
www.dreizack.de
www.wuesthof.de
Yoshikin
über *I. Grunwerg Ltd*
Silversteel House, 29–49 Rockingham Street,
Sheffield SI 4 EA.
Großbritannien
Tel +44 (0114) 275 67 00
www.yoshikin.co.jp
Zwilling J. A. Henckels AG
Grünewalder Str. 14–22
42657 Solingen
Tel +49 (0212) 88 23 28
Fax +49 (0212) 88 24 00
www.zwilling.com
Zyliss
über *Le Creuset GmbH*
Zeppelinstrasse 9
73274 Notzingen
Tel +49 (07021) 974 90
Fax+49 (07021) 48 02 14
www.zyliss.ch

Register

Dank der Autorin

Zuerst möchte ich Jacqui Small dafür danken, dass sie mich dazu aufforderte ein Buch über eine meiner größten Passionen zu schreiben. Dank und Anerkennung für meinen Lektor, Stuart Cooper, für seinen guten Humor, seine vielen Hinweise und die Unterstützung während des gesamten Projekts – und für seine Ruhe in Krisenmomenten; Dank an meinen Mann Ed, für seine enorme Großzügigkeit zu akzeptieren, dass ich die Arbeit an diesem Buch vor alles andere stellte.
Mein besonderer Dank gilt Jude Austin von der Filiale von Kitchens in Bath, ohne deren Hilfe die ersten Recherchen gar nicht in Gang gekommen wären; er gilt ebenso Susan Campbell für die freundliche Genehmigung, auf Informationen aus ihrem eigenen Buch *The Cook's Companion* zurückzugreifen; und er gilt Michael Michaud und Robert Welch für ihre Hilfe und Unterstützung. Dank auch an Roz Denny für Beiträge auf den Technik-Seiten; an Robin Rout für das herrliche Buchdesign; an Mark Williams für die Fotos; an Josie Frater für das Plazieren der Requisiten; an Pippin Britz für die Zubereitung der Speisen für die Fotos und an Alexandra King für das Testen der Rezepte.

Meine Anerkennung und mein Dank geht auch an die Küchenchefs und Rezeptbuch-Autoren, die hier ihre Rezepte beisteuerten.

Für ihre besondere Geduld und dafür, dass sie uns endlos viele Objekte für die Fotos zur Verfügung stellten, besonderer Dank an die Einzelhändler David Mellor, Divertimenti, die Filialen in Bath von Kitchens und Lakeland Limited. Dank auch an All-Clad Metalcrafters, die Calphalon Corporation und Sur La Table für die Versendung der Artikel aus den USA. Auch den folgenden englischen Firmen bin ich dankbar für zahlreiche Leihgaben: Dexam International, Fenwicks, Fox Run Craftsmen, George East (Housewares), The Intercontinental Cooking & Tableware Co., Meyer, Paul Mitton & Co./H. Faith, Liberty, Newman Housewares, Pages, Robert Welch Studio Shop, F. Trauffler, Typhoon Products. Dank auch an die folgenden Public-relations-Firmen: die Grayling Group für Le Creuset-Produkte, Parker Hobart Associates für Divertimenti-Produkte, Rawlingson Lane Publicity für Rösle-Produkte, Reader Communications für Good Grips-Produkte.

Dank des Verlags

Für den Beitrag ihrer Rezepte zu diesem Buch dankt der Verlag:

Seite
15 Ken Hom: »Broccoli und Mais auf Hongkong-Art«, © Ken Hom 2000;
19 Anne Willan: »Sommerlicher Zucchinisalat«, aus: *Anne Willan's Burgundy*, Weidenfeld and Nicholson, © Anne Willan 2000
30 Charlie Trotter: »Hühnerbrüste mit Macadamia-Kruste«, © Charlie Trotter 2000
35 Das Sreedharan: »Kokosnuss-Gemüse-Eintopf«, © Das Sreedharan 2000
45 Jill Dupleix: »Risotto mit Rotwein und Wurst«, © Jill Dupleix 2000
60 Alain Ducasse: »Kürbis-Pfifferling-Suppe« und Seite 62 »Hühnerbrühe«, aus: *Ducasse Flavours of France*, *Artisan*, © Alain Ducasse 1998
61 Emi Kazuko: »Ramen mit Schweinefleisch und Gemüse«, © Emi Kazuko 2000
76 Paula Wolfert: »Tunesisches Couscous mit Kräutern und Knoblauch«, aus: *Mediterranean Cooking* (Neuausgabe), HarperPerennial, © Paula Wolfert 1994
84 Raymond Blanc: »Jakobsmuschel-Shiitake-Pfanne«, aus: *Blanc Vite*, Headline, © Raymond Blanc 1998
85 Madhur Jaffrey: »Huhn in roter Paprikasauce«, aus: *Madhur Jaffrey's Quick and Easy Cookery Course*, BBC Books, © Madhur Jaffrey 1997
90 Rose Gray und Ruth Rogers: »Gegrillter Tintenfisch mit Chilischoten«, aus: *The River Cafe Cookbook*, Ebury, © Rose Gray and Ruth Rogers 1995
94 Wolfgang Puck: »Grillspießchen mit Meeresfrüchten«, © Wolfgang Puck 1993
95 Peter Gordon: »Leicht geräucherte gegrillte Wachteln«, aus: *Cook at Home with Peter Gordon*, Hodder & Stoughton, © Peter Gordon 1999
100 Jamie Oliver: »Schweinefleisch mit Kruste«, aus: *The Naked Chef*, Michael Joseph, © Jamie Oliver 1999
105 Claudia Roden: »Hühner-Tagine mit eingelegten Zitronen«, aus: *Tamarind & Saffron*, Penguin Books, © Claudia Roden 1999
110 Alice Waters: »Gratin mit frischen Bohnen«, aus: *Chez Panisse Vegetables*, HarperCollins, © Alice Waters 1996. Abdruck mit Erlaubnis von HarperCollins Publishers, Inc.
114 Marcella Hazan: »Ricotta-Minze-Tortelloni«, aus: *Marcella Cucina*, HarperCollins, © Marcella Hazan 1997
118 Ursula Ferrigno and Eric Treuille: »Schwedisches Dillbrot«, aus: *Bread*, Dorling Kindersley, © Ursula Ferrigno und Eric Treuille 1998